LandYachting

Wohnmobil-Bildreiseführer

Italien · Alpen-Riviera

Von den Oberitalienischen Seen zu den Gipfeln Europas und zur Cinque Terre

Band 4

DANKE

Unser Dank gilt allen, die bei der Entstehung des Buches mitgewirkt haben. Den Vielen, die Hintergrundwissen und Materialien zur Verfügung stellten, den Künstlern, die eine Verbreitung ihrer Werke genehmigt haben und allen, die das Vorhaben unterstützten und so erst ermöglichten.

Wir danken allen Mitwirkenden, ganz besonders:
Klaus Hüttermann · Cornelia Glenz · Corinna Rieber · Sabine Ehrmann
Dr. Pier Luigi Catto · Silvia Morano

Sowie den Institutionen:
Amministrazione Doria Pamphilj s.r.l. con Socio Unico Piazza del Principe
Archivio Fotografico Fondazione Torino Musei,
FAI - Fondo Ambiente Italiano,
Ente Giardini Botanici Villa Taranto,
Pinacoteca Giovanni e Marella Agnelli

Vorwort

Liebe Leserinnen, liebe Leser,

entdecken, genießen und erholen, das macht das mobile Reisen so spannend.
Wir haben für Sie in diesem Band ganz besondere Regionen erkundet und viele ganz außergewöhnliche Schätze ausfindig gemacht, die so noch nirgends beschrieben sind. Dafür haben wir die Einheimischen nach ihren Lieblingsorten befragt, die sie uns auch gerne verraten haben.

In diesem Band geht es um eine Region, die unglaublich vielfältig ist. Im Nordwesten Italiens findet man auf kleinstem Raum, gleich neben imposanter, fast unberührter Natur, ganz besondere Kulturhighlights. Das Gebiet der **Oberitalienischen Seen** hat schon Anfang des letzten Jahrhunderts den Adel und die Prominenz angezogen. Sie kamen wegen der einmaligen Kombination aus steilen Bergen und palmengesäumten Uferpromenaden und den herrschaftlichen Jugendstil-Hotels und Villen. Das nicht so bekannte **Aostatal** wartet mit den höchsten Gipfeln Europas auf. Mont Blanc, Matterhorn, Monte Rosa und Gran Paradiso sind die allseits bekannten Namen, die die Wintersportler locken. Aber gerade auch im Sommer ist die Region besonders ansprechend, da dann die Massen von Touristen hier einfach fehlen.
Das **Piemont** ist eine wahre Genießerregion. Hier kommen die hervorragendsten Weine Italiens her und der Diamant der Küche: der weiße Trüffel. Die besten Reissorten Europas und die Slow Food-Bewegung haben hier ihren Ursprung. Gerade die Region Basso Monferrato ist ein unbekannter Schatz, den es hier zu entdecken gilt.
Die **ligurische Rivieraküste** bietet schroffe Seealpen, die fast bis ins Meer reichen, besonders mildes Klima, Architektur aus der Belle Epoque und täglich fangfrischen Fisch auf den Tisch der hervorragenden Restaurants.
Ein weltbekanntes Highlight ist die **Cinque Terre**, hier haben wir besonders intensiv recherchiert, damit Sie diese Region auch mit dem Mobil erreichen können.
In unserem **Wein-Special** stellen wir Ihnen die besonderen Tropfen aus den Regionen vor.
Wir beschreiben die Perle der Küche in einem **Trüffel-Special** und da im Piemont auch die größte Reisproduktion Europas liegt, zeigen wir im **Reis-Special,** wie die hiesigen Reissorten verwendet werden können.
Wie immer gibt es im **Stellplatz-Atlas** eine große Vielfalt von Plätzen: vom freien Stehen in der Natur oder an der Luxustherme, über viele Stellmöglichkeiten auf den Weingütern, bis hin zu besonderen Traum-Camping-Resorts. Auch den ersten Anlaufpunkt in den Städten haben wir beibehalten, um Ihnen die Reise zu erleichtern.

Die Empfehlungen sind aktuell, individuell ausgewählt und persönlich vor Ort recherchiert, damit Sie die schönsten Highlights nicht versäumen - immer nach unserem Motto:
»Wir sagen Ihnen, wo es am schönsten ist«.

Ihr LandYachting-Team

Übersicht

Oberitalienische Seen

Piemont

Aostatal

Ligurische Küste & Cinque Terre

Service-Teil

Stellplatz-Finder

Das besondere Reisen

Der LandYachting-Bildreiseführer dient als persönlicher Navigator, damit Entdeckungsfreudige einfach und sicher das Besondere finden und immer den richtigen Hafen ansteuern. Ganz nach dem Motto:

»Der Weg ist das Ziel und nur was man weiß, kann man auch sehen.«

(frei nach Konfuzius, 541-479 v.Chr.)

Oben:
Die Region auch kulinarisch entdecken

Unten:
Schöne Plätze mit Sonnenuntergangsblick gibt es an der Riviera

Highlights & versteckte Schätze

Wer mit dem Wohnmobil unterwegs ist, sieht die Welt mit anderen Augen. Die Möglichkeit, fast überall anzuhalten und zu übernachten, macht jede Reise zu einer Entdeckungsreise.

Wir haben jedoch öfters festgestellt, dass man ohne Empfehlungen und Tipps bei der Entdeckungsreise besondere Highlights leicht übersieht – selbst wenn sie nur ein paar Meter entfernt sind. Die ganz besonders interessanten Dinge liegen eben doch meist abseits der großen Besucherströme. Auch gibt es spezielle Herausforderungen für den Wohnmobil-Fahrer oder die Wohnmobil-Fahrerin: enge verwinkelte Gassen, niedrige Brücken und ein voller Stellplatz ohne Alternative bei Beginn der Dämmerung.

Weil wir all das kennengelernt haben, möchten wir Ihnen mit unseren Empfehlungen das Reisen mit Ihrer Landyacht so vielfältig, angenehm und so einfach wie möglich machen. LandYachting bedeutet: die schönsten Orte sehen, die besten Freizeitaktivitäten unternehmen und besonders schöne Übernachtungsmöglichkeiten finden – viele exklusive Empfehlungen gibt es in dieser Form nur in diesem Band.

Die besten Tipps für Genuss, Kunst, Kultur, Natur und Aktives Leben

Die LandYachting-Bildreiseführer richten sich an Reisende, die neugierig auf die Welt sind, das Leben genießen wollen, sich von Kunst & Kultur inspirieren lassen, sich aktiv betätigen, aber auch entspannen und schlemmen möchten.

Das Buch ist weder Reisetagebuch noch Kulturreiseführer – sondern der praktische Reisebegleiter mit den besten Tipps für Genuss, Kunst, Kultur, Natur und Aktives Leben.

Die meisten Empfehlungen sind nicht nur die typischen Touristen-Highlights vieler Reiseführer, sondern auch die versteckteren kleineren Perlen.

Der persönliche Navigator

LandYachting vereint erstmals Bildband, Reiseführer, Lifestyle-Guide und Service-Ratgeber in einem einzigartigen Konzept für moderne Mobil-Reisende

Besondere Ziele mit dem Blick des Mobil-Fahrers

Wir haben für Sie nur die schönsten Destinationen ausgesucht – immer mit den besonderen Anforderungen des Wohnmobil-Reisenden im Blick:

- die Erreichbarkeit der Destination und das Abstellen des Reisemobiles
- das Übernachten an den schönsten Plätzen
- die Versorgung und Entsorgung für das Mobil

Da jeder ein anderes Mobil fährt, haben wir bei der Auswahl und der Bewertung von Stellplätzen sowohl die Anforderungen von großen und langen Mobilen als auch von Caravans berücksichtigt und ausgewiesen. Immer hinter dem Stellplatznamen steht die maximale Fahrzeuglänge, die auf den Platz passt.

Persönlich, individuell, aktuell

Das LandYachting-Team hat für die Recherche dieses Bandes über 2 Jahre und 12.000 Straßenkilometer Reisen sowie etliche Erkundungs- und Fotoflüge unternommen, um vor Ort die besten Ziele zu erkunden und abzubilden. Daher sind die meisten Fotos eigene Aufnahmen von den jeweiligen Destinationen.

Die besten Stellplätze an den schönsten Orten

Im LandYachting-Reiseführer finden Sie einen großen Stellplatzfinder mit den schönsten Plätzen in der Region, in allen Kategorien – vom zentralen Stadtparkplatz über freie Stellmöglichkeiten in der Natur, Wohnmobil-Stellplätze, ganz besondere Campingplätze bis hin zu schönsten Landgütern im Grünen.

Das LandYachting-Qualitätssiegel zeichnet darüber hinaus Plätze aus, die sich durch ihre Lage, Ausstattung und Attraktivität ganz besonders hervorheben und sich als LandYachting-Hafen qualifizieren. Alle Stellplätze sind mit überprüften und exakten GPS-Koordinaten versehen, um Ihnen ein entspanntes Ankommen zu ermöglichen.

Die Top-Destinationen für das Wohnmobil erschlossen

In den attraktivsten Regionen sind die Top-Ziele ausgewählt – von den großen Metropolen bis zum kleinen Dorf, von den Bergen bis zu den Seen und von der Kunsthochburg bis zu beeindruckenden Naturschönheiten.

Durch die besonderen Tipps sind Ziele erreichbar, die ansonsten den Wohnmobilfahrern vorenthalten sind. Als besonderen Service gibt es immer die Empfehlung für den ersten Anlaufpunkt dem Stadtparkplatz – besonders hilfreich in engen Altstädten oder unübersichtlichen Großstädten.

Mit LandYachting entdecken Sie Geheimtipps abseits der Touristenpfade, hier in Montemagno im Basso Monferrato

Mobil Größen:

Ohne Angabe bis 8 m

XL	**für Mobile von 8 - 10,5 m**
XXL	**für Mobile bis 12 m (NEU)**
C	**bedeutet Caravan oder Gespann tauglich**

LandYachting-Lifestyle

Weil die schönsten Destinationen mit den richtigen Empfehlungen für Kunst & Kultur, Naturerlebnisse und tollen Restaurants noch schöner sind, haben wir für Sie immer interessante Highlights ausgesucht

Kunst und Kultur werden in der Alpen-Riviera-Region großgeschrieben - hier das Freilichtmuseum in Portofino

Alle Empfehlungen basieren auf eigenen Erfahrungen und Augenschein. Somit entsprechen sie dem Blick der Autoren, die das Schöne, Langsame und Besondere bevorzugen.

Kunst & Kultur als Inspiration

Die Werke der Kunst sind Quellen der Inspiration, des Staunens und der Bewunderung. Unser Kunstbegriff ist bewusst weit gefasst, so zählen kunstvoll angelegte Gärten mit ihrer strengen Ordnung und ihren Skulpturen, klassische Meisterwerke auf der Leinwand, moderne Kunst in den schönsten Museen, aber auch expressive, ultramoderne Gebäude oder neueste Design-Trends dazu.

Bei LandYachting gilt die Aufmerksamkeit nicht nur den alten Schätzen aus Kunstreiseführern - von ›Kirchentür zu Kirchentür‹ -, sondern auch unbekannten kleine Ausstellungen oder Dinge, die dem Betrachter einfach ein Lächeln auf das Gesicht zaubern. Auch die Musik findet ihren Platz: Tipps für Konzertreihen, besondere Festivals und kleine Bühnen - von der Klassik bis zur Moderne - dürfen nicht fehlen.

Aktives Leben von Herausforderung bis zur Entspannung

Aktives Leben bedeutet für uns ›Zeit zu leben‹ und all die Dinge zu unternehmen, die Geist und Körper fordern und regenerieren. Dies kann die herausfordernde sportliche Betätigung sein, die leichte Wanderung, aber auch das ›Chill Out‹ an einem ganz besonders inspirierenden Ort.

Natürlich sind immer die Besonderheiten der Region berücksichtigt, vom Wandern in den Alpen bis zum Schwimmen und Erholen in der Therme.

Rechts: Wandern im Aostatal oder in der Cinque Terre - viele Nationalparks laden zum aktiv werden ein

Links:
Im Beach-Club Ristorante Sirio in Spotorno hat man den besten Blick zum Sundowner

Genuss-Empfehlungen für die kulinarische Entdeckung

Die Kulinarik-Empfehlungen leiten sich aus dem Anspruch ab, die neue Gegend auch mit dem Gaumen zu entdecken. Unsere bevorzugten Gastwirte bereiten die Spezialitäten mit frischen Zutaten aus der Region und der näheren Umgebung zu.

Ganz im Sinne der Slow-Food-Bewegung, die auch in Deutschland immer mehr Anhänger findet.

In den Empfehlungen finden sich deshalb keine Luxus-Gourmettempel, sondern eher erschwingliche Gasthöfe oder familiengeführte Restaurants, wobei auch der ein oder andere Michelin-Stern als besonderes Highlight berücksichtigt wird.

Besondere LandYachting-Häfen

Für Übernachtungsplätze gibt es als besondere Empfehlung die LandYachting-Häfen. Diese Bezeichnung erlangen nur die Stellplätze, die unter Berücksichtigung von Lage und Qualität, wie schöner, ruhiger Platz, Naturnähe und Erreichbarkeit der empfehlenswerten Restaurants, besonders qualifiziert sind.

Die Empfehlungen wurden alle selbst überprüft, die Auswahl speziell vorgenommen und mit einem Qualitätssiegel gekennzeichnet.

Oben:
Das LandYachting Qualitätssiegel kennzeichnet unsere Lieblingsplätze

Links:
Wir zeigen Ihnen die schönsten Plätze in der Region

Überblick auf jeder Ebene

Einfach und schnell vom Gesamtüberblick zu den Details: Die Vogelperspektive sorgt für beste Übersicht über die Region Nordwestitalien

Beste Übersicht von oben: Ein Milan zieht seine Kreise

Unten: Das Aostatal vom Mont Blanc aus gesehen

Die Grundidee für den Aufbau des Reiseführers ist:
›Der Adler sieht mehr als die Maus‹.

So wird die Welt aus der Vogelperspektive betrachtet, um einen Überblick über das ganze Gebiet zu bekommen und ein schrittweises Annähern, bis hin zu den kleinsten Details zu ermöglichen.
Ebene für Ebene wird der Zoom-Faktor größer: Die Satellitenkarten ermöglichen erstmals, die ganze Region von oben zu erfassen, Besonderheiten zu erkennen und den Gesamtzusammenhang herzustellen – Luftaufnahmen lassen ganze Städte erkennen und die Detailaufnahmen zeigen die kleinsten Einzelheiten vor Ort.

Der ›Zoom‹-Faktor:

1. Übersichts-Ebene:

Aus der Satellitenperspektive wird die gesamte Region überschaubar und die Zusammenhänge sieht man auf einen Blick.

2. Regional-Ebene:

Auf der Regional-Ebene werden die Highlights der Regionen sichtbar und die individuellen Touren können mit schneller Übersicht von Punkt zu Punkt geplant werden.

3. Städte-Ebene:

Auf der Städte-Ebene sind die Ziele für Kunst, Kultur, Natur, Aktives Leben, Genuss und Wohnmobil-Stellplätze beschrieben.

4. Detail-Ebene:

Jeder empfohlene Stellplatz wird mit seinen Besonderheiten beschrieben und Alternativen werden angeboten. Für alle weiteren Freizeit-Empfehlungen gibt es einen ausführlichen Infoteil mit vielen aktuellen Internet-Links.

Der Aufbau des Bandes

**Von der Übersicht bis hin zum kleinsten Detail:
Mit diesem Aufbau kommen Sie einfach und schnell
zu den detaillierten Informationen**

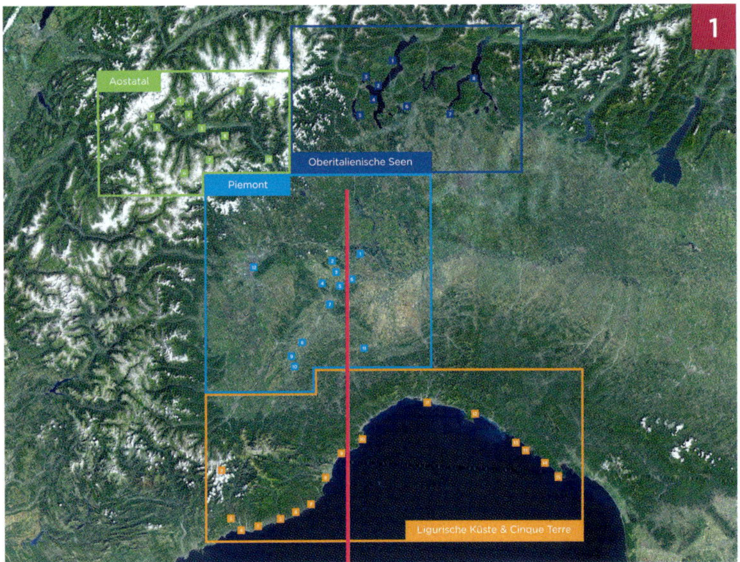

1. Die Übersichts-Ebene

Die Satellitenkarte gibt den **Überblick** über die ganze Region. Auf dieser Ebene sind auch die Anreise-empfehlungen zu finden.

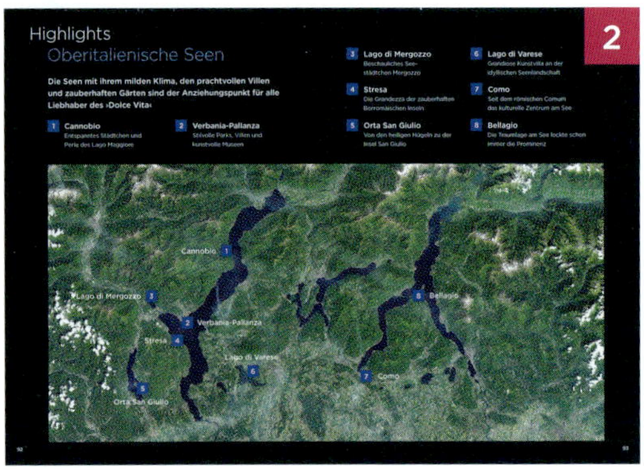

Die Regionen:

I Oberitalienische Seen

II Piemont

III Aostatal

IV Ligurische Küste & Cinque Terre

2. Die Regional-Ebene

Mithilfe der lokalen Satellitenkarte überblickt man schnell die **Highlights**. In diesem Kapitel wird jede Region in ihrer ganzen Bandbreite charakterisiert; Panoramabilder geben hier eine bildmalerische Einstimmung.
So bekommt man einen guten Eindruck der Stimmung, der Schönheiten und des Charakters der Landschaft.

3. Die Städte-Ebene

Im detaillierten Städteteil werden alle Städte oder Destinationen genau beschrieben, damit Sie keine der **lokalen Attraktionen** verpassen - natürlich immer mit dem besonderen Augenmerk auf die Bedürfnisse des Wohnmobil-oder Caravanfahrers.

4. Infoseiten

Hier stehen **alle Empfehlungen** mit genauen **GPS-Daten**, Beschreibungen und Internetadressen.

Farbregister

Schnelle Kapitel-Übersicht durch farbiges Register.

LandYachting-Qualtäts-siegel

Besondere Stellplätze werden optisch hervorgehoben.

Anlaufpunkt und Stellplatz-empfehlungen

Die Besonderheit ist der **zentrale Anlaufpunkt.** In der Stadt oder beim Freizeitziel wird immer ein erster Platz mit GPS-Koordinaten angegeben. Die **schönsten Übernachtungs-Empfehlungen** und Alternativen finden sich immer im ›Stellplatzkasten‹.

5. Stellplatz-Finder

Hier gibt es zusätzlich **viele Stellplatz-Alternativen**, damit man auf der individuellen Tour immer seinen Platz findet. Die Plätze sind geografisch nach den LandYachting-Regionen geordnet.

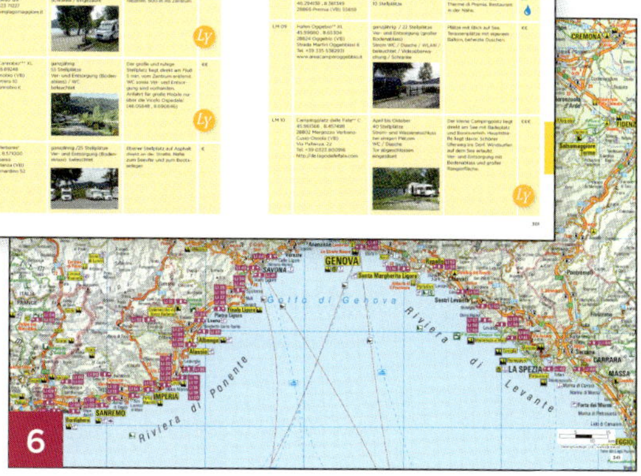

6. Stellplatz-Atlas & Straßenkarte

Hier finden sich die **Tourenvorschläge** und **alle Stellplätze**.

Gebrauchsanleitung

Step-by-Step zur individuellen Tour

Die große Tour oder eine Wochenendfahrt kann mit dem LandYachting-Bildreiseführer nach persönlichen Vorlieben zusammengestellt werden.

Oben:
Immer die besten Stellplätze

1. Ziele auswählen

Als Erstes können die attraktivsten Ziele auf der Satellitenübersichtskarte mit den Kurzbeschreibungen der Highlights der Region ausgewählt werden.

2. Anreiseweg wählen

Im Regionalteil gibt es für die Anreise verschiedene Routen-Optionen. Im Kartenteil stehen lokale Tourenvorschläge, die als Anregung für den Reiseverlauf dienen können.

3. Anlauf-Hafen auswählen

Der Städteteil: Hier finden Sie die GPS-Koordinaten für den ersten ›Anlaufhafen‹ aller Ziele. Das Navi hierauf eingestellt - und man findet schnell seinen Platz in der Nähe der Sehenswürdigkeiten.

Neueste Tipps & aktuelle Stellplatz-Empfehlungen stellen wir auf unserer Homepage und auf facebook für Sie bereit

4. Highlights vor Ort auswählen

Im Städteteil gibt es viele Informationen zu Freizeitgestaltung, Sehenswürdigkeiten und Kulinarik-Tipps. Zur schnellen Identifikation sind sie im Text farbig hervorgehoben. Alle Adressen und Koordinaten sowie weitere nützliche Detailangaben wie Öffnungszeiten, Preise und Internetseiten finden sich in den Infoseiten am Ende des jeweiligen Kapitels.

5. Übernachtungsplatz ansteuern

Auf den Städteseiten wird immer ein bevorzugter Übernachtungsplatz mit Kurzbeschreibung im Stellplatzkasten empfohlen. Falls dieser belegt ist oder nicht zusagt, sind weitere schöne Übernachtungsalternativen im Stellplatzkasten angegeben. Teilweise können sie auch ein paar Kilometer entfernt sein, da Plätze von uns immer nach ihrer Qualität ausgesucht werden. Aber auch hierzu gibt noch es eine Vielzahl von Alternativen im großen Stellplatz-Finder (gelbe Seiten) am Ende des Buches.

6. Übernachtungsalternativen im Stellplatz-Atlas

Im Kartenteil sind alle Stellplätze mit ihrem Kürzel eingetragen, so dass man leicht erkennen kann, welche Plätze sich in der Nähe der Wunschdestination befinden. Alle Detailangaben zu den Plätzen finden sich im Stellplatz-Finder.

Die praktischen Seiten

Der Service-Ratgeber

Oben: Der Stellplatzfinder weist viele Park- und Stellplätze aus - so findet jeder seinen Traumplatz

Tipps und Regelungen

In diesem Teil des Buches findet sich allerlei Wissenswertes rund um das Mobile-Reisen und Hinweise auf spezielle lokale Regelungen. Die Besonderheiten im Straßenverkehr werden hier vorrangig herausgestellt, damit Sie sicher und ohne Bußgeld nach Hause kommen. Das Kapitel GPS-Navigation zeigt die Funktion des GPS-Systems und die Bedienung der Navigationsgeräte. Darüber hinaus erleichtern besondere Tipps sowie diverse Checklisten die Fahrt für Neulinge ebenso wie für ›alte Hasen‹. Ein Wörterbuch für die Begriffe Verkehr und Reisemobil helfen bei der Reise.

Der Touren- und Kartenteil

In diesem Abschnitt finden sich lokale Tourenvorschläge in den Regionen. Detaillierte Straßenkarten im Stellplatz-Atlas in großem Maßstab zeigen viele touristische Eintragungen und alle Stellplätze mit ihren Kennungen.

Der Stellplatz-Finder

In den gelben Seiten finden sich eine große Vielfalt und Anzahl von Stellplatzoptionen, falls der bevorzugte Top-Stellplatz voll ist, eine räumliche Alternative oder eine andere Tour bevorzugt wird. Hier gibt es viele Plätze, die so noch nirgends beschrieben sind. Berücksichtigt werden alle Arten: von freien Standplätzen über ausgewiesene Wohnmobilstellplätze, bis hin zu ganz speziellen Campingplätzen oder Stellplätzen auf dem Bauernhof oder Weingut in besonders attraktiver Lage.

Qualitätsbewertung

Die Plätze sind in verschiedene Qualitätsgruppen eingeteilt und in jeder Gruppe mit 1–3 ›Sternen‹ bewertet.

* – ***

- Die Stellplatzgruppe berücksichtigt: Ausstattung und Lage
- Die Sterne bewerten: Qualität, Freizeitwert und Ambiente

Stellplatz-gruppen:

- **Naturstellplätze**
- **Parkplätze**
- **Stellplätze**
- **Reisemobil-Häfen**
- **Campingplätze**
- **Landstellplätze (Bauernhof, Weingüter etc.)**

Preiskategorien: Die Euro-Zeichen €, €€, €€€

Campingplatz	Stellplatz	Restaurant
incl. Strom, Wasser etc.	incl. V & E, ohne Strom	Hauptspeise
€ ----- 20 bis 25 €	0€ ---- kostenlos	€ ------- bis 10 €
€€ --- 25 bis 30€	€ ----- bis 10 €	€€ ----- 10 bis 20 €
€€€ - über 30 €	€€ ---- 10 bis 15 €	€€€ --- über 20 €

Preis für 2 Personen + Mobil pro Nacht in der Hauptsaison

 Satellitenblick über die Region Alpen-Riviera

Die Region im Überblick

Natur
Hochalpin bis mediterran

Steilküste der Cinque Terre vor Portovenere

Weinberge & Hügel im Piemont

Blick ins Val Ferret im Aostatal

Rivieraküste
Palmen, Paläste & Pracht

Grand Hotel in Spotorno

Eingang im Giardini Hanbury

HOTEL PARADISO

Il Mare
Entspannung und mehr

Strandidyll in Bordighera

Luxusyacht in Portofino

Angler in Finale Ligure

Burgen und Schlösser
Wehrhafte Zeitzeugen

Kastell in Finale Ligure

Castello in Costigliole d'Asti

Himmelwärts
- Türme überall

Miniatur-Turm auf der heißen Schwefelquelle in Acqui Terme

Maurisches Schmuckstück in Levanto

Turm in Toirano

Geschlechtertürme in Albenga

Die Landschaften der Region Alpen-Riviera

Von den höchsten Alpengipfeln über die malerischen Oberitalienischen Seen, durch die Weinhügel des Piemonts bis zur sonnigen, ligurischen Rivieraküste

Rechts: Blick vom Wanderweg Mont Blanc ins Val Ferret

Oben: Sonnige Hochebene in Cogne

Die Region Alpen-Riviera bietet so vielfältige Landschaften, die woanders so kaum auf kleinstem Raum zu entdecken sind. Rings um das Aostatal liegen die höchsten Alpengipfel. Der Mont-Blanc (4.810 m), das Matterhorn (4.478), der Monte Rosa (4.637) und der Gran Paradiso (4.061) sind die allseits bekannten Gipfel, hier auf dem ›Dach‹ Europas.
Das Piemont bedeutet ganz treffend »am Fuß der Berge«, denn diese hügelige Landschaft wird von dem großen Alpenbogen im Norden, Westen und Süden begrenzt. Dadurch hat die Region auch ein ganz besonderes Klima für ihren ausgezeichneten Weinbau.
Ligurien, die südlich angrenzende Region, ist das Bindeglied zwischen den Alpenausläufern, der Berge der Alpi Marittime und des Ligurischen Apennins bis hin zur tiefblauen Mittelmeerküste.

Die Region Nordwestitaliens gehört zu den geschäftigsten in ganz Italien. Hier befinden sich auch die industriellen Schwergewichte Mailand (Lombardei), Turin (Piemont) und Genua (Ligurien), im sogenannten industriellen Dreieck ›triangulo industriale‹ des Landes. Trotzdem hat die Natur hier noch genügend Platz, denn bereits 1922 wurde auf dem ehemaligen Jagdgebiet des italienischen Königs im Piemont und im Aostatal der erste italienische Nationalpark gegründet: der Gran Paradiso Nationalpark. Das Val Grande westlich des Lago

Maggiore gilt als das unberührteste Naturschutzgebiet Italiens und der berühmte Naturpark der Cinque Terre ist zurecht UNESCO-Welterbe.

Die Nordwest-italienischen Alpen & das Aostatal

Hier im Grenzgebiet zur Schweiz und Frankreich liegen die höchsten Alpengipfel und die größte Ansammlung von Viertausendern auf dem europäischen Kontinent, bedeckt mit ewigem Schnee und Eis. Im Aostatal, dem vom wilden Fluss Dora Baltea geschaffenen Tal mit seinen vielen Seitentälern, sieht man die Kraft der Natur: reißende Ströme, gefurchte, bewaldete Felsen und die karge hochalpine Landschaft über der Baumgrenze. Beliebte Skigebiete locken hier die Wintersportler und ausgedehnte Almgebiete laden im Sommer zu den schönsten Wanderungen ein. Hier kann man mit der neuen Mont Blanc Seilbahn zur Punta Helbronner (3462 m) fahren und die schier überwältigende Naturkulisse genießen. Das Aostatal hat eine lange Geschichte und war schon zur Römerzeit eine wichtige Verbindung zu den Pässen über die Alpen.

Die Oberitalienischen Seen

Im Norden strahlen die schneebedeckten Alpengipfel, deren Bergausläufer die Seen fjordartig einbetten und weiter südlich schließen sich die sanften Hügel der Endmoränen der letzten Eiszeit an. Lago Maggiore und Comer See - hier liegen sie, die klangvollen Namen Stresa und Pallanza oder Bellagio, die schon Ende des 19. Jh. den Adel an die palmenbestandenen Seeufer magisch angezogen haben. Die Kombination aus Fels, Wasser und der subtropischen Vegetation in den Gärten und Parks ist einzigartig und die Belle Époque wird hier wieder lebendig.

Links: Weinberg in den Hügeln von Barolo

Die Po-Ebene

Südlich des Lago Maggiore und des Comer Sees geht das sanft geschwungene Alpenvorland in die landwirtschaftlich stark genutzte Po-Ebene über. Zwischen Turin und Mailand liegt hier der kleine Ort Vercelli. Kaum bekannt, aber dennoch ganz groß, denn hier im Piemont ist das Zentrum der italienischen Reisproduktion und der bedeutendste Reismarkt in ganz Europa.

Unten: Schönes Flusstal bei Cannobio

Unten: Der Lago Maggiore mit seiner Isola Bella

Oben:
Das Fischer- und Prominentendorf Portofino an der ligurischen Küste

Die Hügelketten des Monferrato und der Langhe

Südlich der Po-Ebene wird es wieder hügeliger und man wähnt sich schon fast in der Toscana. Hier wogen die weinbestandenen Hügelketten des Monferrato und der Langhe. Weltberühmt durch ihre Weine aus Barolo und Alba und natürlich der besonderen Küche mit den regionalen Schätzen - dem weißen Trüffel und der Wiege der Slow Food-Bewegung.

Oben:
Schroffe Klippen an der Cinque Terre

Die Ligurische Küste

Eingebettet zwischen den Bergen des Apennins und der Küste des Mittelmeers reicht Ligurien von der französischen Riviera bis hin zur Toscana. Die Küste wechselt von ausgedehnten Sandstränden zu Felsformationen, wo sich steile Kliffe ins Meer stürzen. Weite Ebenen gibt es hier nicht, deshalb ist überall der Platz rar. Verstärkt wird dieser schroffe Küstencharakter weiter im Osten durch die imposanten Felsenformationen Portofinos und der Steilküste der Cinque Terre.

Die Cinque Terre

Einer der weltweit bekanntesten Winkel ist die Küste zwischen Levanto und Portovenere. Magische Anziehung verbreitet der Name schon seit jeher, denn die Orte liegen so abgelegen und spektakulär an der Felsküste, dass sie unerreichbar erscheinen. Seit Jahrhunderten wurde dem bröckelnden Fels, mit abgetrotzten Steinterrassen Einhalt geboten. Die grünen Weinreben auf den Terrassen stehen im Kontrast zum tiefblauen Tyrrhenischen Meer und hier kommt er her, der süße, bernsteinfarbene Sciacchetrà-Wein der Cinque Terre. Die fünf Dörfer mit ihren bunten Fassaden scheinen die Felsen zu teilen. So schroff stürzen die Berge in das Meer, dass man sich kaum vorstellen kann, wie die Dörfer hier jemals errichtet werden konnten.

Naturparks

In der Region Alpen-Riviera gibt es drei Nationalparks und viele Regionalparks sowie kleinere regionale Reservate.

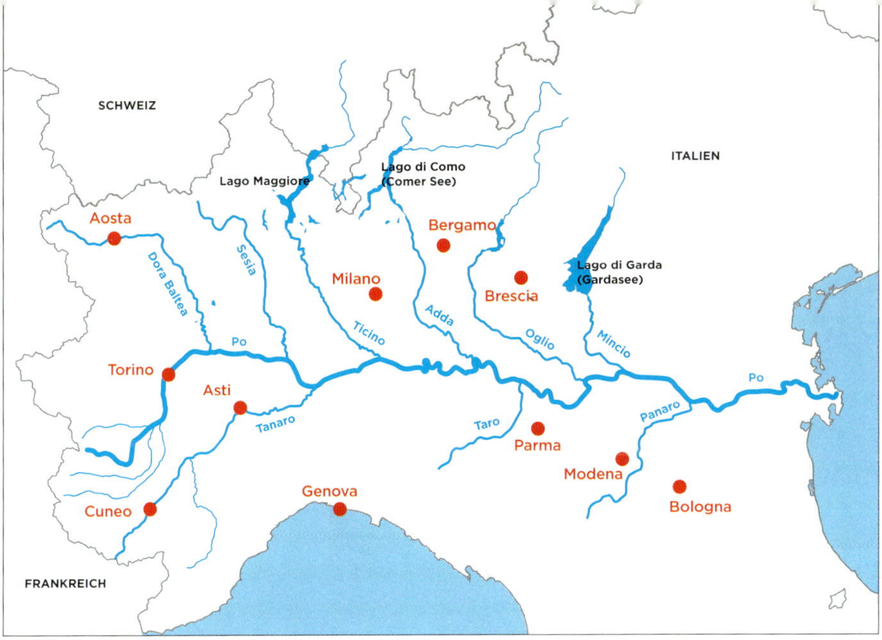

Links:
Die wichtigen Flüsse Nordwest-italiens

Naturparks Piemont & Aostatal

Val Grande: die unberührteste Wildnis Italiens auf 15.000 ha

Gran Paradiso: hochalpine Natur auf über 71.000 ha

sowie weitere neun regionale Reservate wie z.B. der Sacro Monte di Crea.

Naturparks Ligurien:

Der Nationalpark Cinque Terre mit seinen Steinterrassen als UNESCO-Welterbe und zehn weiteren Regionalparks, wie den von Portovenere mit seinen unvergleichlichen Küstenpanoramen.

Weitere Information über alle italienischen Naturparks finden Sie auf: www.parks.it

Flüsse und Seen

Die Region ist sehr wasserreich und gerade die Flüsse haben schon immer eine wichtige Rolle in der Entwicklungsgeschichte gespielt.

Denn die intensive landwirtschaftliche Nutzung der Po-Ebene wäre ohne die Bewässerung aus dem Po gar nicht möglich. Die größten Flüsse in der Region Alpen Riviera sind der Po, Dora Baltea, Tanaro und Ticino.

Der Po

Der längste Fluss Italiens mündet in einem ausgedehnten Delta in die Adria und durchfließt von West nach Ost fast die gesamte Breite Norditaliens.

Unten:
Der Naturpark Valle Grande westlich des Lago Maggiore

Oben:
Der kleine Lago di Mergozzo hat eine Top-Wasserqualität

Sein Ursprung liegt im Piemont, im Valle Po, im italienisch-französischen Grenzgebiet beim Monte Viso.
Seine wichtigsten Zuflüsse aus der Region sind die Dora Baltea aus dem Aostatal, der Ticino, der aus dem Lago Maggiore abfließt, die Adda vom Comer See kommend und der Tanaro aus den ligurischen Alpen.

Oben:
Rauschender Gebirgsfluss im Val Ferret

Die Dora Baltea

Sie ist ein wahrer Gebirgsfluss, gespeist von mehreren Gletschern des Aostatals aus dem Val Ferret und dem Val Veny. Man sieht dem grau-grünlichem Wasser seine Kälte gleich an.
Der Fluss sammelt sämtliches Gebirgswasser aus den Aosta-Nebentälern und seine Kraft wird nur von Rafting- und Kajaksportlern bezwungen.

Der Tanaro

Ist in dieser Region der einzige große südliche Zufluss zum Po . Durchfließt die Provinzen Cuneo, Asti und Alessandria und wird aus mehreren Zuflüssen aus den ligurischen Alpen gespeist.

Ticino

Südwestlich des Gotthardmassivs, in der Schweiz, entspringt der Ticino und fliesst in den Lago Maggiore, dessen größter Zu- und Abfluss er ist. Der Ticino mündet südöstlich von Pavia in den Po.

Der Lago Maggiore

Der ›König der oberitalienischen Seen‹ ist mit einer Länge von ca. 66 km der zweitgrößte See Italiens und hat von jeher die Menschen aus dem Norden angelockt. Die Kombination von mediterranem Klima und der Blick auf die schneebedeckten Alpen ist einzigartig. Rund 80% des Sees gehören zu den italienischen Regionen Piemont (Westufer) und Lombardei (Ostufer) und nur ca. 20 Prozent des langgestreckten Sees befinden sich im Schweizer Tessin.
Wenn im Norden der Frühling noch lange nicht in Sicht ist, ist dank des mediterranen Klimas am Lago Maggiore schon ein Hauch von Sommer zu spüren. Hier kann man schon früh im Jahr unter Palmen an der Uferpromenade in der Sonne sitzen und mit einem Glas Aperitif in der Hand den Panoramablick genießen.
Dieses ganz besondere Klima hat schon im neunzehnten Jahrhundert den europäischen Adel angezogen und die vielen prachtvollen Villen und Gärten sowie die Jugendstil-Prachthotels geben heute noch Zeugnis von dieser Glanzzeit.
Dem Adel verdanken wir auch Sehenswürdigkeiten wie z.B. die Isola Bella oder die botanischen Gärten der Villa Taranto in Verbania. Die Borromäischen Inseln (Isole Borromee) sind eine Gruppe von vier Inseln vor Stresa, die Isola Madre, die Isola Bella, die Isolino di San Giovanni und die Isola dei Pescatori, die einen Besuch wirklich wert sind. Überall verzaubert einen rund um den See die üppige fast schon subtropische Pflanzenwelt mit Oleander, Jasmin, Magnolien und Kamelien.

Der Lago di Mergozzo

Der kleine Bruder des Lago Maggiore gehört zu den saubersten oberitalienischen Seen und ist mit seinem malerischen Städtchen Mergozzo ein echter Geheimtipp. Ein Motorbootverbot sorgt außerdem für Ruhe und Erholung am See und der kleine Ortskern von Mergozzo wartet mit schönen Bäckereien und Restaurants auf die wenigen Gäste. Der Lago di Mergozzo liegt auch in unmittelbarer Nähe des Nationalparks Val Grande und dessen unterem Schluchtengebiet mit seinen schönen Wandermöglichkeiten.

Der Ortasee (Lago d'Orta)

Nur wenige Kilometer westlich vom unteren Teil des Lago Maggiore liegt der Ortasee, der mit der hübschen Stadt Orta und der vorliegenden Insel San Giulio sowie seinem berühmten Heiligen Hügel einen Besuch wert ist. Der Sacro Monte di Orta, gehört mit neun anderen Sacri Monti in Norditalien zum UNESCO-Welterbe. Es sind weitläufige Kapellenanlagen und Pilgerstätten, die im späten

16. und 17. Jh. auf Bergen und an Seen errichtet wurden. Aber auch wer kein Pilger ist, sollte den heiligen Hügel von Orta erklimmen, denn die Aussicht über den See zur Insel mit ihrem großen Benediktiner-Kloster ist wunderschön. Ein kleiner Spaziergang durch Orta mit seinen schönen, verwinkelten Gassen mit Bürgerhäusern aus der Zeit der Renaissance und des Barock gehört natürlich unbedingt dazu. Vom Hauptplatz des Ortes dem Piazza Motta legen auch die Boote zur Insel San Giulio und zur Stadt Omegna ab.

Der Comer See

Wie ein umgekehrtes Ypsilon liegt der drittgrößte italienische See dramatisch in der Kulisse der Bergwände eingefangen. Er fasziniert durch das Wechselspiel der Naturkulisse und der mediterranen Vegetation, ganz wie der große Bruder Lago Maggiore. Auch hier haben sich schon immer die Schönen und Reichen getroffen. Ihre Reiseziele sind Cernobbio und Como mit den Gärten der Villa d'Este oder dem mondänen Zentrum am See: Bellagio.

Im ›Schritt‹ des Y, liegend war der malerische Ort schon immer ein begehrtes Reiseziel. Die Altstadt mit ihren malerischen Treppengassen, mit unzähligen Luxusboutiquen und den guten Restaurants lädt zum Verweilen ein. Von hier kann man mit der Fähre die Nachbarorte besonders gut erreichen. Nicht versäumen sollte man in Bellagio den Garten der Villa Melzi.

Oben:
Blick aus dem Reisemobil auf den Lago di Mergozzo

Oben:
Edelboutique in Bellagio

Links:
Villa Melzi und ihr wunderschöner Park am Comer See

Alpen-Riviera Steckbrief & Fakten

Oberitalien ist der Motor des Landes, hier leben und arbeiten ca. 45% aller Italiener. In der hoch industrialisierten Region finden sich dennoch ruhige Orte und unberührte Natur. Wenn man nur weiß, wo man suchen muss.

Region	Hauptstadt	qkm	Einwohner	Einw. qkm	Provinzen
Aostatal	Aosta	3.263	128.500	39,2	keine
Piemont	Turin	25.400	4.400.000	175	8
Ligurien	Genua	5.420	1.592.000	294	4
Lombardei	Mailand	23.859	9.995.000	374	11
Südtirol-Trentino	Bozen	13.618	886.000	65	2
Bayern	-	70.552	12.043.000	159	-
Deutschland	-	356.900	82.797.000	232	-

Oberitalien ist der Motor des Landes, hier leben und arbeiten ca. 45% aller Italiener. In der hoch industrialisierten Region finden sich dennoch ruhige Orte und unberührte Natur.

Ganz Italien ist in 20 administrative Regionen aufgeteilt und diese wiederum in 110 Provinzen. Zu Oberitalien zählen von West nach Osten die acht Regionen: Das Aostatal, Piemont, Ligurien, Lombardei, Südtirol-Trentino, Emilia Romagna, Venetien und Friaul – Julisch Venetien. In diesen Regionen leben etwa 26 Mio. Italiener – also ca. 45% aller Einwohner, denn bis auf die bergigen Regionen in Südtirol-Trentino und im Aostatal, sind die Regionen dicht besiedelt. Am bevölkerungsreichsten ist die Lombardei mit ca. 380 Einwohnern pro qkm. Zum Vergleich Deutschland – Bayern: ca. 160 Einw/qkm. Der Norden Italiens ist stark industrialisiert – hier befinden sich mit Mailand (Lombardei), Genua (Ligurien) und Turin (Piemont) die wichtigsten Wirtschaftsstädte Italiens.

Die Regionen in diesem Band

1. Aostatal

Das Aostatal ist bestimmt durch die hohen Alpengipfel mit ewigen Gletschern und den höchsten Gipfeln Europas, mehr als zwanzig Gipfel sind höher als 4.000 m. Trotzdem wird im Aostatal Weinbau betrieben. Ganz besondere Tropfen in Rot und Weiß werden hier gekeltert und die regionale Küche ist sehr zu empfehlen.

Durch die lange französische Geschichte des Tals sprechen hier ca. 80% der Einwohner französisch, eine Besonderheit ist die deutsche Sprachinsel im Gressoney-Tal, in der noch immer Walserdeutsch gesprochen wird.

Der Name Aostatal ist irreführend, denn mit den vielen Seitentälern müsste es eigentlich ›die Aostatäler‹ heißen.

Ausgehend von dem Haupttal, das durch den Fluss Dora Baltea geschaffen wurde, in dem auch die Hauptstadt Aosta liegt, gehen weitere 18 Nebentäler ab, die sich immer weiter bis in die höchsten Gipfelregionen verzweigen. Der Talgrund der Nebentäler steigt meist schon auf 2.000 m und das bedeutet, wenn die Sommerhitze in den angrenzenden Regionen einfach erdrückend hoch ist, findet man hier angenehme Temperaturen und klare Luft. Schon seit römischen Zeiten war das Tal eine wichtige Verbindung über den großen und kleinen St.- Berhnard-Pass zur Schweiz und nach Frankreich.

Oben:
Blick auf das Matterhorn

Unten:
Das Aostatal müsste eigentlich ›Die Aostatäler‹ heißen, da vom Haupttal viele Täler abgehen

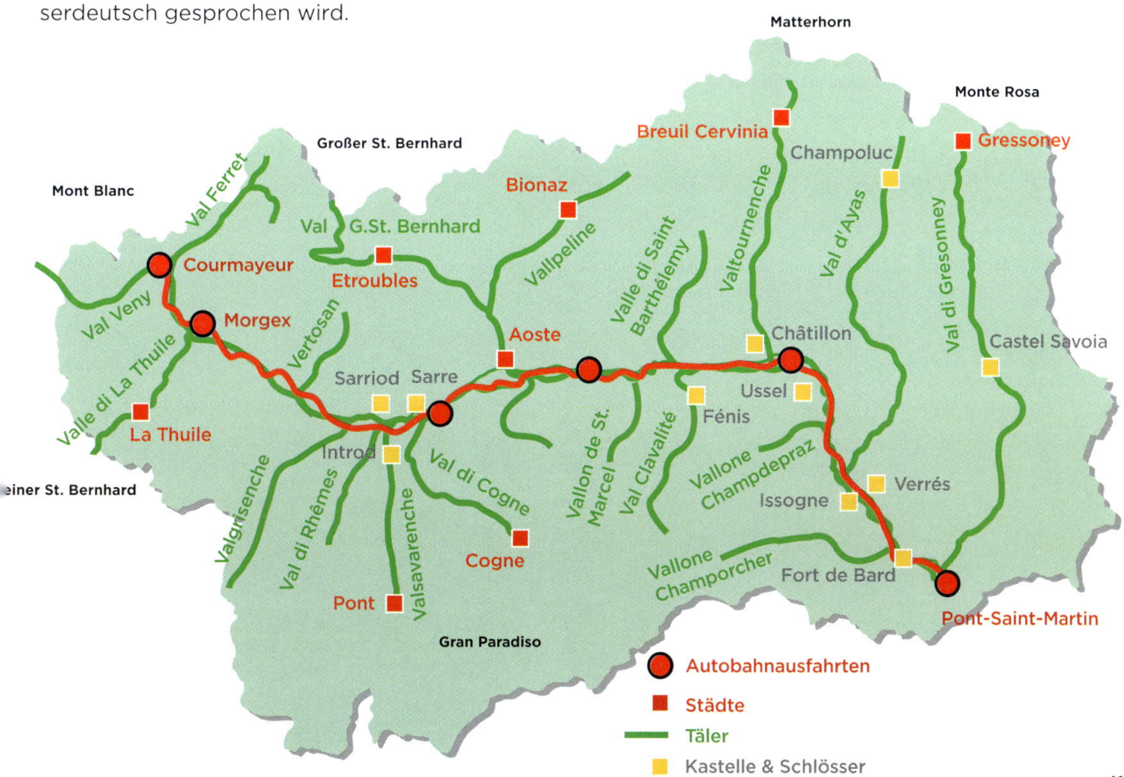

Oben: Aufgang zum Kastell in Moncalvo

Daher hat es auch eine reiche Geschichte zu bieten. Fast über jedem Ort thront eine Burg oder ein Schloss und zahlreiche Kunst und Kulturschätze sind hier zu entdecken. Das Aostatal hat eine Ausdehnung von ca. 100 km von West nach Ost und von Nord nach Süd sind es ca. 60 km. Das Aostatal ist eine autonome Region und so können die Steuern überwiegend regional verwandt werden.

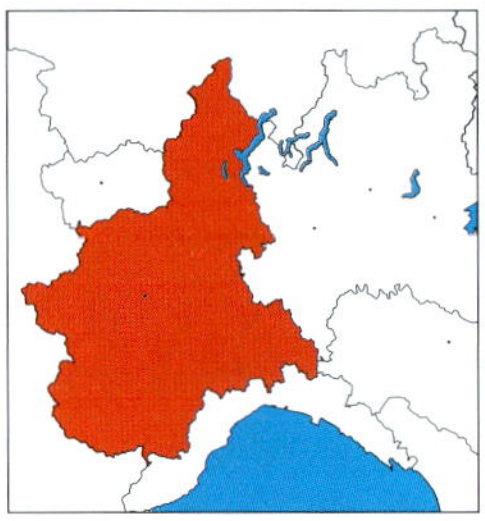

Piemont

Die zweitgrößte Region Italiens hat eine überraschende Vielfalt an Sehenswürdigkeiten. Im Norden die großen Seen mit ihrem mediterranen Flair, im Westen die wilde Gebirgsnatur der Alpen, im Nordosten die fruchtbare Po-Ebene, mit der größten Reisproduktion Europas rund um Vercelli und Novara und im Südosten das Schlemmergebiet der Langhe und der Roero.

Auf den Hügeln thronen mittelalterliche Dörfer mit kleinen Gassen und urigen Trattorien und der Wein ist überall präsent. Touristisch geht es im Piemont eher ruhig zu. Denn die meisten fahren durch, in die Toskana oder an die Adriaküste oder zu den wenigen touristischen Magneten wie Barolo und Asti. Besonders beschaulich geht es noch im Monferrato Basso, der Region nördlich von Asti zu.

Das Piemont hat sich in den letzten Jahren zum Insidertipp für die anspruchsvolle Reisekulinarik entwickelt. Hier kommen die weltbekannten Roten wie Barolo, Barbera und Barbaresco her, und die hier gegründete Slow Food-Küche kann aus dem Vollen schöpfen:

Die weißen Trüffel aus Alba, der Spumante und der Marini aus Asti, der Gorgonzola aus Novara und die Pilze aus dem Susatal. Weltbekannt sind Albas Haselnüsse, denn hier erfand Pietro Ferrero in den 1940ern Nutella. Nur Piemont Kirschen gibt es hier nicht - sie stammen überwiegend aus der Türkei.

Rechts: Blick vom Castello in Montemagno über die Weinberge zu den Seealpen

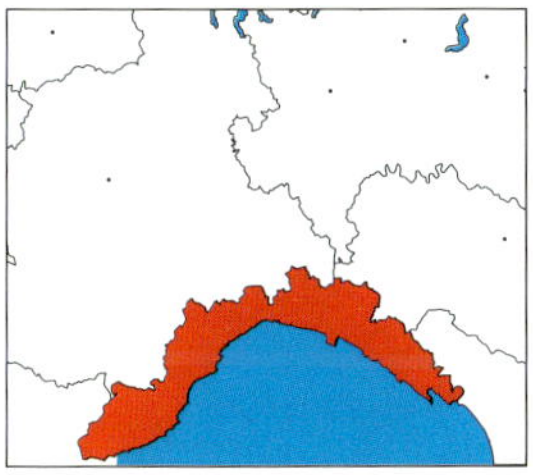

Ligurien

Der bogenförmige Küstenabschnitt an der Riviera von Frankreich bis zur Toskana hatte schon immer einen besonderen Reiz. Schon Ende des 19 Jh. zog es englische Adelige und gut Betuchte, der milden Winter wegen, hier an die Riviera. So lebten in Bordighera zeitweise mehr Engländer als Italiener. Der Abschnitt von Frankreich bis zur regionalen Hauptstadt Genua heißt Riviera di Ponente und von dort östlich bis La Spezia, Riviera di Levante.

Der westliche Teil der Riviera di Ponente um die schöne Stadt Sanremo, wird auch Blumenriviera genannt, da hier traditionell Blumen in Glasgewächshäusern gezüchtet werden. Östlich davon liegt die Palmenriviera. Ihre schönen abwechselnden Sand- und Felsstrände werden hier von vielen Palmen gesäumt. Weiter im Osten schließen sich die Steilküsten von Portofino und die der Cinque Terre an. Das besonders warme Klima ist nur durch die Seealpen möglich, die kurz hinter der Küste bis zu ihrem höchsten Punkt auf 2.000 m Höhe aufsteigen und so das milde Mikroklima ermöglichen. Im grünen, schroffen Hinterland der Riviera finden sich nur noch wenige urige Dörfer, dafür jedoch überwältigende Natur pur - hier verläuft auch der bekannte ligurische Höhenweg.

Die bis vor kurzem recht armselige Hafenstadt Genua, einst eine stolze Seemacht und mittelalterliches Finanzzentrum, hat sich in den letzten Jahren wieder herausgemacht. Ein neues Touristenzentrum im alten Hafen und die unzähligen Museen locken die Besucher zu Recht wieder an. Aber das Highlight an der Küste ist nach wie vor die Cinque Terre. Zwischen Levanto und Portovenere liegt sie - ›die Unerreichbare‹.

Die farbenfrohen Häuser im Sonnenuntergang - Millionen Fotos wurden hier schon zu Recht geschossen. Die Küstenwanderwege in der Cinque Terre sind mittlerweile weltweit bekannt. Und so kann es sein, dass der Wanderer voraus aus Neuseeland kommt und die Wanderin dahinter aus China. Daher sollte man den Zeitpunkt des Besuchs genau auswählen (s. Kapitel Cinque Terre).

Oben: Die ligurische Küste bei Portofino wird auch gerne von Kreuzfahrtschiffen angesteuert

Links: Auf palmengesäumten Straßen geht es nach Sanremo

Flora & Fauna

Von alpinen Bergregionen bis zum Meerespark - die Region bietet einiges an Pflanzen- und Tierwelt

Rechts: Gletschersee auf 3.000 m Höhe im Aostatal

Oben: Rhohodendron blüht am Wegesrand im Aostatal

Pflanzenwelt

Die Region umfasst alle Vegetationszonen von der hochalpinen Bergwelt bis zu den Tiefen der Unterwasser-Meeresschutzgebiete. Vereinfacht kann die Vegetation in die drei Zonen: Alpen, Poebene und mediterrane Apenninregion eingeteilt werden.

Die Alpenregion gliedert sich entsprechend der jeweiligen Höhenlage in verschiedene Vegetationszonen.

In der Hochgebirgszone findet sich nur spärlicher Bewuchs, der dem rauen Klima widersteht, meist sind es Wacholderbüsche und Rhododendron.

Auf dem hoch gelegenen Weideland findet man unzählige seltene Wildblumen wie Alpenrosen, Sonnenröschen und Enzian sowie viele Wildgräser. Oberhalb der Schneegrenze können nur noch wenige Moose und Flechten dem Wetter trotzen.

Das südliche Voralpengebiet ist weitaus gemäßigter und Olivenbäume, Zypressen und Lorbeerbäume bestimmen hier die Landschaft. Weiter ansteigend findet man an den Hängen häufig Eichen und Buchen, die dann höher von Nadelwald mit Lärchen und Fichten verdrängt werden. In den geschützten Lagen um die großen Seen findet man schon mediterrane Vegetation mit Olivenbäumen, Oleandergewächsen, Zypressen und Zitronen und an den Hängen wachsen Korkeichen, Kastanien und Buchen.

Die Tieflandebene um den Po war ursprünglich dicht bewaldet, doch heute sieht man nur noch spärliche Nutzwaldpflanzungen, denn ausgedehnte Mais- und Reisfelder bestimmen heute das Landschaftsbild.

Rechts: Palmen-Promenade in Rapallo in Ligurien

Links:
Am Ortasee und im Aostatal sind auch noch Kühe auf der Strasse unterwegs

Tierwelt

In den Alpenregionen leben Murmeltier, Kaninchen, Gebirgsrebhühner, Hermeline sowie Dachs und Marder.

An größeren Säugetieren gibt es Steinbock, Gämse, Reh und Hirsch in der Region. Der Gran Paradiso Nationalpark hat sich besonders um die Rettung der Steinböcke verdient gemacht.

Luchs und Fuchs sind hier nur selten zu

finden, sie streifen lieber durch die abgelegenen Gebiete des Apennins. In den Alpen können noch vereinzelt Steinadler beobachtet werden, öfter kann man hier Geier und Dohlen sehen. Auf den ausgedehnten Reisanbauflächen der Po-Ebene lassen sich viele Zugvögel auf ihrer Reise zum Zwischenstopp nieder.

An Amphibienarten gibt es Salamander und Wassermolche, an Reptilien sind häufiger harmlose Nattern, seltener die giftigen Kreuzottern und noch seltener Vipern zu finden.

Der Fischreichtum der Region ist enorm groß: Forelle, Störe und Aale, bis zu den Meeresfischen an der Küste.

Im Ligurischen Meer gibt es eine große Artenvielfalt: neben Muränen, Meeresbrassen, Meeraalen, Thun- und Schwertfischen tummeln sich auch Säugetiere vor der ligurischen Küste.

Die gesamte Meeresregion nördlich von Sardinien bis zur Mitte der toskanischen Küste und bis fast zum französischen Toulon ist das ›Santuario dei Cetacei‹, ein Schutzgebiet für Meeressäuger.

Delfine, Große Tümmler und Grindwale lassen sich hier sehr häufig sehen und auch Finn- und Pottwale können hier beobachtet werden.

Unten:
Der ›Hausfuchs‹ des Camping Pont Breuil

Links:
Sie mag die saftigen Wiesen im Aostatal

Links:
Im ligurischen Meerespark gibt es viele Delphine und Wale zu sehen

Klima & Reisezeit

Von kühlenden Bergbrisen über mildes mediterranes Meeresklima bis zu flirrender Sommerhitze.

Oben:
Im Hochsommer hat das Aostatal angenehme Temperaturen

Italien hat im Vergleich zu seinen nördlichen Nachbarn immer mehr Sonne zu bieten. Trotzdem kann es auch in Italien festsitzendes Regenwetter geben, das einem den Urlaub vermiesen kann. Um die Reise besser planen zu können, ist es wichtig, das Wettergeschehen zu verstehen.

Die norditalienischen Alpen zählen zum mitteleuropäischen Klimagebiet mit sommerfeuchtem Klima. Milde Winter und heiße Sommer werden von häufigen Regenfällen in Herbst und Frühling abgewechselt - Westwinde dominieren.

Besondere Wetterlagen

Eine besondere Schlechtwetterlage bildet das sogenannte Genua-Tief, auf das es in der Wettervorhersage zu achten gilt. Wenn ein Tiefdruckkern im Golf von Genua unterhalb des Alpenhauptkamms ostwärts zieht, dann regnet oder schneit es im Piemont, dem Wallis und den West- und Südalpen stark.

Hauptbetroffen sind dann die Po-Ebene bis in die Alpentäler, die oberitalienischen Seen und Südtirol. Zieht das Tief weiter ostwärts, über den Apennin an die Adria, dann wird es zum Adriatief.

Besonders ist, dass dann über einen längeren Zeitraum große Feuchtigkeitsmengen nach Mitteleuropa transportiert werden. Dies bedeutet: mehrere Tage Landregen. Die längerfristigen Entstehungsmerkmale (und damit Vorwarnungszeit von einigen Tagen) dieses Mittelmeertiefs sind:

1. Ein Nordatlantiktief, das über das Rhone-Tal zwischen Alpen und Pyrenäen oder über die Iberische Halbinsel in das westliche Mittelmeer zieht.

Untrügliches Zeichen ist die Warnung

Rechts:
Ende September kann man an der ligurischen Küste noch baden gehen

Aosta

	Jan	Feb	Mär	Apr	Mai	Jun	Jul	Aug	Sep	Okt	Nov	Dez
TAGESTEMPERATUR IN °C	9	9	11	14	18	22	25	25	22	18	13	11
NACHTTEMPERATUR IN °C	4	4	5	8	12	16	18	18	16	13	8	5
SONNENSTUNDEN / TAG	4	4	6	6	7	7	8	7	5	4	3	3
REGENTAGE / MONAT	3	4	6	8	8	10	6	6	5	7	7	5

Oben:
Schöne Wandertage im Aostatal

Como

	Jan	Feb	Mär	Apr	Mai	Jun	Jul	Aug	Sep	Okt	Nov	Dez
TAGESTEMPERATUR IN °C	6	9	13	18	21	25	27	27	23	16	11	6
NACHTTEMPERATUR IN °C	-2	0	3	7	10	14	16	15	13	8	3	0
SONNENSTUNDEN / TAG	3	4	6	6	6	8	9	8	6	5	4	2
REGENTAGE / MONAT	6	6	7	10	13	12	10	10	9	9	8	7
WASSERTEMPERATUR IN °C	6	8	8	11	15	19	24	23	20	14	11	6

Asti

	Jan	Feb	Mär	Apr	Mai	Jun	Jul	Aug	Sep	Okt	Nov	Dez
TAGESTEMPERATUR IN °C	4	7	13	18	23	27	29	28	24	17	9	4
NACHTTEMPERATUR IN °C	-2	0	5	8	13	16	19	18	15	9	4	1
SONNENSTUNDEN / TAG	4	4	6	6	7	7	8	7	5	4	5	3
REGENTAGE / MONAT	3	4	6	8	8	10	6	6	5	7	7	5

Oben:
Ewiger Winter am Mont Blanc

Sanremo

	Jan	Feb	Mär	Apr	Mai	Jun	Jul	Aug	Sep	Okt	Nov	Dez
TAGESTEMPERATUR IN °C	13	14	16	19	21	24	27	27	24	20	15	12
NACHTTEMPERATUR IN °C	7	7	9	11	15	18	21	21	18	14	9	6
SONNENSTUNDEN / TAG	4	5	5	6	6	8	10	9	8	6	4	5
REGENTAGE / MONAT	7	7	8	8	7	5	3	6	6	8	8	6
WASSERTEMPERATUR IN °C	13	12	13	14	16	19	23	23	21	19	17	14

Oben:
Im Frühling ist es am Comer See schon richtig warm

vor Starkwind im Wetterbericht, dem sogenannten Mistral oder Tramontana.

2. Ein Tiefdruckkern, der sich direkt über dem Golfe du Lion (Südfrankreich) oder dem Ligurischen Meer bildet.

In den letzten Jahren gab es gerade in Ligurien vermehrt Starkregen und Sturmereignisse. Da sich das Wasser und die Geröllmassen dann von den steilen Bergen in die Orte den Weg bahnen, sind schon mehrere Unglücke zu verzeichnen gewesen. Deshalt ist es ratsam, die Wettervorhersage zu verfolgen, gerade wenn man einen Stellplatz nahe am Fluss oder am Meer bezieht.

Wetterwarnungen unter:
www.arpal.gov.it/homepage/meteo.html

Unten:
Im August haben die Italiener Ferien, dann sind die Strände voll

Die Temperaturen

Je nach Höhenlage sind die Temperaturen sehr unterschiedlich.

Unweit des Alpensüdrandes an der Po-Ebene betragen sie im Januar durchschnittlich 2,5 °C und im Juli 24,5 °C.

Besonders begünstigt ist das Klima an der Blumenriviera. In Sanremo fällt das Quecksilber so gut wie nie in den negativen Bereich und die durchschnittliche Tagestemperatur im Winter beträgt +14° C.

Das Klima der einzelnen Regionen kann man exemplarisch an den Klimatabellen ablesen. Klima ist die statistische Summierung des tatsächlichen Wettergeschehens. So kann natürlich das Wetter je nach Laune der Natur in dem jeweiligen Jahr eben auch nicht der Statistik entsprechen. Daher sind die Daten auch nur als grober Anhalt für das zu erwartende Wetter geeignet.

Wetterdienste

Da das Wetter heutzutage mit großer Treffsicherheit bis zu 5 Tage vorher gesagt werden kann, finden Sie hier einige bewährte Online-Adressen.

Als besonders hilfreich hat sich das Niederschlagsradar mit zuverlässlicher Prognose auf www.meteox.de bewährt.

Einen kurzfristigen Trend für den nächsten Schauer kann man gut auf der Seite www.sat24.com/de/alps abschätzen.

Das Wetter in den Alpen gibt es unter www.meteoalpin.com und regionaler gibt es den Wetterbericht auf:
www.3bmeteo.com

Reisezeit

Eine beste Reisezeit kann generell für eine so vielfältige Region nicht angegeben werden, denn die Region Alpen-Riviera bietet klassische Sommer- und Winterdestinationen, je nach Vorlieben der Betätigung.

In den alpinen Regionen wird es selbst im Hochsommer nicht zu heiß, während die anderen Regionen im August nicht bereist werden sollten, denn dann ist ganz Italien im Urlaub und es ist definitiv zu heiß und zu voll. Höhepunkt ist der 15. August ›Ferragosto‹.

Zu dieser Zeit hat man selbst mit Vorbestellung Probleme einen Tisch im Restaurant zu bekommen. Die Cinque Terre hat immer Saison, erst von November bis März wird es ruhiger.

Oben:
Auch auf dem Stellplatz gibt es etwas zu feiern

Feiertage

Italiener feiern glücklicherweise gerne und es gibt eine Vielzahl von kirchlichen und staatlichen Feiertagen, an denen sich die ganze Familie trifft.

Feiertage im Jahresablauf

Das Jahr fängt am Neujahrstag an und geht mit Epiphania (Erscheinung des Herrn) am 6. Januar weiter. Am Karfreitag, an dem auch in Italien traditionell Fisch gegessen wird, wird der Kreuzigung Jesus Christi gedacht. Besonders wichtig ist das Osterfest mit dem Ostersonntag und Ostermontag, bei dem Essen und Trinken in geselliger Runde Pflicht ist. Beim ›Festa del Lavoro‹ am 1. Mai gedenkt man der Rechte der Arbeiter und der sozialen Verantwortung. Untergeordnet ist der ›Lunedi di Pentecoste‹ (Pfingstmontag), der nur in Südtirol begangen wird. Eins der größten Feste in Italien ist der 2. Juni ›Festa della Repubblica‹, dem Tag der Gründung der Italienischen Republik in 1946. Etwas später kommt am 15. August ›Ferragosto‹ (Mariä Himmelfahrt), der ein sehr wichtiger Feiertag ist, da die heilige Maria besonders verehrt wird. Deshalb gibt es auch noch den Feiertag ›Immacolata‹ (Mariä Empfängnis), der auf den 8. Dezember fällt. Am 1. November wird Allerheiligen gefeiert und am erst 25. Dezember ›Natale‹ (Weihnachten). Beendet wird das Jahr dann wie überall mit Silvester.

Links:
Die Feiertage sollte man beachten, wenn man unterwegs ist

FEIERTAGE

1.1.	Neujahrstag / Capodanno
6.1.	Epiphanias / Epifania
var.	Ostersonntag / Pasqua - Ostermontag / Pasquetta
25.4.	Tag der Befreiung / Liberazione
1.5.	Tag der Arbeit / Festa del Lavoro
var.	Pfingstsonntag / Pentecoste
var.	Pfingstmontag / Lunedi di Pentecoste
2.6.	Tag der Republik / Festa della Repubblica Gründung der italienischen Republik
15.8.	Mariä Himmelfahrt / Ferragosto
1.11.	Allerheiligen / Ognissanti
8.12.	Mariä Empfängnis / Immacolata
25.12.	Weihnachten / Natale
26.12.	Stefanstag / Santo Stefano
31.12.	Silvester / San Silvestro

Land & Leute

Von französischen Einflüssen im Aostatal und im Piemont zu den kleinen Fischerdörfern an der Riviera

Rechts:
An der Hafenpromenade von Imperia gibt es viele Cafés und Restaurants

Unten:
Bicicletta - Italiener sind extrem radfahrbegeistert

Was hat man nicht alles für Stereotypen im Kopf, wenn man an Italiener denkt: Patriarchen oder die starke Mama, Söhne, die noch mit 40 daheim leben oder erfolgreiche Jung-Manager, aber auch schwarz gekleidete ältere Frauen oder die ewig verführerische Sofia Loren. Und so widersprüchlich es ist - es stimmt irgendwie alles und einseitig ist es nie. Was man immer beobachten kann, ist die ausgesprochen geschmackvolle Kleidung, denn Mode hat in Italien einen hohen Stellenwert.

Ein nicht wegdenkbares Utensil aller Italiener ist das Mobiltelefon - das ›Telefonino‹. Gesprochen wird immer, sogar in der Badehose im Wasser stehend.

Besonders zeichnet die Italiener ihr Pragmatismus aus - irgendwie geht es dann doch immer mit ihrer Spontanität und Begeisterung, was man am ehesten sieht, wenn ›Gli Azzurri‹ (die italienische Fußballnationalmannschaft) spielt.

Die Mentalität

Die Geschichte Italiens hat einen bunten Flickenteppich unterschiedlichster Traditionen, Mentalitäten und Eigenarten hervorgebracht.

Die Vorurteile über die unterschiedlichen Charaktere der Bewohner haben, wie sooft etwas Klischeehaftes, aber trotzdem steckt natürlich immer ein Funken Wahrheit dahinter.

Im Piemont spürt man die französischen Einflüsse, denn Turin war schon zu Rö-

Rechts:
Im abendlichen Sanremo auf der Via Matteotti treffen sich die modischen Italiener zum Stadtbummel, der ›passegiata‹

Oben: Traditionelles Dorffest in Badalucco im ligurischen Gebirge

merzeiten eine Festung zu den Übergängen nach Gallien. Später in der Frankenzeit war es Sitz eines Markgrafen und die französischen Savoyer machten erst 1562 Turin zu Ihrem italienischen Fürstensitz, so spricht auch heute noch der Adel lieber französisch als italienisch. Die Piemontesen werden auch die Preußen Italiens genannt, weil sie wie echte Bergbewohner geduldig, zäh und konservativ sind, dazu sehr fleißig und gute Organisatoren.

Die Bewohner des Aostatals lebten schon immer in der Abgeschiedenheit der hohen Berge im bäuerlich-ländlichen Umfeld, sie gelten daher als provinzieller als die Städter im Piemont.

Als Teil Savoyens war das Aostatal französischsprachig und die Valdostaner sind auch heute noch zweisprachig, zusätzlich wird noch von einem Teil ein frankoprovenzalischer Dialekt (Patois) gesprochen.

Ligurien besteht überwiegend aus bergigen Gebieten, die beschwerliche Landwirtschaft wird auf diesem schwierigen Terrain auf, von Menschen errichteten Terrassen ausgeführt. Die meisten Dörfer haben einen Stadtteil am Meer und einen stark befestigten weiter oben im Inland. Dies entstand, um sich gegen die Sarazenen, die über Jahrhunderte ihr Piratenunwesen an der Küste trieben, zu schützen. All das führte dazu, dass den Ligurern eine besondere Sparsamkeit nachgesagt wird - sie gelten als die Schotten Italiens.

Links: Bergarbeiter an der neuen Mont Blanc Seilbahn

Andere Länder – andere Sitten

Dieses gilt auch in Italien, aber das übliche Bild des süßen Nichtstuns und des unbeschwerten freien Lebens ist so nicht ganz richtig.

Der durchschnittliche Italiener, wenn es so etwas überhaupt gibt, ist stark von Traditionen und gesellschaftlichen Konventionen beeinflusst.

Viel stärker als in nördlichen Nachbarländern, ist das Leben stark durch gesellschaftliche Regeln, insbesondere die der Familie bestimmt. Die ›Mamma‹ ist nach wie vor das Familienoberhaupt. Die Rolle der katholischen Kirche ist immer weiter zurückgegangen. Obwohl

Oben: Nie und niemand ohne ›Telefonino‹!

Rechts:
Dackel sind in Italien ganz groß angesagt

Oben:
Morgens trifft sich die ganze Stadt im Café auf einen Espresso und ein Cornetto

weit über 90% der Italiener getauft sind, gehen nur 10% regelmäßig zur Kirche, in Gesellschaft und Politik hat die Kirche kaum noch Einfluss.

Italien das Land der Verbote?

Ja - soweit ist es gekommen – fast jeder Bürgermeister stellt unzählige Verbotsschilder in der Gemeinde auf, allerdings werden nicht alle befolgt und geahndet, wie z.B. das Verbot auf öffentlichen Plätzen zu essen.
An den Stränden gibt es einige Verbote bezüglich Umkleiden, Haustiere und Musik, das Übernachten ist auch nicht erlaubt und die Bußgelder werden auch tatsächlich erhoben.

Das Rauchverbot wird in Italien wirklich ernst genommen – in öffentlichen Verkehrsmitteln, Geschäften, öffentlichen Büros, Kinos und Restaurants ist rauchen verboten und wird auch sanktioniert.

Die Körpersprache hat ganz eigene Formen

Hier nur eine kleine Kostprobe:

- Zeigefinger in die Wange drehen – bedeutet: gut, super, toll, oder lecker.
- Daumen und Finger zusammen, Handflächen nach oben - bedeutet: Was willst du von mir?
- Daumen und Zeigefinger zum Kreis bedeutet: Ein sehr schlimmes Schimpfwort mit A.
- Finger der Hand kreisen an der Schläfe bedeutet: Du bist verrückt.
- Hand schlägt in Armbeuge und der andere Arm knickt ein – bedeutet: Geh zum Teufel!
- Daumen und Zeigefinger ausgestreckt wie eine Pistole – bedeutet: Es ist aus.

Rechts:
Internationales Bullitreffen im Aostatal - hier feiern alle mit!

Die kleinen Besonderheiten

- »Ciao« sagt man nur zu Freunden, das förmliche »buon giorno« oder »buona sera« sollte es sein, ebenso »arrivederci« beim Abschied.
- Wie in Österreich sind Titel wichtig also: ›dottore, professore, ingegnere‹ geben dem Namen die erforderliche Achtung.
- Der ›aperitivo‹, das gesellige Treffen mit Freunden in einer Bar nach der Arbeit, wird begleitet von kleinen Appetithäppchen, die umsonst angeboten werden wenn man etwas trinkt.
- Mit Trinkgeld geht vieles besser, nicht nur die Bedienung in der Bar.
- Anstellen ist keine Tugend – wer am schnellsten und lautesten bestellt, kommt überall am ehesten dran.
- Montags ist fast alles geschlossen: Restaurants, Geschäfte, Museen, etc.

Anreisewege & Besonderheiten

Die besten Routen aus Deutschland, der Schweiz und Österreich und ihre Besonderheiten

Die westlichen Routen

1. Großer St. Bernhard

Die Route mit geringster Staugefahr A 81 bis Donaueschingen, Waldshut, Schweizer Autobahn A12 über Bern bis Montreux, dann zum Großen St. Bernhard Pass oder Tunnel ins Aostatal und ins Piemont. (Stuttgart-St. Bernhard 465 km)

Oben:
Vignette vergessen, kann teuer werden

2. San Bernadino

Vom Bodensee über die Schweiz nach Mailand und dann nach Westen.
Die Routenpunkte sind Bregenz, Chur, San Bernadino (keine extra Maut) dann nach Como. (277 km)

3. St. Gotthard

Weiter gibt es eine westliche Alternative über Zürich, St. Gotthard (keine extra Maut), Bellinzona, und Como. (240 km) Vom Lago Maggiore geht es via A26 mitten durch das Piemont Richtung Süden. Vom Comersee mit der A9, A8, A50 und von Mailand weiter mit der A7 über Tortona nach Genua. (203 km)

Unten:
Von Stuttgart auf der A81 über Schaffhausen geht es über die Schweiz Richtung Italien

Rechts:
Wenn es sich am Gotthard staut, kann man über den Großen-St.-Bernhard-Pass ausweichen

Die östlichen Routen

4. Münchner Route / Brenner

Der klassische Weg über München ist die A8, Richtung Salzburg durch das Inntal, über Innsbruck zum Brenner und auf der A22 bis nach Verona, dann auf die A4 Richtung Mailand (600 km). Diese Autobahn ist eine der meist befahrenen in ganz Italien: Wochenenden und Rushhour unbedingt meiden. Da die Brennerautobahn immer in beiden Richtungen mindestens eine Baustelle aufweist, kann die alte Brennerlandstraße bis Sterzing eine Alternative für die Stoßzeiten sein (bis 3.5 t).
Die klassischen samstäglichen An-/Abreisewellen (Bettenwechsel) sind unbedingt zu vermeiden.

Achtung Mautstellen:

An den ersten italienischen Mautstellen ist es unbedingt erforderlich die geforderten 60 km/h einzuhalten, da es hier häufige Kontrollen mit saftigen Strafen gibt.

5. Zirler Berg

Über Garmisch und den Zirler Berg nach Innsbruck durch die Stadt fahren und in

Innsbruck Süd auf den Brenner (92 km). Damit spart man sich die Autobahnmaut in Österreich - jedoch nicht die Brennermaut. Achtung für Mobile über 3,5 t: Auch auf der mautpflichtigen Brennerautobahn benötigt man eine GO-Box, bei Nichtbeachtung droht eine sehr hohe Strafe. Der Zirler Berg ist jedoch wirklich steil und nichts für schwache Motoren, Bremsen oder bei Schnee.

Links:
Richtung Schweiz auf dem Großen St.-Bernhard-Pass

Anreise-Routen:

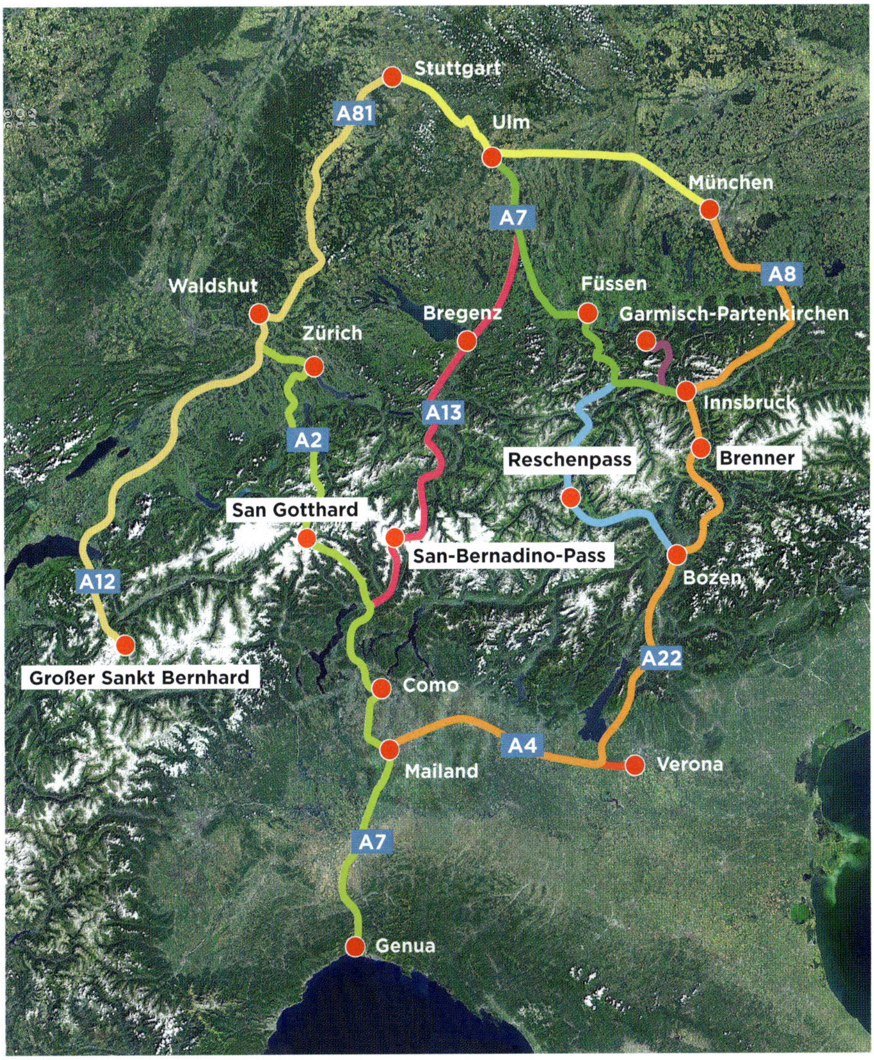

Links:
Die besten Anreisewege in den Süden

Rechts:
Besonders enge Straßen gibt es am Comer See, im Basso Monferrato und im ligurischen Gebirge

6. Die König Ludwig Route

Ulm, Kempten, Füssen, Reutte, Fernpass, durchs Inntal bis nach Innsbruck, dann Brenner (281 km) und dann Richtung Verona.

7. Fernpass-Reschenpass

Die mautfreie Alternative über Füssen/ Reutte oder Garmisch, Fernpass, Reschenpass Meran, Bozen (239 km) und dann wie Route 4. (Auch für XL-Mobile)

Empfehlung

Die schnellsten und stressfreien Routen sind die klassische München-Route oder die Schweizer Routen St. Bernadino oder St. Gotthard. Denn alle Routen über kleine Passstraßen benötigen eine Fahrzeit, die um fast die Hälfte länger ist. Für Fahrzeuge bis 3,5 t gleichen sich daher Mautkosten und Spritmehrverbrauch bei allen Routen fast aus. Nur bei schweren Mobilen lohnt sich Maut sparen auf Kosten der Fahrzeit. Dann ist die Brennerlandstraße oder der Reschenpass die kostengünstigste Variante.

Verkehrs-Besonderheiten

Lago Maggiore - Comer See

Die Uferstraßen von der Schweizer Grenze bis nach Cannobio (ca. 4 km) sind durch enge Fahrbahn und Bergüberhänge für große Mobile schwer zu befahren. Alternative: über Lugano anreisen. Nur der nördliche Comer See ist über größere Straßen zu erreichen, sonst ist es hier sehr eng!

Oben:
Engen Kurven und Überhänge an der ligurischen Küste

Aostatal

Der St. Bernhard Pass ist hochalpin, auch im Juli können Schneeverwehungen die Fahrbahnbreite einschränken.
Viele kleinere Nebentäler sind nicht mit dem Mobil oder Caravan zu befahren, die Wege sind zu eng und steil, wir haben nur die Täler ausgesucht, die gut zu befahren sind.

Piemont

Abseits der Hauptstraßen werden die Wege schnell ziemlich eng und haben meistens keinen Mittelstreifen mehr. Zwar fahren hier auch Busse, aber für große Mobile sind die Straßen nicht unbedingt zu empfehlen. Bitte hier auf die Wegbeschreibung achten.
Im Basso Monferrato von Moncalvo nach Montemagno, weist das Navigationssystem eine Höhenbeschränkung von 3,50 m aus. Allerdings sind dies nur Balkone, die in die Straße ragen, die aber mit Umsicht zu durchfahren sind (Fahrt nach Casorzo über Grazzano).

Ligurische Küste

Generell ist der Platz hier sehr rar, eine Parkmöglichkeit an der Küstenstraße oder in den kleinen Orten ist kaum zu finden. Besser den angegebenen Anlaufpunkt anfahren und von dort die Ausflüge planen.

Cinque Terre

Hier ist selbst ein Fiat 500 groß. Wir haben die Plätze auch für XL-Mobile ausgesucht, so dass Sie von dort mit einem Shuttle-Service, Öffentlichen Bus, Bahn oder dem Boot die gesamte Cinque Terre ohne Stress besuchen können.

Stopover-Möglichkeiten

Reisemobilhafen Bad Dürrheim / D (bei der A 81)

GPS: 48.01186 , 8.53439 - XXL

Bei einer Anreise über Südwestdeutschland ist ein Stopover auf dem schönen Reisemobilhafen Bad Dürrheim ideal. Zum Entspannen kann man hier in die Therme Solemar gehen und sich schon auf der Anfahrt einen Kurzurlaub im Schwarzwald gönnen.

www.womo-badduerrheim.de

▼

▲

Campingplatz Fischers Fritz, Zürich / CH

GPS: 47.335765 , 8.54062 - XXL/C

3 km vor Zürich steht man hier wunderbar am See und mit tollem Restaurant am Platz.

www.fischers-fritz.ch

Camping Resort Zugspitze / D

GPS: 47.478735 , 11.051677 - XXL/C

Vor dem Zirler Berg oder dem Reschenpass kann man auf dem außergewöhnlichen 5 Sterne Camping in Grainau Komfort und Service genießen. Der Wellnessbereich mit Blick auf die Zugspitze ist unvergleichlich und für das leibliche Wohl ist auch bestens gesorgt. www.perfect-camping.de

▼

▲

Parkplatz Tortona / I (bei Mailand)

GPS: 44.867884 , 8.826826 - XXL

Mitten im Piemont gibt es einen ganz besonderen Gutshof: IL CARRETTINO in Tortona, nahe der Autobahn, unweit von Mailand. Hier steht man gut auf dem Parkplatz hinter dem Landgut mit seinem erstklassigen Restaurant. (Einkehr obligatiorisch)

www.ristoranteilcarrettino.it

Bewegte Geschichte von den Römern bis zur Neuzeit

Im Schnittpunkt zwischen Römern und Germanen

Norditalien und seine Regionen sind, als das Bindeglied zwischen Nord und Süd, eine zutiefst historische Landschaft. Das Aostatal war schon immer eine der wichtigsten Verbindungen nach Norden. Turin und Mailand verdanken ihre wirtschaftliche Stärke gerade ihrer Lage an den alten Alpenstraßen.
Über die Alpenpässe zogen die Römer gegen Gallien und Germanien. Später kamen Deutsche, Österreicher, Franzosen, Spanier um italienische Gebiete zu erobern oder sich gegenseitig zu bekriegen.

Das Aostatal war schon 3000 v. Chr. von Salassern keltisch-ligurischen Ursprungs besiedelt, wie archäologische Funde bezeugen. Die Täler des Gran Paradiso dienten den Salassern als Unterschlupf vor den Römern. Nach dem Ende des Weströmischen Reiches (Ende 4. Jh. n. Chr.) kamen die Burgunder, Ostgoten und Langobarden und die Franken herrschten infolge 300 Jahre lang.
Die beherrschenden Mächte im Mittelalter waren die Visconti und Sforza in Mailand, die Savoyer im Piemont und Aostatal sowie die

1500 v. Chr. **Die Frühgeschichte**

200 v. Chr. **Die Römer**

44 v. Chr.: Tod des Julius Caesar

300 n. Chr.

5.-4.Jh. v.Chr. Keltisch-Germanische Stämme wandern in die Po-Ebene ein und vertreiben Etrusker und Ligurer. Mediolanum (Mailand) und Comun (Como) werden gegründet, im Aostatal, in den Tälern des Grand Paradiso, leben die Salasser.

89 v. Chr. Gründung der römischen Provinz Galia Cisalpina die das heutige Norditalien und Istrien umfasst.

25 v. Chr. 25 v. Chr. besiegen die Römer die Salasser und nutzen die wichtigen Mineralvorkommen und die Passübergänge Kleiner- und Großer Sankt Bernhard. Zu dieser Zeit entsteht Augusta Praetoria das heutige Aosta, als Militärposten und wächst zu einer wichtigen römischen Siedlung an.

395 Spaltet sich das Römische Reich in ein West- und ein Oströmisches Reich (Byzanz). Das Weströmische Reich zerfällt immer mehr und kann sich nicht mehr gegen die Angreifer verteidigen.

Republik Genua, als das Machtzentrum des Fernhandels und der europäischen Hochfinanz. Napoleon kam auch vorbei, rief die Repubblica Cisalpina aus und wurde 1805 König von Italien, den er nach seinem Sturz 1815 wieder abgeben musste und die oberitalienischen Gebiete so wieder teilweise an Österreich gingen.
Erst 1861 wurde in Turin mit der Ernennung König Viktor Emanuel II. das geeinte Italien geschaffen.

774 Karl der Große, aus dem Geschlecht der Karolinger besiegt die Langobarden und Oberitalien gehört zum Frankenreich. 800 wird er Römischer Kaiser. Die nicht unumstrittene Pippinische Schenkung durch Pippin d.J. (Vater von Karl dem Großen) 756, hat die Gründung des Kirchenstaats ermöglicht. Der Friede von Aachen 812 fördert die Beziehungen zu Byzanz und Venedig wird wieder byzantinisch.

Die Ostgoten

620: Erfindung des Porzellans in China

Die Germanen

Die Langobarden

900 n. Chr.

Die Karolinger

Die Ostfranken

476 Der Germanenfürst Odoaker setzt den letzten weströmischen Kaiser Romulus Augustus ab und ernennt sich zum König von Italien. Damit ist das Weströmische Reich beendet.

493 Der Ostgotenkönig Theoderich stürzt den germanischen Söldnerführer Odoaker und übernimmt das Weströmische Weltreich im Auftrag Ostroms. Theoderich residiert in Ravenna und Verona als Stellvertreter des oströmischen Kaisers aus Byzanz.

568 bis 744 Die Langobarden, ein germanischer Stamm ursprünglich von der Unterelbe; sie erobern mehrere Städte im heutigen Veneto, der Lombardei und 569 Mailand. Die Byzantiner zogen sich zurück auf die Linie Padua-Mantua, um Ravenna zu verteidigen.
Die Bewohner von Aquileia und Mailand und ihr hoher Klerus fliehen nach Grado und Genua. Nach zähem Widerstand ergibt sich Pavia 572 und ist fortan die Hauptstadt der Langobarden.
Um 600 fliehen viele in Venedigs Lagune, wo sich die Stadt langsam entwickelt.

962 König Otto I. der Große erobert das Königreich Italien, fügt es zum Heiligen Römischen Reich Deutscher Nation hinzu und wird von Papst Johannes XII. in Rom zum Kaiser gekrönt.

Verona und der Gardasee gehören nun zum Bayrischen Königreich.

7. Jh. bis 11. Jh.

Piratenangiffe der Sarazenen. Nach der Eroberung Palermos 831, immer weitere Raubzüge im tyrrhenischen Meer, bis nach Asti und Novi Ligure. 1002 Genua und 1004 Pisa werden geplündert. Aus diesem Grund gibt es heute noch überall an der Küste die Sarazenentürme.

1284

Die mächtige Genueser Flotte schlägt die Pisaner Flotte 1284 vernichtend und teilt sich fortan mit Venedig die Seeherrschaft im Mittelmeer.

13. Jh. bis 14. Jh.

Die Stadtstaaten entstehen, mächtige Familien übernehmen die Macht. In der Lombardei und Mailand die Visconti und Sforza, am Gardasee und Verona die della Scala (Scaligeri) und die Este in Modena.

1000 n. Chr.

Kaiser gegen Papst

1096: Erster Kreuzzug

Aufstieg der Städte

1300 n. Chr.

Die große Zeit der Herrscherfamilien

11. Jh. bis 13. Jh.

Diese Epoche ist durch die römisch-katholische Kirche dominiert und die Machtkämpfe um das Papsttum sind bestimmend.

1164/1168

Gründung der Veroneser Liga und Lega Lombarda gegen den Kaiser.

1176

Sieg des Städtebundes gegen den Kaiser Barbarossa. Im Frieden von Konstanz Anerkennung der Autonomie der Städte durch den Kaiser.

1268

Nach dem verlorenen Italienfeldzug Konradins und durch die schwindende Staatsmacht der Staufer, zerfällt der Norden in eine Reihe von formal dem Heiligen Römischen Reich Deutscher Nation zugehörigen, jedoch weitgehend selbstständigen Städten.

13. Jh.

Venedig kommt in mehrere Konflikte mit den anderen Seehandelsmächten, insbesondere mit Genua, die zu drei Kriegen führte (1257 - 1269, 1294 - 1299, 1350 - 1355) sowie dem sog. Chioggia-Krieg 1378 - 1381, gegen eine Koalition von Aquileja, Krain (Österreich), Padua, Neapel und Genua. Nur durch glückliche Umstände kann Venedig sich retten.

1405 Das Herzogtum Mailand und Venedig machen sich die Vorherrschaft in Oberitalien streitig. Venedig dehnt seine Macht auf das Festland aus, übernimmt nach und nach die Herrschaft über den Gardasee und schlägt die Visconti. Saló wird Hauptverwaltungsort. Vicenza, Brescia, Belluno, Padua und Verona sind unterworfen.

1416 Savoyen wird Herzogtum, es reicht von der Rhône über den Genfersee, die westlichen Alpenpässe bis ins Aostatal.

1454 Unter dem Eindruck der Eroberung Konstantinopels durch die Türken schliessen die Rivalen Mailand und Venedig Frieden und danach schliessen sich der Kirchenstaat, Florenz und Neapel an (die fünf Mächte), dadurch erhalten auch die kleineren Staaten wie das Herzogtum Savoyen, die Republik Genua, die Markgrafschaft Monferrat (ein Teil des jetzigen Piemonts) und andere eine Bestandsgarantie.

1400 n. Chr.

Venedigs Anspruch auf das Festland

1492: Kolumbus entdeckt Amerika

Die 5 Mächte

Venedigs Aufstieg und Untergang

14. und 15. Jh. Das süditalienische Königreich, der Kirchenstaat, Florenz, Mailand und Venedig teilen sich in wechselnden Formen die politische Macht in Italien. Durch Humanismus und Renaissance ist Italien im 15. Jahrhundert führend in Europas Kunst und Wissenschaft.

1453 Die Osmanen erobern Byzanz (Konstantinopel – heute Istanbul) und kappen die Handelsbeziehungen zu Venedig. Danach führt die Entdeckung Amerikas zur Verschiebung der Handelsströme vom Mittelmeer zum Atlantik. Die Positionen Venedigs und Genuas als Handelsmächte werden geschwächt.

1563 Turin wird Hauptstadt des Herzogtums Savoyen und in Folge eine der blühendsten Barockstädte Europas.
(Bild: Palazzo Madama in Turin)

1802 Die Italienische Republik (Lombardei, Ligurien, Venetien) mit Napoleon Bonaparte als Präsident (›erstem Konsul‹) wird begründet, 1805 wird Napoleon Bonaparte König von Italien.

Verona und der Gardasee bleiben zwischen Frankreich und Österreich umkämpft, bis zur Gründung des italienischen Königreiches.

1797 Napoleon besiegt das Herzogtum Mailand und ruft 1797 die ›Republica Cisalpina‹ aus.

1500 n. Chr.

Die Spaltung der Kirche

1633: Galileo Galilei's Prozess

Der lange Kampf um Italien

1517: Luthers Thesenanschlag

1800 n. Chr.

Napoleon Bonaparte

1783: Heißluftballon Gebrüder Montgolfier

16. Jh. Frankreich, Spanien und die deutschen Habsburger ringen um die Vorherrschaft. Dies endet mit der Niederlage der Franzosen.

1555/56 Mit der Teilung des Habsburgerreiches fällt Mailand mit Neapel-Sizilien u. Sardinien in den Besitz der spanischen Habsburger.

1701-1714 Im Spanischen Erbfolgekrieg wird Mailand durch die österreichischen Habsburger übernommen.

1815 Nach dem Sturz Napoleons, infolge des verlorenen Feldzugs gegen Russland und seiner endgültigen Niederlage in Waterloo, werden durch den Wiener Kongress vom 1814/15 in Europa die Grenzen neu festgelegt.
Die Franzosen verlassen Italien. Südtirol – Trentino und die Lombardei werden Österreich angeschlossen.

17. März 1861 Viktor Emanuel II. wird in Turin König Italiens – dies ist die Geburtsstunde des geeinten Italiens.

1866 Anschluss von Veneto, Friaul und Rom, der Kirchenstaat wird 1870 erobert und ein Jahr später Rom zur Hauptstadt des Landes.

19. Jh. In der zweiten Hälfte des 19. Jahrhunderts geht die Unabhängigkeitsbewegung als ›Risorgimento‹ in die Geschichte ein. Drei Unabhängigkeitskriege einigen das Königreich Italien.

1919 Italien, das zu den Siegermächten des Ersten Weltkriegs gehört, annektiert Julisch Venetien, das Trentino sowie das deutschsprachige Südtirol. Österreich muss sich komplett vom Gardasee zurückziehen. Der Brenner ist nun die italienische Nordgrenze.

Italien hat sehr häufig wechselnde Regierungen, bis 1990 vier Jahrzehnte lang unter Führung oder Hauptbeteiligung der Democrazia Cristiana. Seit 1990 wird die Politik Italiens durch Silvio Berlusconi sowie wechselnde Mitte-Links Koalitionen bestimmt.

1951 Italien ist Gründungsmitglied der EU Vorläuferorganisationen.

1826: Erste Photographie

Die Geburtsstunde Italiens

1900 n. Chr.

1. Weltkrieg

2. Weltkrieg

Die Politik nach 1948

1969: Apollo 11 erste Mondlandung

1859 Die entscheidende Schlacht findet am südlichen Gardasee bei Solferino und San Martino statt. Hier steht die österreichische Armee einer Allianz von Italienern und Franzosen gegenüber. Sie gilt als die blutigste Schlacht nach Waterloo und führte zur Gründung des Roten Kreuzes.

1940 Mussolini erklärt Großbritannien und Frankreich den Krieg. Nach verheerenden Niederlagen wird Mussolini 1943 abgesetzt und gefangen genommen. Von den deutschen Faschisten befreit, ruft er in Salò am Gardasee die ›Faschistische Sozialrepublik‹ aus, die mit dem Ende des Weltkrieges im April 1945 untergeht.

1948 Die republikanische italienische Verfassung tritt in Kraft und das Königreich wird durch eine Republik abgelöst.

2002 Nach Jahrzehnten hoher Inflation und Entwertung der Lira, Einführung des Euros €.

2011 Infolge der italienischen Staatsschuldenkrise erklärte Silvio Berlusconi seinen Rücktritt. Sein Nachfolger in einem Übergangskabinett wird der frühere EU-Kommissar Mario Monti.

ab 2013 Von April 2013 - Feb 2014 ist Enrico Letta Ministerpräsident und seit Februar 2014 Matteo Renzi, beide aus der Partito Democratico (PD).

Kunst & Kulturschätze

Von regionalen Künstlern im Aostatal, über die großen Meister in Genua bis zur Agnelli-Kunstsammlung in Turin.

Rechts: In der Pinacoteca Giovanni e Marella Agnelli in Turin gibt es Werke großer Meister zu sehen

Oben und unten: Museo Internazionale di Sculptura in Portofino

In Turin, der Hauptstadt Liguriens und dem Piemont findet man bedeutende Kunstmuseen. Aber auch die kleineren Ausstellungen im Aostatal und an den oberitalienischen Seen können mit ihren Werken und besonderen Kulturevents die Besucher überraschen.

Turin setzt auf Kunst & Kultur

Um die Stadt attraktiver für Besucher zu machen, setzt Turin schon seit einiger Zeit auf interessante Kunstausstellungen. Die mittlerweile etablierte Kunstmesse ›Artissima‹ ist ein Publikumsmagnet, der jedes Jahr über 40.000 Besucher anzieht und Turin zu einem Zentrum für zeitgenössische Kunst gemacht hat. Die Stadt unterstützt bewusst kleine Galeristen und lädt Sammler ein, damit Bewegung in die ›Szene‹ kommt (www.artissima.it). Aber auch im öffentlichen Raum bewegt sich etwas. Wer an Weihnachten Turin besucht, findet statt der traditionell kitschigen Weihnachtsbeleuchtung kunstvolle

Lichtinstallationen über den Gassen. Mit der ›Luci d'Artista‹ beleuchtet ab November moderne Kunst über 20 Straßen und Plätze. Ein optisches Vergnügen, das man gesehen haben sollte. Dazu gibt es natürlich zahlreichen Museen, die dem Besucher einiges bieten. In der Stadtgalerie für Moderne und Zeitgenössische Kunst (GAM), mit seiner Sammlung von 20.000 Werken, finden immer interessante Ausstellungen statt. Das Museum of Contemporary Art, im Castello di Rivoli, stellt Werke zeitgenössischer Künstler wie Pistoletto, Paolini, Merz, Sol LeWitt, Long, Fabro und Kounellis aus.

Seit 2002 ist im alten Fiat-Werk, mitten in Turin, die Kunstsammlung von Giovanni und Marella Agnelli zu sehen, in deren ständiger Sammlung auch 7 Originale von Henri Matisse zu sehen sind. (mehr dazu im Turin-Kapitel)

Alte Meister und junge Wilde

Auch Genua hat eine Kunstmesse, die mit ihrer Lage direkt am Meer nicht nur mit moderner Kunst punkten kann. Hier trifft sich die Kunstszene und kann die vielen Eindrücke der ›Artegenova‹ entspannt bei einem Aperitif im Sonnenuntergang diskutieren. Auch in den alten Villen und Palästen gibt es, neben den alten Meistern, auch moderne Kunst zu entdecken. Das Museum zeitgenössischer Kunst in der Villa Croce besitzt über 3.000 Werke italienischer und internationaler abstrakter Kunst aus der zweiten Hälfte des 20. Jahrhunderts. Arbeiten u.a. von Lucio Fontana, Piero Manzoni, Hans Arp, Robert Delaunay sind hier zu sehen. (GPS: 44.397808 , 8.938632, museidigenova.it. Weitere interessante Museen im Genua-Kapitel).

Große Kunst im kleinen Hafen

Am Hafen in Portofino kann man nicht nur die großen Yachten bestaunen, sondern auch einen ganz besonderen Kunstpark entdecken. Das Museo Internazionale di Sculptura zeigt 86 Arbeiten von Künstlern wie Mimmo Rotella, Man Ray, Joseph Beys, Lucio Fontana. Diese sind in dem weitläufigen Gelände ›versteckt‹, das früher dem Sektgiganten Baron von Mumm gehörte. Der Kurator Daniele Crippa vereint hier Kunst und Natur aufs Vortrefflichste.

Valdostaner Künstler im Castello Gamba

In dem erst im 20. Jahrhundert erbauten Kastell befindet sich heute die sehenswerte zeitgenössische Kunstsammlung des Aostatals.

Kunst & Musik am Comer See

Die kleine Villa Carlotta ist wunderschön am Comer See gelegen. Mit ihrem weitläufigen Park ist sie schon seit Jahren Treffpunkt für Musikliebhaber. Hier gibt es immer wieder Kammerkonzerte, aber

Links:
In der Villa Carlotta am Comer See werden internationale Musikkonzerte gegeben

auch internationale Musikaufführungen im kleinen Kreis. Schon die Anreise mit dem Boot ist ein Genuss, den man so schnell nicht mehr vergisst. (Anfahrt von Bellagio alle 20 min. und von Como jede Stunde. Informationen unter: www.villacarlotta.it)

Bekannte Künstler aus der Region Alpen-Riviera

- **Niccolò Paganini** (*27. Oktober 1782 in Genua; † 27. Mai 1840 in Nizza). Der virtuose Geiger war ein europaweiter Star. Seine Geige wird im Palazzo Tursi in Genua ausgestellt.
- **Umberto Eco** (*5. Januar 1932 in Alessandria, Piemont). Der Schriftsteller wurde vor allem durch ›Der Name der Rose‹, weltbekannt.
- **Lucio Fontana** (* 19. Februar 1899 in Rosario, Argentinien; † 7. September 1968 in Comabbio bei Varese) Der Avantgarde-Künstler wurde vor allem durch seine ›aufgeschlitzen‹ Bilder weltberühmt.

Oben:
Der 1782 in Genua geborene Niccolò Paganini wurde ein europaweiter Star

Architektur im Wandel der Zeitgeschichte

Von den römischen Thermen und mittelalterlichen Befestigungsanlagen, zur Verteidigung gegen die Sarazener-Überfälle bis hin zum futuristischen Hafen Genuas.

Rechts: Der in Genua geborene Renzo Piano hat den alten Hafen durch seinen Entwurf zum Highlight der ligurischen Küste gemacht

Die Antike

Die architektonischen Spuren der Römer finden sich auch heute noch im gesamten Alpen-Riviera Gebiet. Durch ihre solide Bauweise mit Mörtel und Zement (Opus Caementitium), sind viele Bauwerke noch gut erhalten.

Unten: Der Triumphbogen ›Arco d'Augusto‹ in Aosta, wurde um 25 v. Chr. errichtet

Hier einige Highlights, die in der Region besonders sehenswert sind:

Ligurien: Im Giardini Botanici Hanbury kann man im unteren Teil der Anlage noch einen gut erhaltenen Teil der antiken Römerstraße Via Julia Augusta sehen, die in der Regierungszeit des Kaisers Augustus angelegt wurde. Die antike Straße führte von Vada Sabatia (Vado Ligure) entlang der ligurischen Küste über Albigaunum (Albenga) und Albintimilium (Ventimiglia) und durch die Seealpen nach Westen bis Arelate (Arles) in Gallien (heute Provence).

Aostatal: Schon am Eingang zum Aostatal kann man die römische Brückenbaukunst bewundern. Das Wahrzeichen von Pont-Saint-Martin ist die 31 m lange und 23 m hohe römische Brücke, über die fast 2000 Jahre lang die Reisenden zogen, wenn sie ins Aostatal wollten. Seit dem 1. Jh. v. Chr. lief über sie die antike Konsularstraße nach Gallien. Auf seinem Weg Richtung Frankreich gründete Kaiser Augsutus die Stadt ›Augusta Praetoria‹ heute genannt Aosta, um die wichtige Route über den St.-Bernhard-Pass zu sichern. Im Stadtbild von Aosta ist der römische Grundriss bis heute noch sichtbar und überall in der Stadt findet man großartige Monumente, die einem die frühere Bedeutung der Stadt nahebringen.

Das Mittelalter

Seit dem 8. Jh. wurde die ganze ligurische Küste bis ins Aostatal und ins Piemont von Sarazenenüberfällen heimgesucht. Im Jahr 1000 erreichten die grausamen Überfälle muslimischer Mauren in Norditalien ihren traurigen Höhepunkt. Die friedfertigen Bürger konnten sich gegen die schwerbewaffneten Kämpfer nicht zur Wehr setzen und wurden entweder grausam getötet oder als Sklaven in Algier, Tunis und Tripolis verkauft. Im Jahre 972 gelang es einem christlichen Heer, mit Fränkischen und Schweizer Rittern unter Bernard de Menthon, die Invasion am St. Bernhard Pass zurückzuschlagen. Trotz einzelner Siege marschierten die sarazenischen Truppen bis ins Piemont, wo sie die Weinreben niederbrannten, da Wein für die Moslems ›Sünde‹ war. Erst im späten 11. Jh. wurde die Gegend unter dem Gründer des Hauses Savoyen, Umberto I. Biancamano (Humbert Weißhand), wieder sicherer und es kam zu einer Blütezeit der Städte Asti, Alba, Turin und Aosta. Aufgrund der ständigen Überfälle finden sich an der ligurischen Küste viele gut gesicherte Städte wie Noli und natürlich Genua, die sich mit dicken Stadtmauern und Kastellen gegen die überraschenden Angriffe zu verteidigen suchten. Die ›ungeschützen‹ Fischer gaben ihre Dörfer und ihr Handwerk auf und zogen sich ins Hinterland zurück. Hier versuchten sie, durch den Bau der Dörfer an extrem steilen Felswänden, die Angriffe zu erschweren, was nicht immer gelang. Heute findet man als Reisender die Verteidigungs-Architektur der kleinen ›Wehrdörfer‹ wie Apricale, und Civezza anziehend und malerisch.

Oben: Um sich vor den Überfällen der Piraten zu schützen, zogen die Fischer ins Hiterland und bauten die Städte hoch oben am Fels, um sich so gegen die Angreifer besser verteidigen zu können

Links: Prächtige Renaissancefassade des Palazzo Doria Tursi in Genua

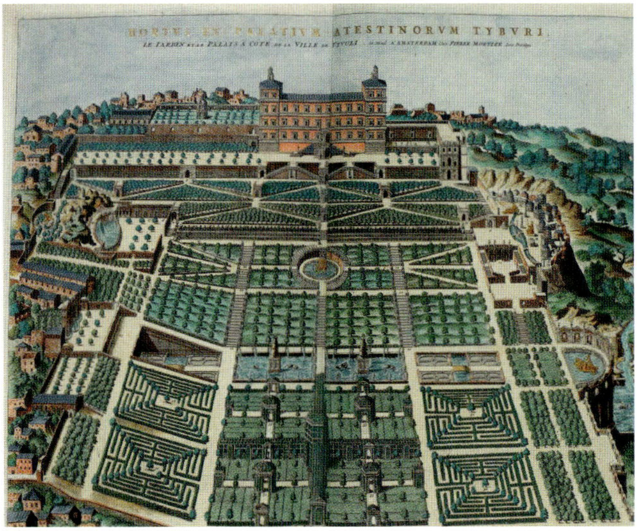

Oben: Weitläufige Renaissancegartenanlage der Villa d'Este am Comer See

Auch im Aostatal wurden die früheren römischen Befestigungsanlagen teilweise durch neue Kastelle überbaut, um das strategisch wichtige Gebiet zum Pass in die Schweiz und nach Frankreich verteidigen zu können. 82 Schlösser und Burgen sind hier auf 80 Kilometer verteilt. (s. Kapitel Aostatal)

Renaissance und Barock

In Rom entstand der Barockstil, er verbreitete sich schnell in ganz Italien und Europa. Die bedeutendsten italienischen Bildhauer und Architekten des Barocks waren u.a. Giovanni Lorenzo Bernini, Francesco Borromini und Baldassare Longhena. Ins Piemont gelangt der Barock durch Emanuele Filiberto von Savoyen, der den Hauptsitz des Herzogtums von Chambéry nach Turin verlegte und prachtvolle Paläste, Kirchen und Schlösser errichten ließ. Der Architekt Filippo Juvarra erbaute den Palazzo Madama und die Basilika von Superga, sowie 1718 das Jagdschloss Stupinigi, das nur wenige Kilometer von Turin entfernt ist. Das Schloss und sein Park sind ein beeindruckendes Beispiel des Barock und wurden in das UNESCO-Welterbe aufgenommen.

In der Hauptstadt Liguriens Genua, ist die Prachtstraße ›Le Strade Nuove‹ mit seinen Renaissance- und Barockpalästen das architektonische Highlight.

Da es früher keinen wirklichen Königspalast gab, wurde der Adel verpflichtet, abwechselnd die Staatsbesuche zu empfangen (Erlass von 1576: »Elenco degli Alloggiamenti Pubblici o Rolli«). Und je höher der Adelsgrad war, umso edler mußte natürlich der Palast sein. So entstand ein ›architektonisches Wettrüsten‹ um den allerprächtigsten Palast. Auch diese Straße, mit den beeindruckenden ›Palazzi dei Rolli‹, wurde 2006

Unten: Das Barockjuwel Stupinigi, der Savoyer, nahe Turin

von der UNESCO zum Weltkulturerbe erklärt. Am Comer See ist die Villa d'Este und ihr damaliger Garten eines der herausragendsten Beispiele der Renaissancekultur in Oberitalien. Die Gärten erstreckten sich von der Villa am Hang bis zum See hinunter und umfassten mehr als 500 Brunnen, Nymphäen, Wasserspiele, Grotten und Wasserbe-

cken sowie eine Wasserorgel. Heute beherbergt das UNESCO-Welterbe ein Luxushotel und kann leider nur noch vom Boot aus, bei der Anfahrt nach Cernobbio, betrachtet werden.

Belle Epoche

Die schönen Belle Epoche-Bauten an der ligurischen Riviera verdanken wir dem Reise-Boom der reichen Engländer. In Bordighera und Umgebung entstanden um die Jahrhundertwende feudale Grand Hotels und Villen. Der Boom und die Lebenslust wurden durch den Beginn des ersten Weltkrieges jäh beendet.

Rationalismus

In den Jahren von 1922 bis 1943 war die Architektur des Mussolini-Regimes prägend. Im historisch gewachsenen Asti, fällt der Bau des heutigen Finanzamtes

Links:
Die potente Finanzbehörde in Asti

besonders auf.

Ein herausragendes Beispiel des Rationalismus ist das ›Linghotto‹ in Turin. 1923 eröffnete die futuristische Fiat-Fabrik, auf deren Dach sich eine 1 km lange Teststrecke befindet. Die Fahrzeuge konnten so direkt nach Fertigstellung auf der Rennbahn getestet werden.

1989 wurde der Bau vom Stararchitekten Renzo Piano modernisiert.

Moderne

Renzo Piano und Aldo Rossi gehören zu den international bekanntesten italienischen Architekten und beide haben die Stadt Genua modernisiert.

Der in Genua geborene Renzo Piano hat den alten Industriehafen zur Expo 1992 zu einem lebensfrohen, modernen Anziehungspunkt gemacht.

Das Aquarium, die Glaskugel der Biosphäre und der Bigo, sind dank seiner Meisterleistung die neuen Wahrzeichen Genuas geworden.

Aldo Rossi hat das im Krieg zerstörte Opernhaus Carlo Felice im Zentrum Genuas mit viel Fingerspitzengefühl modernisiert, die wiederaufgebaute historische Fassade kombinierte er mit einem kubusförmigen Bühnenturm, der modernste Bühnentechnik und Akustik beinhaltet.

Links:
Belle Époque-Hotels sieht man vor allem an der Riviera und an den Oberitalienischen Seen

Aktives Leben

Ebenso vielseitig wie die Landschaften der Region sind auch die Freizeitmöglichkeiten. Vom hochalpinen Heliskiing bis zum Tauchen an der Rivieraküste

Oben und unten: Das Aostatal mit dem Mont Blanc und dem Matterhorn sowie den Naturparks ist für alle Wanderer und Kletterer ein magischer Anziehungspunkt

Aostatal

Naturliebhaber finden im hochalpinen Nationalpark Gran Paradiso unendlich viele Wanderwege mit atemberaubender Bergkulisse, grüne Almwiesen und dichten Hochwäldern.
Ganz besonders sind die alten Saumwege, die durch König Emanuelle II. für die Jagd angelegt wurden. Noch heute gibt es 340 km dieser Wege, die in die höchsten und wildesten Regionen bis hinauf auf 3.000 m führen. Für Wintersport gibt es beste Infrastrukturen in Courmayeur, La Thuile, Cervinia, Pila sowie Cogne. Im Tal gibt es 300 km Loipen für die Skilangläufer und auf dem Gletscher des Mont Blanc kann man das ganze Jahr hindurch Skifahren.

Piemont

In den beeindruckenden Piemonteser Alpen, unterhalb des Monte Rosa gibt es zahlreiche Skigebiete wie Via Lattea und Sestriere mit modernen Einrichtungen. Hier wurden 2006 die Olympischen Winterspiele von Turin veranstaltet. Hunderte Pistenabfahrten, Loipen und Eisbahnen locken hier die Wintersportler.

Im Sommer geht es zum Klettern, zum Ausritt zu Pferde oder zur Raftingtour in einen der vielen Wildbäche.
Man kann entlang der berühmten alpinen Fernwanderroute Via Alpina vom Monviso bis nach Verbania wandern (www.via-alpina.org).
Radtouren bieten sich in der flachen Po-Ebene z.B. rund um Vercelli an. Mit dem Mountainbike kann man in den Bergen des gesamten piemontesischen Alpenbogens fahren, hier sei das obere Sessera Tal besonders erwähnt.
Der Lago Maggiore mit seiner guten Wasserqualität lädt zum Segeln, Windsurfen, Kanufahren und natürlich zum Schwimmen ein.
Eine gute Seite, die alle Freizeitaktivitäten in der Region auflistet, findet man unter: www.piemonteoutdoor.it
Aber auch entspannen und Wellness kommen nicht zu kurz:
In Acqui Terme, das sich seiner heißen Thermalquellen rühmt, kann man im ehrwürdigen Grand Hotel Nuove Terme wunderbar in der neuen Therme entspannen.

Ligurien

300 km Küstenlinie, der die Berge ganz nah kommen - entsprechend sind auch die Freizeitmöglichkeiten. Natur erleben ursprünglich und rau in den Seealpen, die schönsten Küstenpfade erwandern, das Meer genießen, oberhalb und unterhalb der Wasseroberfläche.

Der Ligurische Höhenweg

Trekking pur, erlebt man in den dünn besiedelten Gebieten der ligurischen Seealpen und des Apennins. Die ›Alta Via dei Monti Liguri‹ führt in 800-1.200 m Höhe von der französischen Grenze bis hin zur Toskana.

Die schönsten Abschnitte liegen ganz im Westen am Monte Toraggio und am höchsten Berg der Seealpen, dem Monte Saccarello (2.201 m).

Der 440 km lange Weg ist in 43 Etappen aufgeteilt und kann auch in Teilstrecken mit oder ohne Führer bewandert werden. Ausführliche Informationen auch auf Deutsch hierzu unter: www.altaviadeimontiliguri.it

Der ›Sentiero Azzurro‹ (der blaue Weg) wird auch als der König der Wanderwege in der Cinque Terre bezeichnet. Hier kann man neben steilen Klippen durch die Weinterrassen, durch duftende Macchia zu kleinen Dörfchen, mitten durch das UNESCO Welterbe, wandern. Alle Wanderwege und Karten in der Cinque Terre unter: www.parconazionale5terre.it

Unterirdische Welten entdecken:

In der Region am Ende des Tales Vallone del Vero (Tal der Wahrheit), im Hinterland zwischen Albenga und Finale Ligure, liegen etwa 70 Tropfsteinhöhlen.

Die größte zugängliche ist die Höhle von Toirano in den Kalkbergen des gleichnamigen Dorfes. Hier sind die Grotta della Basura und, über einen Verbindungstunnel, die Grotta di San Lucia zu besichtigen. Infos: www.toiranogrotte.it

Tauchen

Die vielen Tauchschulen entlang der Küste Liguriens haben ein sehr breites Angebot. Dieses umfasst Schnorcheltrips für jedermann, Anfängerkurse im Scubadiving, bis zu Tauchgängen zum größten Wrack der ›Amoco Milford Haven‹. Die ›Haven‹ ist heute die größte Schiffsruine im Mittelmeer und eines der größten Wracks weltweit, sie liegt in ca. 80 Meter Tiefe auf Grund. Außerdem gibt es an der Ligurischen Küste die größte Konzentration an roten Korallen im Mittelmeer. (http://cinqueterre.com unter diving)

Oben: Tauchergruppe in St. Margherita

Whalewatching

Im Naturschutzgebiet ›Santuario Internationale dei Cetacei‹, das ein Dreieck von La Spezia bis Sardinien und Nizza beschreibt, gibt es die größte Population an Meeressäugern im Mittelmeer. Hier leben Finnwale, Pottwale, Rundkopfdelfine, Grindwale, Tümmler, Streifendelfine und gemeine europäische Delfine. Von vielen Häfen aus starten Walewatching Exkursionen. z.B. in Imperia vom Hafen Porto Maurizio täglich um 11.00 Uhr.

Oben: Klettern im Aostatal

Mit dem Profifischer aufs Meer

In der Cinque Terre in Vernazza, Camogli und entlang der Küste z.B in Albenga nehmen einige Fischer interessierte Gäste mit an Bord. Beim ›pescatourismo‹ kann man den Alltag des Fischers auf den kleinen Booten live erleben. Kontakte: www.turismoinliguria.it unter Fischereitourismus.

Oben: Früh morgens geht es mit dem Fischer aufs Meer

Die Küche in der Region Alpen-Riviera

Die Wiege von Slow Food, die beste Küche Italiens und weltberühmte Weine

Die Küche des Aostatals

Im Aostatal schmeckt man den Einfluss der alpinen Bergwelt und Frankreichs. Hier gibt es eine besonders schmackhafte Melange aus der französischen und italienischen Küche.

Natürlich beeinflussen auch die unterschiedlichen Höhenlagen, mit den damit verbundenen landwirtschaftlichen Produkten die daraus über Jahrhunderte entwickelten Rezepte.

Rechts: Im Aostatal gehören Schnäpse und der Kräuterlikör Genepy zum Abschluss eines guten Essens dazu

Das Tal, das lange Zeit isoliert war, war schon immer darauf angewiesen, fast ausschließlich regionale Produkte zu verwenden. Traditionell war daher eine einfache Küche vorzufinden, die Gemüse, vor allem Kohl, Roggenbrot und Kastanien und zu einem kleinerem Teil Milch, Wildbret und Kleinvieh verwandte. Die Küche in den Schlössern und Burgen war demgegenüber von jeher vielfältiger durch die Einflüsse der Nachbarn, den Italienern, den Franzosen und den Schweizern.

Ein wichtiger Bestandteil der Küche waren schon immer die Suppen. Sie werden je nach Jahreszeit mit Roggenbrot und Gemüsesorten zubereitet und mit Fleischbrühe, Käse und Butter verfeinert. Die Bekannteste ist die Zuppa Valdostana aus Wirsing und Brot, deren Rezept seit der Römerzeit bewahrt wurde. Auch die Esskastanie spielte schon immer eine wichtige Rolle. Als günstiges Lebensmittel wurde es vielfältig verwandt, in Form von Kastanienmehlbrot ›Brot der Armen‹, als Beigabe in Würs-

Oben & links:
›Affettato misto‹:
Schinken und Salamispezialitäten sowie der weiße Lardo

ten oder in der Suppe. Auch die leuchtend gelbe Polenta aus Maismehl hat einen festen Platz als Beilage.

Schon seit dem Mittelalter ist das Aostatal bekannt für Viehzucht und Milchprodukte. Berühmt ist der Fontina DOP-Käse, der für die Zubereitung der weitbekannten Fonduta, mit Eigelb, Mehl und Milch benutzt wird.

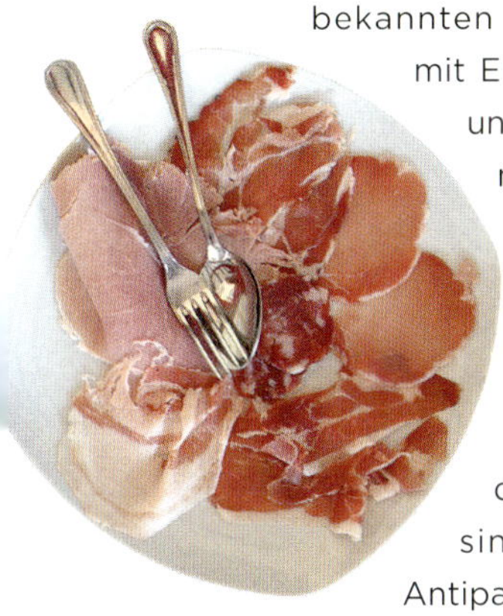

Herzhafte Schinken und Salamispezialitäten und der Lardo sind feinste Antipasti aus der Region. Die Römer brachten schon früh den Weinanbau und -ausbau in das Tal. 22 Rebsorten werden hier angebaut und zu wirklich beachtenswerten Weinen ausgebaut, doch davon später mehr im Weinspecial.

Zum Abschluss des Mahles sei die lokale Spezialität ›Genepy‹, ein besonders magenfreundlicher Kräuterlikör aus der schwarzen Edelraute, empfohlen.

Oben:
Käsespezialität des Aostatals ist der Fontina DOP-Käse

Links:
Alles frisch auf den Tisch, Gemüseanbau in Fenis

Die Küche des Piemonts

Oben: Im Piemont gibt es viele schöne Restaurants mit Traumblick, hier das Ristorante da Marisa al Castello in Castell'Alfero

Die Küche des Piemonts gilt als eine der besten Italiens und ist ganz eigenständig. Sie baut auf alten Küchentraditionen auf und ist heute sehr kreativ und einfallsreich.

Man kann sagen, sie ist bodenständig bis deftig - mit bäuerlichem und alpinem Hintergrund, benutzt die besonderen regionalen und jahreszeitlichen Produkte und ist ein wenig französisch angehaucht. Die piemontesische Küche verwendet mehr Speck und Butter im Gegensatz zur italienischen Olivenölküche. Das bekannteste Highlight ist der weiße Trüffel aus Alba, der König unter den Trüffeln, aber dies ist längst nicht alles. Hier im Piemont wurde 1986 nicht umsonst die Slow-Food-Bewegung gegründet, die besonderen Wert auf ehrliche, regionale Speisen legt.

Oben: Chateaubriand auf heißem Stein mit Gemüsebett

Rechts: Schokoladentörtchen mit heißem Kern

Ein typisches Menü besteht aus den Antipasti, meist sind es vier bis acht Vorspeisen: Der Lardo, weißer fetter Speck, Carne Cruda, Tatar vom Kalb mit Zitrone und Olivenöl, gefüllte Zucchiniblüten, danach kommen die Primi, hausgemachte Pasta und danach das Risotto. Als Hauptgang gibt es Fleisch: ›Coniglio‹, Kaninchen in Kräutern und Weisswein gegart oder ein Chateaubriand auf Gemüsebett mit Sauce Béarnaise und gegrillter Polenta.

Slow Food-Special

Oben: Der Ursprung von Slow Food: Osteria del Boccondivino in Bra

Slow Food bedeutet: Genießen mit Verstand, mit regionalen Zutaten, aus artgerechter Tierhaltung und traditionellen Gerichten.

In der kleinen Stadt Bra mitten im Piemont startete 1986 eine besondere Bewegung. Anfangs als Protest gegen die aufkommende Fastfoodwelle, gründete Carlo Petrini mit seinen Freunden den Verein zur Erhaltung der Esskultur.

Zuerst waren die Ziele des Vereins: gutes Essen, kulinarischer Genuss und moderates Lebenstempo. Diese wurden nach und nach erweitert: um die bäuerliche Landwirtschaft, die handwerkliche Lebensmittelherstellung und eine gesunde Umwelt.

Carlo Petrini fasste die Grundsätze der neuen Lebensmittelbewegung mit:

»Buono, pulito e giusto« – gut, sauber und fair zusammen.

Oben: Die Besitzer der Slow Food-Konditorei Pasticceria Artigianale Flamini

Gut: wohlschmeckend, nahrhaft, frisch, gesundheitlich einwandfrei, die Sinne anregend und befriedigend.

Sauber: hergestellt, ohne die Ressourcen der Erde, die Ökosysteme oder die Umwelt zu belasten und ohne Schaden an Mensch, Natur oder Tier zu verursachen.

Fair: die soziale Gerechtigkeit achtend und eine artgerechte Tierhaltung und Aufzucht zu ermöglichen.

Die Bewegung mit dem Schneckensymbol hat heute ca. 80.000 Mitglieder in etwa 150 Ländern und fühlt sich auch für den Erhalt der Biodiversität und der lokalen kulinarischen Traditionen verantwortlich.

Slow Food veranstaltet eine der größten kulinarischen Messen der Welt, den ›Salone del

Gusto‹, der alle 2 Jahre in Turin stattfindet. Seit 2004 findet hier zeitgleich das Treffen ›Terra Madre‹ von Bauern aus aller Welt statt.

In Pollenzo, wenige Kilometer östlich von Bra, in der ehemaligen Residenz der Savoier, der L'Agenzia di Pollenzo, wurde 2004 die ›Slow Food Universität‹ gegründet.

Sie ist weltweit die erste Hochschule, die sich ausschließlich um die Lebensmittelkultur kümmert. Hier befindet sich auch die ›Banca del Vino‹ (Bank des Weines), mit Museum und Verköstigung der besten italienischen Weine. Der ganze Gebäudekomplex zählt seit 1997 zum UNESCO-Welterbe.

Rechts:
Deftige Küche bekommt man im Ristorante Centrale in Moncalvo

Zur Auswahl steht auch ein Rinderbraten ›Brasato al Barolo‹, der in rotem Barolo geschmort wurde.

Als Nachtisch gibt es den Nusskuchen aus der Langhe, aus den berühmten Piemonteser Haselnüssen. Alternativ genießt man eine Käseauswahl wie den Toma, der, wenn er jünger ist, ›Robbiola‹ genannt wird, dem Rohmilchkäse ›Castelmagno‹, den es mit und ohne Blauschimmel gibt oder den delikaten pikante ›Nostrale‹ - der piemontesische Hochgebirgskäse.

Oben:
Die ›Bagna Cauda‹ sollte man im Piemont oder in Ligurien probiert haben

Eine besondere Vorspeise ist die ›Bagna Cauda‹, die man als ein Joint Venture zwischen Ligurien und dem Piemont bezeichnen kann.

Schon früher wurden Fische, hier die Sardinen, gegen Gemüse aus dem Piemont getauscht. So entstand die ›Bagna Cauda‹, als Kombination aus beidem. Rohes oder gedünstetes Gemüse wie Karotten und Fenchel, Zwiebeln, Paprikaschoten, Kartoffeln und Topinambur werden in eine warme, dickflüssige Sauce aus Sardellen, Knoblauch und Olivenöl getaucht. Das Gericht wird immer in geselliger Runde genossen und ein guter Tropfen Roter gehört dazu.

Reis-Special

Italien und Reis? Man ist geneigt, das Land der Pasta nicht direkt mit Reis zu assoziieren.

Dennoch ist **Italien der größte Reisproduzent** in Europa und in Italien kommt der meiste Reis aus dem Piemont - aus der Gegend von Vercelli und Novara in der fruchtbaren Po-Ebene.

Der Reis als Risotto ist im Piemont ein unverzichtbarer Bestandteil der Küche, denn seit dem 15. Jh. wird hier schon Reis angebaut.

Die ursprüngliche Sorte wird Nostrale (einheimisch) genannt, daraus wurden durch Züchtungen über 40 verschiedene Reissorten.

Zu den beliebtesten Sorten zählen:
Balilla, Arborio, Baldo und der beste Risottoreis, der Carnaroli, Gladio, Loto und Sant'Andrea und viele weitere.

Viele Reissorten sind auch mit geschützter geografischer Herkunftsbezeichnung versehen und so ausgezeichnet.

Aber nicht nur Risotto-Reis wird angebaut. Der italienische Reis wird bis nach Japan exportiert, um dem Shushi einen edlen Biss zu geben.

Einige Sorten und ihre Besonderheiten:
Sorte Arborio: dieser Reis hat seinen Namen von dem kleinen Dorf im Gebiet Vercelli und ist eine Variante des Vialone-Reises. Der beliebte Reis hat ein großes bissfestes Korn und wird wegen seines hohen Stärkegehalts für Risotto oder für Reis-Pasteten verwendet.

Sorte Baldo: Dies ist eine Variante der Sorte Arborio, die mit ›superfein‹ bezeichnet wird. Sein Korn ist recht großkörnig, nimmt die Flüssigkeit besonders gut auf und bleibt dennoch kompakt. So kochfest ist er ideal für Risotto oder für Reis-Salate.

Sorte Balilla: wird auch als ›Originario‹ bezeichnet, da er von der ursprünglichen Reis-Sorte Nostrale abstammt. Es ist ein Rundkornreis mit kleinen, kugeligen Körnern, die stark aufquellen. Balilla wird für klare und dicke Suppen verwendet, aber auch für Süßspeisen, Pasteten und Reisbällchen oder -Kroketten, den ›Arancini‹ und ›Supplì‹.

Links:
Risotto-Köstlichkeit im Turiner Ristorante Sotto La Mole

Sorte Carnaroli: eine ›superfeine‹ Sorte, die von hoher Qualität ist und international bekannt ist. Er klebt nicht und wird für Risotto mit nicht aneinanderklebenden Körnern, für Reis-Salate und als Beilage verwendet

Sorte Sant'Andrea: Aus der Sorte Rizzotto entstanden, zählt er zu den Feinkorn-Reisarten. Seine Körner sind kompakt und er eignet sich sehr gut als Beilage. In der Region Vercelli wird er auch für traditionelles Risotto und Reis-Suppen oder als Beilage verwendet.

Mitte:
Der Reis aus dem ehemaligen Kloster Principato di Lucedio gilt als einer der besten Italiens. Das Kloster ist sonntags zu besichtigen: www.principatodilucedio.com

Links:
Im Sushi Restaurant SUSHIONE in Albenga kann man den italienischen Reis mal japanisch probieren

Trüffel-Special

Wenn man an das Piemont denkt - denkt man an Trüffel. Aber wo findet und kauft man die Besten?

Die bekannteste Zutat der piemontesischen Küche ist sicher der Trüffel. Der weiße Trüffel aus Alba ist der Diamant des Piemonts.
Die Trüffelzeit im Piemont beginnt im Oktober und endet erst im späten Winter. Trüffel sind eines der teuersten Lebensmittel der Welt. Eine einzelne Knolle mit 50 Gramm kann je nach Qualität zwischen 25 und 125 € kosten.

Der weiße Trüffel

Der weiße Trüffel kann auch in schlechten Jahren bis auf einen Kilopreis bis zu 9000 € steigen. Das erklärt auch, warum der Trüffel nur hauchdünn gehobelt auf das Gericht kommt, allerdings gibt es auch Fälschungen, doch davon später mehr. Die erdige, lederne Gaumenfreude ist nicht direkt jedermanns Sache, aber erst einmal auf den Geschmack gekommen, lässt einen der Trüffel nicht mehr los.

Die Trüffeln wachsen unter der Erde, in einer Tiefe von ca. 30 cm. Um sie zu finden, wurden früher sogenannte Trüffelschweine eingesetzt, heute suchen eher ausgebildete Mischlingshunde nach dem weißen oder schwarzen Gold. Der Vorteil der Hunde ist, dass sie, im Gegensatz zu den Schweinen, denen die Knollen bestens schmecken, sie nicht gleich auffressen.
Es gibt 160 verschiedene Trüffelarten, kulinarisch wichtig sind jedoch nur einige Wenige.
Die höchste Qualitätsstufe stellt der weiße Trüffel (Tuber magnatum) dar - auch Piemont- oder Alba-Trüffel genannt. Er hat eine hellbraune Rinde, innen ist er weiß und bräunlich marmoriert.
Weiter folgt der schwarze Trüffel (Tuber melanosporum) - auch Périgord Trüffel genannt. Er kommt in Frankreich, Spanien und Italien vor. Seine Haut glänzt schwarz und warzig. Er ist von Dezember bis März zu finden.
Die etwas preiswerteren Arten, mit nicht ganz so kräftigem Aroma sind die Burgundertrüffel (Tuber uncinatum), die schon im Herbst zu finden sind, die Wintertrüffel (Tumber brumale) und der Sommertrüffel (Tuber aestivum), der schon ab Mai vorkommt. Die Wintertrüffel haben gegenüber den Sommertrüffeln eine höhere Qualität.
Sie alle sehen dem schwarzen Périgord Trüf-

Links: Trüffel-Auslage in Alba

fel von außen zum Verwechseln ähnlich, sind jedoch im Inneren verschieden hell und marmoriert. Selbst Experten fällt es schwer, sie nur vom inneren Aussehen her, zu unterscheiden. Sie kosten etwa ein Fünftel weniger als der schwarze Edeltrüffel.

Alles echt?

Der Trüffel gilt als absolute Delikatesse und Luxus pur, aus diesem Grund gibt es leider aber auch Fälschungen. Eine billige Trüffelsoße im Glas kann es nicht geben. Der Chinatrüffel (Tuber indicum) ist der falsche Edeltrüffel aus China. Er gilt als kulinarisch wertlos, ist aber von außen kaum vom Perigord-Trüffel zu unterscheiden, jedoch zehnfach billiger.

Meist wird er verwandt um edle Trüffel zu strecken und wird in großen Mengen nach Europa importiert. Eine weitere Unart ist das Einfärben von hellen Sommertrüffeln und der Einsatz von künstlichen Aromastoffen.

Deshalb ist ein Feinkosthändler oder ein gutes Restaurant der beste Garant, dass man auch wirklich qualitativ hochwertige Trüffeln auf dem Teller findet.

Die angebotenen Trüffeltouren im frühen Herbst sollte man mit Vorsicht genießen. Die Trüffeln, die man hier selber suchen kann, sind meist vorher vergraben worden, da die richtige Trüffelzeit erst später beginnt, wenn die Touristen schon wieder im kalten Norden sind. Gute originale Trüffelmärkte gibt es in den kleinen Dörfern des Basso Monferrato, wie z.B. in Moncalvo, die jedes Jahr Ende Oktober stattfinden.

www.fieradeltartufodimoncalvo.it

Natürlich ist der Trüffelmarkt in Alba, die Fiera del Tartufo ein absolutes Highlight des Jahres. Von Mitte Oktober, bis Mitte November findet die internationale Trüffelmesse im Cortile della Maddalena von Alba statt.

www.fieradeltartufo.org

Damit das gute Stück auch heil nach Hause kommt, sollte man zum Transport die Trüffeln in Küchenpapier einwickeln und in ein Schraubglas einlegen und niemals waschen sondern nur trocken abbürsten.

Oben: Der Trüffelmarkt in Moncalvo

Unten: Mit den Hunden auf Trüffel-Jagd im Basso Monferrato bei Moncalvo

Die Küche Liguriens

Rechte Seite: Das ligurische Olivenöl gehört zu den mildesten Italiens

Unten und Mitte: In vielen Orten, wie hier in Noli, wird der Fisch noch traditionell gefangen und kommt ganz frisch auf den Tisch

Die originale traditionelle Küche Liguriens besteht hauptsächlich aus Gemüse und Fisch, in einfachen Gerichten mit klarem, einfachem und erkennbarem Geschmack.

Das besondere Klima begünstigt feinste Gemüse und die vielen kleinen Fischerhäfen sorgen mit ihrem täglichen Fang für den frischesten Fisch. Das qualitativ besonders hochwertige ligurische Olivenöl ist weit geschätzt und unmittelbarer Bestandteil der Küche. Das Hinterland birgt Schätze wie Pilze, Schnecken, exzellenten Käse, Trüffel und Fleisch.

Entlang der Küste gibt es nicht nur die typischen Touristenlokale, die meisten Restaurants haben sich der jahrhundertlangen Küchentradition verschrieben und begeistern auch anspruchsvolle Gourmets. Genua als stolze Hafenstadt hat schon immer den größten Einfluss auf die ligurische Küche gehabt. Der Handel mit dem ganzen Mittelmeer hat viele Kücheneinflüsse hierher gebracht. Trenette al Pesto - der erste Gedanke wenn man Ligurien sagt, ist Pesto. Genua ist das Zentrum des Pesto, der Erfolg liegt am frischen kleinblättrigen, ligurischen Basilikum, bestem Olivenöl, Pinienkernen und Knoblauch. Handgerieben entsteht die unvergleichlich samtige Konsistenz des Pesto Genovese, die sich bestens mit der besonderen Pasta, der Trenette verbindet. Natürlich bietet die ligurische Küche frischesten Fisch in überragender Qualität, denn hier zeigt das vorgelagerte Meeresschutzgebiet seine besondere

Wirkung. In vielen Häfen wird morgens früh der gerade gefangene Fisch verkauft. In Imperia gibt es eine lange Reihe von Ständen direkt an der Hafenmole. Die Fischgerichte sind einfach, mit Olivenöl, Knoblauch, Basilikum und Gemüse.

Branzino (Wolfsbarsch), Orata (Dorade), Cefalo (Meeräsche), Scorfano (Drachenkopf) und Sogliola (Seezunge) finden sich häufig auf der Karte. Eine Spezialität ist der Bottarga, aus dem salzigen Rogen der Meeräsche, als Vorspeise oder zur Pasta.

Pesto Genovese

Ob für Spaghetti oder die typisch ligurische Pasta Trofi al Pesto (Bild mitte) - in 30 min. ist das leckere Pesto Genovese selbst gemacht.
Was braucht man:

- 200 Gramm Basilikum
- 3 EL Pinienkerne
- 3 Knoblauchzehen
- Meersalz (grob)
- 100 Milliliter gutes Olivenöl
- 50 Gramm Parmesan-Käse
- 50 Gramm Pecorino-Käse (ital. Schafsmilchkäse)

Basilikum abspülen, ganz trocken tupfen und die Blätter abzupfen. Pinienkerne in einer Pfanne ohne Fett anrösten. Knoblauch schälen und fein hacken. Pecorino-Käse und Parmesan würfeln. Knoblauch und Meersalz in einem großen Mörser zerstoßen. Pinienkerne hinzugeben und zerreiben. Basilikumblättchen nach und nach dazugeben und mörsern. Den Käse hinzugeben und so lange zerreiben bis unter Zugabe von Olivenöl ein geschmeidiges, leicht stückiges Pesto entsteht. Schonend geriebenes Pesto ist ein aromatischer Hochgenuss, da sich im Mörser keine Aromen durch Erwärmung verflüchtigen und keine Bitterstoffe entstehen.

Weinprobe: Hier im Weingut Franco Molino lässt sich die Region auf dem Gaumen spüren

Die Weinregion Alpen-Riviera

Die Weine aus dem Piemont, Ligurien, Valle d'Aosta sind weltbekannt: Asti, Barbera, Barbaresco, Barolo, Torrette - aber wo findet man die Allerbesten?

Die Weinanbaugebiete im Aostatal, im Piemont und an der ligurischen Küste könnten nicht unterschiedlicher sein. Während die Weine aus dem Aostatal und aus Ligurien international eher unbekannt sind, kommen heutzutage aus dem Piemont die renommiertesten Weine ganz Italiens.

Der Weinbau im Piemont hat nach dem schweren Schock des Methylalkoholskandals von 1984 ganz auf Qualität gesetzt. Die Panscherei mit steuerfreiem Industriealkohol forderte damals mehrere Menschenleben und der Fluss Tanaro färbte sich zwei Tage lang rot, als die Weinhändler versuchten die Spuren zu beseitigen - heute ist diese dunkle Periode des piemontesischen Weines mehr als überwunden und im Piemont wachsen nun an den malerischen Hügeln rund um Asti und Alba die weltberühmten Barolo- und Barbera-Weine.

Weine des Aostatals

Die Römer brachten schon früh den Weinan- und -ausbau in das Tal. Das Aostatal ist das kleinste Anbaugebiet in Italien und auch die Anbaumenge ist die geringste. Trotzdem werden hier 22 unterschiedliche Rebsorten angebaut und 40 verschiedene Weinsorten ausgebaut.

Oben: Weinreben sieht man in der Region Alpen-Riviera fast überall

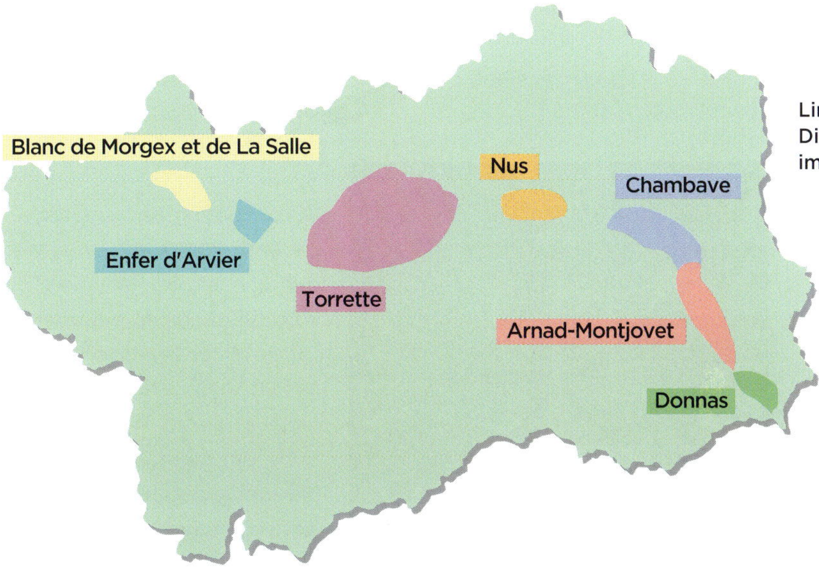

Links: Die Weinregionen im Aostatal

Oben: Die hohen Weinberge des Aostatals

Und dies immer in einer beachtlichen Höhenlage, die mit zu den höchsten Anbaugebieten in ganz Europa zählt. Auf den gebirgigen Rebflächen der Dörfer La Salle und Morgex südöstlich des Mont Blancs werden ganz besondere nach Alpenkräutern duftende Weißweine, in einer Höhe von 1.000 m angebaut.

Wie auch in der Küche haben die Weine französische und italienische Einflüsse. Sie sind meist mit französischen Namen versehen und ihr Charakter ist typisch italienisch.

Die bekanntesten DOC-Weine sind Donnaz und Enfer d'Arivier, weiter die sehr seltenen Dessertweine Passito di Chambave, Malvoisie de Nus und Le Vin du Conseil. Besonders gut haben uns die Tischweine des roten Torrette und die weißen Blanc de Morgex sowie Blanc de La Salle gefallen.

Die Weißen sollte man gleich vor Ort bei der ›Cave Du Vin Blanc De Morgex Et De La Salle‹ (www.caveduvinblanc.com) an der Landstraße in Morgex (GPS: 45.751737 , 7.048597) verkosten, da sie einen Transport nicht so gut überstehen.

CEPAGES ANCESTRAUX DES TERRITOIRES DU MONT-BLANC

Im Aostatal sind die häufigsten Rebsorten für den **Weißwein:** Blanc de Valdigne, Moscato, Müller-Turgau, Pinot Bianco und Grenache.

Für den **Rotwein**: Petit Rouge, Vien de Nus, Gros Vien, Nebbiolo, Neyret, Mayola, Freisa, Docetto, Merlot, Syrah, Fumin, Gamay und Pino Nero.

Die am häufigsten verwandte Traube ist die Petit Rouge, die einen kräftigen runden dunkelroten Wein ergibt. Die Rebsorte wird sortenrein oder seltener als Cuvée unter verschiedenen Namen abgefüllt: Aymaville, Torrette, Introd und viele andere. Am unteren flacheren Ende des Aostatals wird die Nebbiolo Traube angebaut, die einen schönen Rotwein hervorbringt, den Donnas.

Rechts: Blick in den Weinkeller des Weinguts: Cave Du Vin Blanc De Morgex Et De La Salle

Eine Route zu den besten Anbaugebieten des Aostatals führt von dem oben genannten Morgex weiter zu den Weindorfern Arvier, Villeneuve bis zu St. Pierre, dann in das Nebental Val di Cogne bis nach Aymaville, zurück ins Haupttal nach Aosta. Nach der Hauptstadt mit ihren hervorragenden Enotecas geht es weiter nach Nus, Chambave und Donnas.

Viele Weingüter oder Kooperativen haben einen eigenen Weinverkauf. In Aymaville zu empfehlen sind: die ›Cave des onze Comunes‹ mit ihrem Torrette (GPS: 45.704014 , 7.250627 nur für kleinere Mobile anfahrbar) oder die ›Società Agricola Les Cretes di Charrère‹ (GPS: 45.704186 , 7.247411 auch mit XL anzufahren).

Für die gesamte Region gilt die DOC Valle d'Aosta. In etwa 40 Gemeinden wird von vielen kleinen Winzern und einigen Kooperativen Weinbau betrieben. Die Herkunftsbezeichnung DOC (Denominazione di Origine Controllata) wird in sieben Unterbereiche aufgeteilt:

Morgex-La Salle: Auch als ›Blanc De Morgex Et De La Salle‹ benannt

Enfer d'Arvier: Einer der ersten Rotweine mit DOC-Status der Region

Torrette:
Das Herz der Region für Rotweine

Nus: Ein sehr kleiner Anbaubereich für Rot und Weiss

Chambave: Hier wird Rosso und Moscato ausgebaut

Arnad-Montjovet:
Appellation für Rotwein

Donnas: Südlichstes Anbaugebiet des Aostatales mit kräftigen Roten

Links:
Den ›Torrette‹ kann man bei ›Cave des onze Comunes‹ in Aymaville probieren

Links:
Der ›Blanc De Morgex Et De La Salle‹ aus La Salle

Weine des Piemonts

Oben:
Blick über die Weinberge auf Costigliole d'Asti

Piemont - das berühmteste Weinbaugebiet Italiens

Dem Weinliebhaber klingen die Namen Barolo, Barbaresco oder Dolcetto wie die Verheißung. Im Piemont wird schon seit der Antike Weinbau betrieben und im Mittelalter wurde der Wein hier überwiegend von den Klöstern angebaut. Hier stehen rund 55.000 Hektar unter Reben, ganz besonders wertvoll sind die südlichen Hanglagen der sanft geschwungenen Hügel. Diese Lagen werden als ›Sori‹ bezeichnet, damit beschreibt man einen Hang, der optimal der Mittagssonne zugewandt ist. Weltbekannt ist Angelo Gaja mit seinen Gaja Weinen und nur noch die Toskana kann sich mit den Spitzenweinen von hier messen.

Rechts:
Die bekannten fast unbezahlbaren Angelo Gaja Weine aus Barbaresco

Im Piemont gibt es die meisten Prädikatsweine in Italien, von hier kommen 50 DOC und 12 DOCG-Weine (die meisten in Italien). Berühmt ist das Piemont vor allem durch den Barbaresco und den Barolo, die beide aus Nebbiolotrauben gekeltert werden. Obwohl diese Ikonen beide rot sind, gibt es auch viele gute Weißweine in der Region wie den Moscato d'Asti und den Gavi. Darüber hinaus ist die Region größter Schaumweinproduzent Italiens (Asti Spumante) und gleichzeitig die Heimat des Wermuts. Das Piemont lässt sich in vier große Weinbauregionen aufteilen:

Der **Erste** liegt rund um die Stadt **Ivera**, in etwa zwischen Turin und dem Lago Maggiore gelegen. Der berühmteste Wein von hier ist der rote, kräftige Carema, der weiße trockene Erbaluce und der weiße, süße Caluso Passito.

Das **zweite** Anbaugebiet liegt in den Reisprovinzen **Vercelli und Novara**, von hier kommt der besondere rote Gattinara, der dunkelrote Fara und Boca, der granatrote, kräftige Ghemme, der rote Sizzano und der seltene granatrote Lessona.

Das **Dritte** ist das **Monferrato**, dessen sanft geschwungene Hügel, sich südöstlich von Turin nach Alessandria erstrecken. In der Mitte der Region fließt der Tanaro. Das Gebiet wird in das Alto Monferrato, südlich von Asti bis hin zum Tal des Flusses Bormida und in das Basso Monferrato, nördlich von Asti bis hin zum Po-Tal unterteilt.

Das Basso Monferrato ist touristisch nicht so überlaufen wie das Alto Monferrato. Dort, um Asti finden sich die Roten Babera d'Asti und Babera del Monferrato, der Schaumwein Asti Spumante, der rubinrote Grignolino del Monferrato Consalese und der junge Cortese di Gavi.

Das **vierte** Anbaugebiet ist die **Langhe** rund um Alba, das von Monferrat bis nach Cuneo reicht. Hier kommen die Ikonen her: der Barolo und der Barbaresco, der Nebbiolo d'Alba, der Dolcetto und der Babera d'Alba.

Oben: Weingenuss in Acqui Terme

Oben: Barbera des Weinguts Tenuta Tenaglia im Basso Monferrato

Rechts: Die vielfältigen Anbaugebiete im Piemont ziehen Weinliebhaber aus der ganzen Welt an

Rechts:
Auf dem Weingut Cascina Ballarin kann man nach der Weinprobe auch mit dem Reisemobil übernachten

Wichtige Rebsorten im Piemont:
Mehr als hundert verschiedene Rebsorten sind in der Region zugelassen, dominierend ist jedoch die rote Sorte Barbera, die rund 50% der Rebfläche ausmacht. Hier gibt es auch einige autochthone Sorten, die nur hier wachsen, besonders wichtig sind die Rebsorten bei den **Roten**: Bonarda, Brachetto, Dolcetto, Nebbiolo und Malvasia. Sowie Arneis, Cortese, Moscato und Pinot Bianco bei den **weißen** Sorten.
Seit einiger Zeit kommen aber auch internationale Sorten dazu, wie Cabernet Franc, Cabernet Sauvignon, Chardonnay, Merlot und einige Burgunderreben.

Weingüter mit Stellmöglichkeit:
Einige Weingüter mit guten Weinen und eigenen oder nahen Stellplätzen:

Im Basso Monferrato:
Tenuta Tenaglia,
Serralunga di Crea
(GPS: 45.094326 , 8.269818)
www.tenutatenaglia.it

Im Barolo:
Cascina Ballarin, La Morra
(GPS: 44.630285 , 7.96012)
www.cascinaballarin.com
Cascina Rocca, La Morra
(GPS: 44.628115 , 7.958065)
www.cascinarocca.com

Unten:
Die terrassenförmig angelegten Weinhänge der Cinque Terre sind schwer zu bewirtschaften

Die Weine Liguriens

Ligurien ist eine ganz besondere Weinbau Region.

Entlang der Rivieraküste wird der Weinbau noch sehr einfach durchgeführt. Die Anbauflächen sind sehr klein und meist kann der Weinberg nur in aufwändigem terrassenförmigem Anbau bepflanzt werden. Das ist sicher einer der Gründe, warum die Weine keinen internationalen Ruf haben. Dennoch gibt es viele Weingüter, die einen sehr guten und dennoch erschwinglichen Wein produzieren.

Besonders günstig ist hier das Klima, das durch die Abschirmung der Seealpen entsteht und die meist nach Süden ausgerichteten Hänge.

Die Rebflächen von Ligurien umfassen weniger als 5000 Hektar und sind somit das kleinste Anbaugebiet in Italien. Viele Rebsorten sind autochthon und werden meist nur auf winziger Fläche angebaut, viele dieser Sorten sind für den Qualitätsweinbau in Ligurien zugelassen. Entlang der Küste herrschen rote, kalkreiche Böden vor, auf denen weiße Rebsorten besonders gut gedeihen.

Links:
In dem Traditionsladen ›Malandrone Vini‹ in Albenga findet man die größte Wein-Auswahl

Wichtige **weiße Rebsorten** sind: Albarola, Bosco, Lumassina und Pigato. Bei den **roten Reben** gibt es Dolcetto, Granaccia, Polera Nera, Rossese und Sangiovese.

Übersicht über einige DOC-Bereiche in Ligurien:

Cinqueterre Sciacchetrà: Halbsüßer Weißwein aus rosinierten Trauben, der im DOC-Bereich Cinqueterre erzeugt wird.

Colli di Luni: In 15 Gemeinden wird trockener Rotwein und Weißwein unter dieser Bezeichnung gekeltert.

Dolceacqua: Vollständig lautet die Bezeichnung für diese DOC-Zone Rossese di Dolceacqua.

Riviera Ligure di Ponente: Ist der größte Anbaubereich in Ligurien für Roten, Weißen und Rosé.

Oben:
Lumassina aus dem Gebiet von Savona

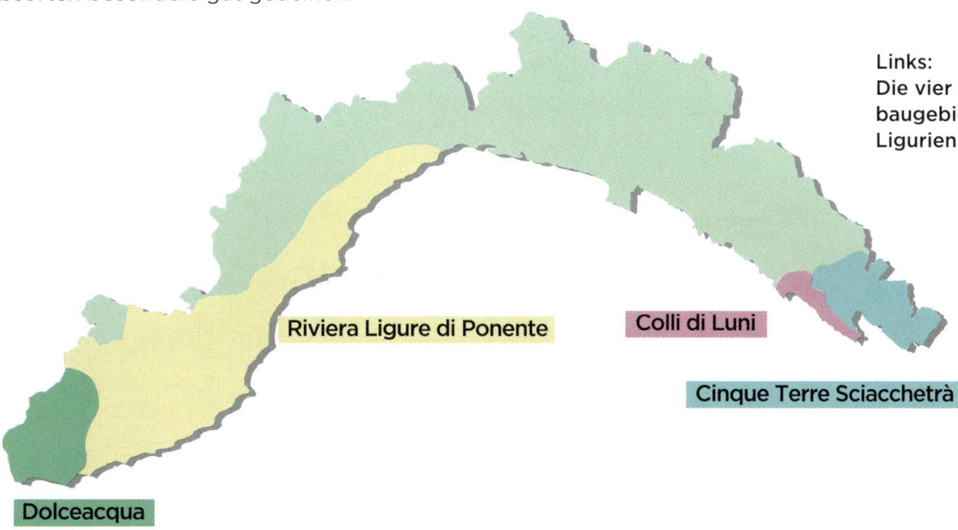

Links:
Die vier Weinanbaugebiete Liguriens

Oberitalienische

Sonnige Uferpromenade in Cannobio am Lago Maggiore

Seen

Highlights
Oberitalienische Seen

Die Seen mit ihrem milden Klima, den prachtvollen Villen und zauberhaften Gärten sind der Anziehungspunkt für alle Liebhaber des ›Dolce Vita‹

1 Cannobio
Entspanntes Städtchen und Perle des Lago Maggiore

2 Verbania-Pallanza
Stilvolle Parks, Villen und kunstvolle Museen

3 Lago di Mergozzo
Beschauliches See-städtchen Mergozzo

4 Stresa
Die Grandezza der zauberhaften Borromäischen Inseln

5 Orta San Giulio
Von den heiligen Hügeln zu der Insel San Giulio

6 Lago di Varese
Grandiose Kunstvilla an der idyllischen Seenlandschaft

7 Como
Seit dem römischen Comum das kulturelle Zentrum am See

8 Bellagio
Die Traumlage am See lockte schon immer die Prominenz

Stresa
Borromäische Inseln

Blick von der Uferpromenade von Stresa hinüber zur Isola Bella

Märchenhafte Gärten der Isola Bella

Lago di Mergozzo
Idyllisch & kristallklar

Die kleine malerische Seepromenade von Mergozzo ist nur wenigen bekannt

Ortasee
Insel San Giulio & Sacro Monte

Blick vom Sacro Monte d'Orta auf die Insel San Giulio

1 **Cannobio:** Entspanntes Städtchen und Perle des Lago Maggiore

**Oben:
Blick auf den Hafen, an dem die 1 km lange Seepromenade beginnt**

**Oben:
Cannobio hat ein mildes Klima**

Der erste Stopp am See, kurz nach der Schweizer Grenze, ist das Örtchen Cannobio. Die wunderbare Lage direkt am See und im Tal des Flusses Cannobio ist einzigartig.

Die lange und gepflegte Promenade zieht sich 1 km am See entlang, immer begleitet von Bänken und steinernen Sitzen zum Ausruhen und um den herrlichen Blick zu genießen.

Zwei kulinarische Highlights sind hier zu empfehlen: die fantastische **Pasticceria Castello** hat eine Auswahl an Törtchen und Keksen, die eine Sünde wert sind und das **Ristorante LoScalo** verleitet einem zum süßen Nichtstun - »dolce far niente«. Hier sitzt man auf der Terrasse fast direkt am See und kann neben einem wunderbaren Fischgericht die Aussicht über den See zu den imposanten Bergen genießen.

Bummeln oder Sonnen?

In der hübschen Altstadt, in die es von der Uferpromenade hinaufgeht, findet man kleine Modeboutiquen, typische Gemischtwarenläden und viele Feinkostläden.

Der unscheinbare Pasta-Laden in der Via Umberto 13, bietet hausgemachte, sensationell gefüllte Ravioli an.

Cannobio ist aber nicht nur ein schönes Ausflugsziel, sondern hier kann man auch ruhig ein paar Tage Entspannungs-

Urlaub machen. Der kostenlose Sandstrand mit großer Liegewiese unter schattigen Pappeln und das klare Wasser des Sees sorgen für Ferienlaune. Bei entsprechendem Wetter kann man den Wind- und Kitesurfern bei ihren Kunststücken zuschauen oder selber mitmachen. Verschiedene Kurse werden am Strand angeboten.

Radtour oder Wanderung nach St. Anna

Ein schönes Ausflugsziel für heiße Tage ist die bekannte Schlucht St. Anna.

Zu Fuß oder mit dem Rad geht es vom Wohnmobil-Stellplatz über die Hängebrücke Ponte Ballerino leicht bergauf ca. 2 km immer den Fluss entlang (Wegmarkierung rot-weiß-rot).

Bei der **St. Anna Kirche** angekommen, kann man die sehr alte Brücke über die Cannobio-Schlucht bestaunen. Die kleine Kirche wurde 1683 erbaut und beherbergt im Innenraum einen antiken Schrein mit einer Freskomalerei, die der Madonna di Loreto gewidmet ist. Etwas versteckt hinter der Kirche ist ein sehr gutes Restaurant zu finden. Auf der Terrasse des **Ristorante Grotto Sant'Anna**

Links:
Die schönen Gassen der Altstadt von Cannobio

Links:
Im Ristorante LoScalo sitzt man wunderbar mit Seeblick

Oben:
Was gibt es Schöneres am frühen Morgen als einen Cappuccino am See?

LM 02 Int. Camping Paradis*** XL/C

GPS: 46.070395 , 8.693714

Der große und schattige Platz besticht durch seine Lage direkt am See und seine paradiesischen Blumenrabatten. Nur 600 m bis ins Zentrum.

Übernachtungsplätze in der Nähe:
LM 01 CP Campagna** XL/C
LM 02 SP Cannobio***XL

Rechts:
Die Wallfahrtskirche Sant'Anna ist ein beliebtes Ausflugsziel

Unten:
Wenn der Wind gutsteht, kann man zahlreiche Surfer beobachten

sitzt man mit grandiosem Blick über die tiefe Felsklamm.

Bootstour zum Markttag nach Luino

Wer Lust auf einen typisch italienischen Markt hat, sollte vom Bootsanleger an der Uferpromenade hinüber zum Städtchen Luino fahren. Immer mittwochs findet hier ein riesiger Markt statt, der unzählige Besucher anzieht.

Anfahrts-Tipp

Die Anfahrt von Locarno entlang der Uferstraße ist durch die vielen Bergüberhänge und engen Kurven für größere Mobile eine echte Herausforderung - meist muss man die Gegenfahrbahn mitbenutzen. Dieser Streckenabschnitt von der Schweizer Grenze ist jedoch nur ca. 4 km lang. Eine Alternative ist die Autobahn über Como nach Stresa und von Süden bis nach Cannobio zu fahren. Wer zum Wohnmobil-Stellplatz Cannobio möchte, sollte den Platz über die Vicolo Ospedale (46.05848 , 8.690646) anfahren, sonst lotst das Navi einen durch ein zu enges Wohngebiet.

Rechts:
Überall an der Promenade laden Bänke zum Verweilen ein

LM 03 Stellplatz Cannobio*** XL

GPS: 46.06179 , 8.69248

Der große und ruhige Stellplatz liegt direkt am Fluss, 5 min. vom Zentrum entfernt. WC sowie Ver- und Entsorgung sind vorhanden. Achtung: Anfahrt über die Vicolo Ospedale (46.05848 , 8.690646).

Übernachtungsplätze in der Nähe:
LM 01 CP Campagna** XL/C
LM 02 Camping Int. Paradis*** XL/C

2 Verbania-Pallanza: Stilvolle Parks, Villen und kunstvolle Museen

Schon die Römer liebten Pallanza wegen seines warmen Klimas, das hier das angenehmste am See ist.

Dieser Ort hat auch im 19. Jh. den europäischen Adel angezogen und die vielen prachtvollen Villen und wunderschönen Parkanlagen geben heute noch Zeugnis von dieser Glanzzeit.

Die vielfältige, mediterrane Pflanzenwelt kann man am Besten im riesigen Park der **Villa Taranto** in Verbania bewundern.

Diese herrliche Anlage mit Terrassengärten, Wasserfällen, Seerosenbassins und Wintergärten haben wir einem schottischen Kapitän zu verdanken, der 1931 einen vorbildlichen englischen Garten anlegt hat.

Mit mehr als 20.000 Pflanzen ist es ihm gelungen viele internationale Besucher zu verzaubern. Der Eingang der Villa ist 750 m vom Wohnmobil-Stellplatz Verbania entfernt. Sehenswert ist auch das **Museo del Paesaggio**, im Stadtzentrum, das im Barockpalast Palazzo Dugnani untergebracht ist. Hier gibt es Landschaftsbilder lokaler Künstler zu sehen, aber auch Skulpturen des russischstämmigen, aber 1866 in Intra geborenen Bildhauers Pawel Petrowitsch Trubetzkoy, der von Auguste Rodin beeinflusst war; eine riesige Fotosammlung sowie archäologische Fundstücke aus der Region.

In Kooperation mit dem Museum finden auch immer wieder Sonderausstellungen in der **Villa Giulia** statt. Die prachtvolle Villa am Seeufer bietet aber nicht nur Ausstellungsräume, sondern auch ein schönes Restaurant. Hier sitzt man mit grandiosem Blick auf den See.

Unten: Die Terrasse des Ristorante Villa Giulia mit Seeblick

Links: 20.000 Pflanzen wachsen im Park der Villa Taranto

LM 04 Stellplatz Verbania-Pallanza*

GPS: 45.931333 , 8.571000

Ebener Stellplatz im Ortsteil Pallanza direkt an der Straße, mit Strom. 750 m von der Villa Taranto entfernt. Nahe zum Seeufer und Bootsanleger.

Übernachtungsplätze in der Nähe:
LM 15 CP Conca D´Oro*** XL / C
LM 10 Campingplatz delle Fate** C

3 Lago di Mergozzo: Beschauliches Seestädtchen Mergozzo

Oben:
Blick vom Campingplatz auf Mergozzo, im Hintergrund die hohen Alpengipfel

Der kleine Bruder des Lago Maggiore gehört zu den saubersten oberitalienischen Seen und ist mit seinem malerischen Städtchen Mergozzo ein echter Geheimtipp. Früher war das Städtchen ein bekannter Rastpunkt am alten Handelsweg von Italien über den Simplon-Pass (Sempione) ins Wallis - heute liegt es im Schatten des großen Lago Maggiore und ist nur wenigen bekannt.

Rechts:
Der Hauptplatz des schönen Städtchens

Ruhe und beste Wasserqualität

Ein Motorbootverbot auf dem See sorgt nicht nur beste Wasserqualität, sondern auch für Ruhe und Erholung am kleinen Campingplatz Lago delle Fate. Dieser liegt zwar an der Hauptstraße, aber in der Nebensaison lässt es sich hier sehr gut entspannen. Gleich beim Platz liegt das **Ristorante La Quartina**. Auf der Terrasse mit Blick auf den Lago werden frische Seefische serviert und die Aussicht ist einmalig. Ein schöner Fußweg führt entlang des Sees in den Ortskern, der mit hübschen Läden und Restaurants aufwartet. Hier liegt das empfehlenswerte kleine **Ristorante La Pagul**. In der **Al Vecchio Fornaio Pasticcere** findet man alles, was man zum italienischen Leben braucht: frisches Brot, leckere Süßigkeiten und natürlich lokalen Wein.

Kleine Wanderung Im Nationalpark Val Grande

Mergozzo liegt in unmittelbarer Nähe des Nationalparks Val Grande und dessen Schluchtengebietes. Ein lohnenswerter Ausflug ist die sogenannte **Ponte Romano** zwischen Cossogno und Rovegro, die über eine tiefe Schlucht mit türkisfarbenen Wasserfällen führt. Hier sollte man sich ein kleines Picknick mitnehmen, um an dem schattigen Plätzchen die Ruhe zu genießen. Der Weg zur Brücke ist vom Parkplatz im Dorf Cossogno (GPS: 45.961566 , 8.50685) ausgeschildert. Parken können kleinere Mobile vor dem Ortskern und am Friedhof. (Touren: www.parcovalgrande.it)

Links:
Tiefe Schluchten findet man im Nationalpark Val Grande

Links:
Die sogenannte Ponte Romano lädt zum Picknick ein

Weißrosa Marmor für den Mailänder Dom

Im Stadtteil Candoglia hinter Mergozzo wird seit dem 14. Jh. im großen unterirdischen Steinbruch der seltene weißrosa Marmor gewonnen, der im Dom von Mailand und dem Dom in Pavia verbaut wurde und noch heute in Mailand verarbeitet wird. Über verschiedene Wasserwege wurden die schweren Steine früher bis nach Mailand verschifft. Besichtigung mit frühzeitiger Reservierung unter: Tel. +39 0324 87540 oder per E-mail: info@parcovalgrande.it

Oben:
Schöner Essen im Ristorante La Quartina

LM 10 Camping delle Fate** C

GPS: 45.961366 , 8.457498

Der kleine Campingplatz liegt direkt am See, mit Badeplatz und Bootsverleih. Da die Hauptstraße dahinter liegt, ist es nur in der Nebensaison ruhig. Schöner Uferweg ins Dorf.

Übernachtungsplätze in der Nähe:
LM 12 Campingplatz La Quiete** C
LM 11 CP Village Continental Lido** C

4 **Stresa:** Die Grandezza der zauberhaften Borromäischen Inseln

Oben:
Blick von Stresa zur Isola Bella

Unten:
Pittoresker Steinthron auf der Insel

Rechts:
Der Hafen von Stresa mit dem Grand Hotel am Hügel

LM 13 SP Baveno* XL
GPS: 45.911281 , 8.500639
750 m zum Bootsanleger nach Stresa und zu den Inseln

Stresa ist wohl der berühmteste Ort am Lago Maggiore. Mit seinen beeindruckenden Grand Hotels der ›Belle Époque‹, seiner schönen Seepromenade und den märchenhaften Inseln zieht Stresa zahllose Besucher an.

Das 1863 eröffnete Grand Hotel des Iles Borromees lockte mit seinem Luxus den Adel, die Könige Europas und die Zaren Russlands an.

In Stresa schrieb schon Hemingway - und auch der König von Italien Umberto II, Prinzessin Margaret von England, George Bernard Shaw, Mussolini, Toscanini, Clark Gable, Andrew Carnegie, Rockefeller - alle waren sie da.

Bootstour zu den berühmten Inseln

Das vielbewunderte Archipel besteht aus der **Isola Bella**, in dessen feenhaften Palazzo-Gärten weiße Pfauen ihr Rad schlagen, der malerischen Isola dei Pescatori, der Isola Madre und der kleinen Insel S. Giovanni.

Oben:
Im Grand Hotel des Iles Borromees verkehrten Könige und Künstler

Auf der Isola Bella steht nicht nur ein Prachtbau, sondern die ganze Insel mit ihren Terrassen und eigenartigen Höhlengrotten ist ein einziges verspieltes Kleinod. Im 17. und 18. Jh. gehörte die kleine Insel zu den größten Sehenswürdigkeiten Italiens. Ihren Namen hat sie vom Grafen Borromeo, der in der Lombardei eine große Rolle gespielt hat. Urkundlich erwähnt wurde Stresa zum ersten Mal im Jahre 998, demnach war Stresa bis vor einem Jahrhundert im Besitz der Familien Visconti und Borromeo. Die Bootstour zu den Inseln ist absolut empfehlenswert. Aber Achtung: Die Linienschiffe sind viel preiswerter als die privaten Bootstaxi-Anbieter.

Beim Bummel durch Stresa, vorbei an Modeboutiquen und Juwelierläden sollte man unbedingt eine kleine Pause einlegen und die Margheritine di Stresa probieren. Das unwiderstehliche Gebäck aus gemahlenen Mandeln mit frischem Vanillearoma wird in Form einer Margeritenblüte gebacken und wurde im 19. Jh. zu Ehren der italienischen Königin Margherita entworfen.

Links:
Isola Bella - die berühmteste der Inseln im Lago Maggiore

Mit dem Reisemobil zu den Inseln:

Da man in Stresa keine Parkmöglichkeiten für Reisemobile findet, empfiehlt sich der Wohnmobilstellplatz im benachbarten Baveno. Vom Platz sind es 750 m zum Bootsanleger, von dem aus man nach Stresa und zu den Inseln übersetzen kann.

LM 15 Campingplatz Conca d'Oro*** XL/C

GPS: 45.936169 , 8.486121

Sehr gepflegte Anlage mit empfehlenswerter Pizzeria und Sandstrand direkt am See. Fantastischer Blick über den See zu den Bergen.

Übernachtungsplätze in der Nähe:
LM 5 Campingplatz Isolino*** XL/C
LM 11 CP Village Continental Lido** C

Winter geschlo

5 Orta San Giulio: Von den heiligen Hügeln zu der Insel San Giulio

Oben: Romantisch liegt die Insel San Giulio im Mondschein

LM 16 P Orta* XXL
GPS: 45.79763 , 8.41474

Nur 25 km vom Lago Maggiore und vom Lago di Mergozzo entfernt befindet sich der Ortasee, der mit der hübschen Stadt Orta und der vorliegenden Insel San Giulio sowie seinem **Sacro Monte**, dem berühmten heiligen Hügel, einen Besuch wert ist.

Unten: Pilgerinnen auf dem Sacro Monte

Besuch des pittoresken Ortes

Ein kleiner Spaziergang durch Orta mit seinen schönen, verwinkelten Gassen und Bürgerhäusern aus der Zeit der Renaissance und des Barock gehört natürlich unbedingt dazu.

Einen kurze Pause sollte man in der **Locanda Orta** einlegen, um im Bistro auf der Dachterrasse einen kleinen Imbiss mit fantastischer Aussicht zu sich zu nehmen. Wer jetzt Appetit bekommen hat, kann sich gleich einen Tisch im Gourmet-Restaurant reservieren.

Auf den Spuren des Franz von Assisi auf dem Sacro Monte

Der heilige Hügel gehört mit neun anderen Sacri Monti in Norditalien zum UNESCO-Welterbe. Es sind weitläufige Kapellenanlagen und Pilgerstätten, die im späten 16. und 17. Jh. auf Bergen und an Seen errichtet wurden.

Hier in Orta wurden die Kapellen dem heiligen Franz von Assisi gewidmet. In jeder der zwanzig unterschiedlichen Kapellen wird eine Episode aus seinem Leben mit überlebensgroßen realistischen Holzfiguren dargestellt.
Eine sehr beeindruckende Kunstausstellung, an der große Namen wie Cristoforo Prestinari, Dionigi Bussola, die Fiammenghini und die Brüder Righ beteiligt waren. Aber auch wer kein Pilger ist, sollte den Heiligen Hügel von Orta erklimmen, denn die Aussicht über den See zur Insel San Giuilo mit ihrem großen Benediktiner-Kloster ist traumhaft. Vom Wohnmobil-Stellplatz Area Sosta Sacro Monte sind es nur wenige Minuten zu den Kapellen und zum Dorf führt ein steiler Fußweg herab. Allerdings ist der Platz mit spitzen Kurven nur für kleine Mobile bis 7 m anfahrbar.

Links:
Der Palazzo della Comunità an der Piazza Motta, von dem aus die Boote zur Insel ablegen

Links:
Die schöne Dachterrasse der Locanda Orta, von der man einen tollen Blick hat

Übernachten in Omegna

Größeren Mobilen wird der große Stellplatz in Omegna (GPS: 45.863555, 8.399021) empfohlen, von dem man mit dem Boot nach Orta und zur Insel San Giulio übersetzen kann. Wer nicht übernachten möchte, findet auf dem für Wohnmobile und Busse ausgewiesenen Parkplatz Orta San Giulio am Ortseingang Platz.

LM 18 Stellplatz Via Il Riviere** bis 7 m

GPS: 45.825519 , 8.478154
Schöner Naturplatz (Foto) abseits der Straße am Fluss mit Picknickbänken und Grill, ca. 9 km bis Orta.

LM 17 SP Sacro Monte di Orta* bis 7 m

GPS: 45.796905 , 8.412239
Schattiger Stellplatz unterhalb des Sacro Monte. Anfahrt hat extrem enge Kurven, deshalb nur für kleine Mobile.

6 **Lago di Varese:** Grandiose Kunstvilla an der idyllischen Seenlandschaft

Oben:
Die Villa Panza und ihr 33.000 qm großer englischer Garten

LM 23 P Ipprodromo* XL
GPS: 45.830489 , 8.826129

Für Kunstliebhaber ist ein Stopp am Lago di Varese ein Muss. Die eindrucksvolle zeitgenössische Kunstsammlung und die weitläufigen Parks der **Villa Menafoglio Litta Panza** in Varese ist einzigartig. Varese selbst wird wegen der vielen Gärten und Parks als Gartenstadt ›città-giardino‹ bezeichnet, da hier im 19. Jh. zahlreiche Villen gebaut und mit prachtvollen Gärten angelegt wurden.

Moderne Kunst in historischen Räumen

Die Villa aus dem 18. Jh. ist nicht nur ein architektonisches Highlight, auch die Werke der Künstler in den Innenräumen sind äußerst sehenswert. Vom Hügel Biumo Superiore hat man einen sehr schönen Blick, vom englischen Garten über Varese zum See.

Dem Kunstliebhaber Graf Giuseppe Panza di Biumo haben wir die interessante Ausstellung mit 2.500 Arbeiten zu verdanken. In den 50er Jahren ging er nach seinem Jura-Studium in die USA, wo er mit den Künstlern des abstrakten Expressionismus zusammentraf.

Nach seiner Rückkehr begann er mit der Sammlung und ermöglichte es den Künstlern, die Räume der Villa nach ihren Vorstellungen zu gestalten. Das macht diese Ausstellung für den Betrachter auch so einzigartig. Die Lichtinstallationen von Dan Flavin und die Rauminstallationen von James Turrell und Robert Irwin sind noch im Original ausgestellt. Viele weitere Kunstwerke und Malereien sind in den teilweise noch alten Räumen zu sehen.

Die Privat-Villa und ihre Sammlung wurden 1996 von der Familie an die FAI (Fondo per l'Ambiente Italiano) gestiftet und im Jahre 2001 für die Besucher er-

Unten:
Spazieren gehen oder Rad fahren: Immer am See entlang

öffnet. Bei der Villa direkt findet sich in den engen Straßen keine Parkmöglichkeit, aber 750 m entfernt liegt ein größerer Parkplatz an der Pferderennbahn Ipprodromo.

Ausflug zur Isola Virginia

Auch der See selbst ist eine Reise wert. Vom Stellplatz direkt am Lido di Gavirate kann man einen angenehmen Entspannungs- und Radfahrtag einlegen. Beinahe das ganze Ufer des Sees lässt sich auf insgesamt 28 km Fußgänger- und Radwegen fast ohne Erhebungen umrunden. Empfehlenswert ist die Tour zur Isola Virginia, die fast immer am Seeweg entlang führt.

Von der Bootsanlegestelle in Biandronno kann man zur Insel und ihrem kleinen archäologischen **Museum Ponti** übersetzen. Die Ausstellung zeigt die steinzeitliche Pfahlbaukultur, die auf eine Zeit um 3500 v. Chr. datiert wird. Und sie gilt als eine der wichtigsten prähistorischen Funde Europas.

Oben: Lichtinstallation von Dan Flavin in der Villa Panza

Restaurant-Tipp: Tipamasaro

Nur 100 m vom Stellplatz entfernt befindet sich das familiengeführte Feinschmecker-**Ristorante Tipamasaro**, das im stilvollen Ambiente oder auf der schönen Außenterrasse frischen Seefisch und lombardische Spezialitäten serviert.

Links: Das Ristorante Tipamasaro ist gleich beim Stellplatz Lido di Gavirate

LM 24 Stellplatz Lido di Gavirate**

GPS: 45.839818 , 8.720917

Stellplätze auf Rasengittersteinen direkt am Seeufer. Münzgeld für den Schrankenautomaten bereithalten. V & E und Strom vorhanden.

Übernachtungsplätze in der Nähe:
LM 22 Stellplatz Ternate**
LM 21 Camping Smeraldo** C

7 Como: Seit dem römischen Comum das Zentrum am See

Rechts: Blick auf den historischen Stadtkern Comos vom Bergdorf Brunate

Unten: Der Comer Dom mit seinen zwei Gelehrten am Eingang

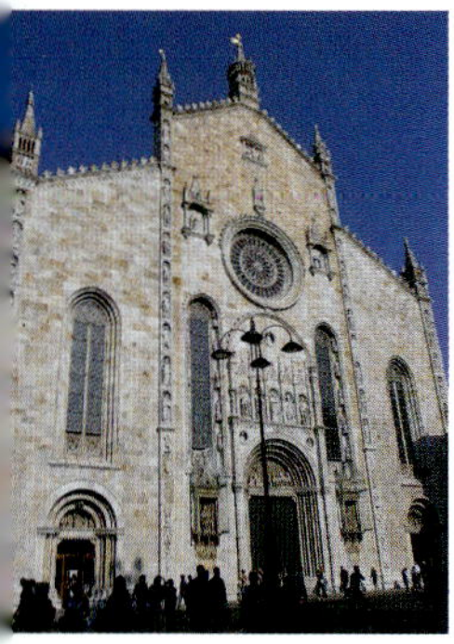

Unten: In der Villa Olmo am See haben zahlreiche Prominente gelebt

Der Comer See ist mit einer Länge von 51 Kilometern und einer maximalen Breite von 4,2 Kilometern der drittgrößte See Italiens. An seinen steilen Ufern reihen sich die wunderschönen Villen auf wie eine Perlenschnur.

Viele Prominente, wie George Clooney haben hier am ›Lario‹, wie die Einheimischen den See nennen, ihre zweite Heimat gefunden.

Aufstieg der schönen Stadt

In der römischen Stadt Comun, nach der der See benannt wurde, lebten schon im 2. Jh. nach Chr. 15.000 Einwohner und die mächtigen Grundbesitzer leisteten sich Villen in der Umgebung.

Comum war im Jahre 24 n. Chr. auch die Heimat von Plinius dem Älteren, dem bekannten römischen Gelehrten und seinem Neffen Plinius dem Jüngeren (Plinius-Briefe), denen zu Ehren die Bürger im 15. Jh. zwei überlebensgroße Statuen neben dem Domportal aufstellten. Im Mittelalter wurden Paläste und Schlösser für den Adel und Klerus erbaut und im 15. Jh. begann die Seidenzucht und Seidenverarbeitung, ein Industriezweig, der mit der Rohseidenproduktion bis heute noch Bestand hat.

Rundgang durch das historische Zentrum

Im Mittelpunkt der Stadt steht der beeindruckende Dom **Cattedrale di Santa Maria Assunta**, in dessen Innenraum man auch das 1521 von Bernardino Luini gemalte Altarbild des hl. Hieronymus finden kann. Der am Lago Maggiore geborene Künstler orientierte sich an Raffael und Leonardo da Vinci. Am Dom führt auch die Fußgängerzone vorbei und an der Uferstraße sollte man kurz einen Halt am Mausoleum eines der weltbekanntesten Männer machen: im **Tempio Voltiano** ruht Alessandro Giuseppe Antonio Anastasio Graf von Volta, der in Como geboren wurde und Erfinder der Batterie und Begründer der Elektrizitätslehre war. Ihm zu Ehren wurde die Maßeinheit für die elektrische Spannung ›Volt‹ genannt. (Mausoleum GPS: 45.814683 , 9.075304).

Überblick über den großen See

An der östlichen Uferpromenade (500 m vom Zentrum) befindet sich eine historische **Seilbahn**, die einen in 5 Minuten in das idyllische Bergdorf Brunate auf 716 m Höhe bringt. Von dem Aussichtspunkt am Brunnen (GPS: 45.825827, 9.096569) kann man über den See bis ins schweizerische Wallis blicken. Wer möchte, kann danach eine kleine Wanderung hinunter nach Como machen. Der Weg führt erst entlang der Seilbahn, danach durch den Wald vorbei an einem Kloster aus dem 15. Jahrhundert.

LM 28 SP Colicio* bis 8,5 m
GPS: 46.142212 , 9.374599

Links und unten: Mit dem Boot kommt man auch nach Cernobbio, wo man im Prominententreff Harrys Bar gleich am Anleger in der Sonne sitzen kann

Oben: Nur vom See aus zu sehen: die bekannte Villa d'Este

Como mit dem Reisemobil

Für größere Reisemobile ist das steile westliche Ufer kaum befahrbar, deshalb sind die meisten Stell- und Campingplätze an der östlichen Uferseite zu finden. In Como selbst sind nur Plätze für kleine Mobile vorhanden.
Unsere XL-Empfehlung: Vom XL-Stellplatz in Colicio (Mobile bis 8,5 m) mit dem Tragflächenboot in ca. 1,5 Stunden über Bellagio nach Como. Infos unter: www.dercomersee.com/zeitplanschnellcolicocomo.htm

LM 30 Parkplatz Villa Olmo* bis 6,5 m

GPS: 45.818153 , 9.066177

Kleine Parkplätze vor der Villa Olmo 2 km vom Zentrum entfernt. Die 1782 erbaute Villa beherbergte schon u.a. Napoleon, Metternich, Radetzky und Garibaldi. Wechselnde Ausstellungen.

Übernachtungsplätze in der Nähe:
LM 26 Lecco* XXL
LO 02 Campingplatz Milano** XL

8 **Bellagio:** Die Traumlage am See lockt schon immer die Prominenz

Oben:
Blick auf Bellagio vom blumenreichen Uferpark

Oben:
Hier geht es in die Gassen mit vielen kleinen Boutiquen

Rechts:
Das Ristorante alle Darsene ist am Ende des Parks der Villa Melzi zu finden

Von der Spitze der Halbinsel mitten im See hat man einen atemberaubend weiten Blick über das Wasser zu den Bergen. Diese einmalige Lage und eine abkühlende Brise »breva«, die es im Sommer nicht zu heiß werden lässt, macht die Lage so attraktiv und die Vegetation so üppig.

Villenpracht im Zentrum des Sees

Bereits in der Frühzeit war Bellagio Sommersitz der römischen Patrizier und später der Adelsfamilien der Lombardei, die hier prachtvolle Villen erbauten. Die **Villa Melzi** und ihr wunderschöner Park wurde 1808 vom Herzog Francesco Melzi d'Eril in Auftrag gegeben. Hier kann man die üppige Pflanzenvielfalt und die gepflegte Anlage mit ihren Statuen, Teichen und Ausblicken genießen. Am Ausgang des Parks ist der alte, kleine Fischerhafen mit einem ausgezeichneten Restaurant zu finden. Im **Ristorante alle Darsene** sitzt man auf der Außenterrasse unter schattiger Pflanzenpergola mit Blick auf die alten Boote des Sees. Auch heute noch sieht man Fischer gemeinsam die Netze auslegen und flicken. Kein Wunder also, dass der Fisch hier ausgezeichnet schmeckt.

Für den Besuch des Parkes der **Villa Serbelloni** muss man den Hügel erklim-

men, um den fantastischen Panoramablick über den See zu genießen. 1,5 Stunden dauert die Führung, die zweimal am Tag von der Piazza della Chiesa (GPS: 45.987981 , 9.261748) im oberen Teil des Ortszentrums startet (11.00 und 15.30 Uhr, mind. 6 Personen).

Kleine Gassen und edle Boutiquen

Das Städtchen verführt mit edlen Boutiquen, Feinkost- und Juwelierläden zum Flanieren und ›sich etwas gönnen‹. Vom Miniatur Riva-Boot über edle Weine bis zum Hochkaräter ist für jede oder jeden etwas dabei.

Links und Mitte: Der Park der Villa Melzi bietet überall traumhafte Ausblicke

Als Mobil-Reisender die Ruhe vor dem Sturm genießen

Bevor die vielen Touristen mit dem Boot ankommen oder abreisen, kann man das hübsche Städtchen frühmorgens oder spätabends in aller Ruhe durchstreifen. Allerdings muss man dafür einen Platz im schönen Camping Clarke ergattern - den einzig erreichbaren Stellplatz für Mobile auf der Halbinsel.

Der Platz sollte unbedingt nur über die Hauptstraße angefahren werden, da die Küstenstraße auf beiden Seiten der Halbinsel viel zu eng ist.

Auf dem höchsten Punkt der Halbinsel (760 m) ist ein Stopp zu empfehlen, da hier die **Kapelle Santuario Del Ghisallo** mit der Schutzpatronin der Rennradfahrer steht. In der kleinen Kirche finden sich die Rennräder vieler berühmter italienischer Radhelden und nebenan ist ein Museum des Rennradsports.

Unten: Die Wallfahrtskirche aller Rennradfahrer Santuario Del Ghisallo liegt auf dem Weg nach Bellagio

LM 31 LSP Camping Clarke*** bis 7,5 m

GPS: 45.970942 , 9.254744

Auf dem kleinen Platz steht man ruhig neben der Pferdekoppel mit Traumblick über den See. 2 km ins Ortszentrum. Bushaltestelle 150 m vom Platz. Hunde nur auf Anfrage.

Übernachtungsplätze in der Nähe:
LM 24 SP Lido di Garivate**
LM 33 SP Mandello del Lario* XL

dauerhaft geschlossen

1 Cannobio

Tourismus-Information
46.061436 , 8.696877
28822 Cannobio
Via A. Giovanola 25
Tel. +39 0323 71212
www.procannobio.it
Öffnungszeiten: Von 9.00-12.00 und von 16.00-9.00, sonn- und feiertags von 9.00-12.00 Uhr.

St. Anna Kirche
46.061677 , 8.668507
28822 Cannobio
Via Sant Anna 28

Pasticceria Castello
46.065123 , 8.700337
28822 Cannobio / Piazza Vittorio Emanuele III 21-34
Preiskategorie: €

Ristorante Grotto Sant'Anna
46.061378 , 8.66899
28822 Cannobio
Via Sant Anna 30, Traffiume
Tel. +39 0323 70682
Öffnungszeiten: Mo Ruhetag. Di bis So von 12.00-13.45 und von 19.00-21.45 Uhr.
Preiskategorie: €€

Ristorante LoScalo
46.063561 , 8.700297
28822 Cannobio, Piazza Vittorio Emanuele III 32
Tel. +39 0323 71480
www.loscalo.com
Öffnungszeiten: Mo. Ruhetag, Di 19.00-22.00 Uhr Mi bis So 12.00-14.30 und von 19.00-22.00 Uhr.
Preiskategorie: €€

2 Verbania-Pallanza

Villa Taranto
45.925897 , 8.565744
28922 Pallanza / Via Vittorio Veneto 111
Tel. +39 0323 556667
www.villataranto.it
Öffnungszeiten: Mo bis So 8.30-18.30 Uhr, Okt bis Nov 9.00-16.00 Uhr.
Preiskategorie: €€

Museo Del Paesaggio
45.923091 , 8.551176
28922 Pallanza, Ascent Biumi 6
Tel. +39 0323 556621
www.museodelpaesaggio.it
Öffnungszeiten: Mo, Mi, Do Ruhetag, Di, Fr, Sa 16.00-18.30 Uhr, So 10.00-12.00 und 15.30-18.30 Uhr.
Preiskategorie: €€

Ristorante Bar Villa Giulia
45.920513 , 8.555066
28922 Pallanza, Corso Zanitello
Tel. +39 0339 2124340
www.barvillagiulia.it
Preiskategorie: €

3 Lago di Mergozzo

Tourismus-Information
45.96076 , 8.448231
28802 Mergozzo,
Via Roma 20
Tel. +39 0232 800935
www.mergozzo.it
Tägl. geöffnet von April bis Oktober.

Ponte Romano
45.961551 , 8.500974
28801 Cossogno
Via Solferino
Wanderung zur Römerbrücke

Ristorante La Quartina
45.961169 , 8.455524
28802 Mergozzo,
Via Pallanza 20
Tel. +39 0323 80118
www.laquartina.com
Preiskategorie: €€

Al vecchio Fornaio Pasticcere
45.960389 , 8.447662
28802 Mergozzo
Via Frattini Emilio 6
Tel. +39 0323 80136
www.fugascina.it
Öffnungszeiten: Sep bis Jun
Mo bis So 6.00-12.00
Jul bis Aug 6.00-12.00 und von 16.00-19.00 Uhr.
Preiskategorie: €

Ristorante La Pagul
45.960794 , 8.447065
28802 Mergozzo
Vicolo Undicesimo 4
Tel. +39 0323 800949
Öffnungszeiten: Di. Ruhetag. Mo von 12.00-14.00 und von 19.00-22.00 Uhr, Mi von 19.00-22.00, Fr bis So von 12.00 bis 14.00 und von 19.00-22.00 Uhr.
Preiskategorie: €€

4 Stresa

Tourismus-Information
45.884385 , 8.541461
28838 Stresa
Piazza Marconi 16
Tel. +39 0323 934660
www.stresaturismo.it

Isola Bella
45.895649 , 8.526801
28838 Stresa
www.isoleborromee.it
Preiskategorie: €€€

5 Orta San Giulio

Tourismus-Information
45.799090 , 8.405737
28016 Orta
Via Ettore Bossi 11
Tel. +39 0322 90155
www.lagodortasposi.it

Sacro Monte
45.796748 , 8.410420
28016 Sacro Monte D'Orta
Via Sacro Monte ,
Tel. +39 0322 911960
www.sacrimonti.net

Locanda di Orta
45.798904 , 8.405745
28016 Orta
Via Olina 18
Tel. +39 0322 905188
www.locandaorta.com
Preiskategorie: €€

6 Varese

Villa e Collezione Panza
45.82548 , 8.828972
21100 Varesae
Piazza Lita
Tel. +39 0322 905188
www.visitfai.it/villapanza
Preiskategorie: €€€

Museum Ponti
45.825478 , 8.828902
21100 Varese
Piazza Litta 1
Tel. +39 0332 283960
Öffnungszeiten:
Mo bis So 10.00-18.00 Uhr.
Preiskategorie: €€

Ristorante Tipamasaro
45.840964 , 8.720610
21026 Gavirate
Via Cavour 31
Tel. +39 0332 743524
Öffnungszeiten:
Mo. Ruhetag, Di von 19.00-22.00 Uhr, Mi bis So 12.00-14.30 und von 19.00-22.00 Uhr.
Preiskategorie: €€

7 Como

Tourismus-Information
45.811487 , 9.083804
22100 Como
Via Maestri Cumacini
Tel. +39 031 264215
www.comotourism.it
Öffnungszeiten: Di bis Fr von 10.30-13.00 Uhr und von 14.00-17.00 Uhr Sa und So 10.00- 13.00 Uhr und von 14.00-17.00 Uhr.

Cattedrale di Santa Maria Assunta
45.812021 , 9.083715
22100 Como
Piazza Duomo
Tel. +39 031 331 2275
www.cattedraledicomo.it
Öffnungszeiten:
Mo bis Sa 10.30-17.00 Uhr, So 13.00-16.30 Uhr.

Tempio Voltiano
45.815066 , 9.075257
22100 Como
Viale Guglielmo Marconi
Tel. +39 031 574705
musei.civici@comune.como.it
Öffnungszeiten: Sa und So 10.00-17.00 Uhr.

Seilbahn Funicolare Como
45.817573 , 9.082799
22100 Como
Piazza Alcide de Gasperi 4
Tel. +39 0313 03608
www.funicolarecomo.it
Preiskategorie: €

8 Bellagio

Tourismus-Information
45.884385 , 8.541461
28838 Stresa
Piazza Marconi 16
Tel. +39 0323 934660
www.stresaturismo.it

Kapelle Santuario Del Ghisallo
45.924159 , 9.26767
22030 Magreglio
Via Adua 1
Die Kapelle der Rennradfahrer. Das Radmuseum ist gleich nebenan und hat nur am Wochenende geöffnet.

Villa Melzi
45.978921 , 9.253062
22021 Bellagio
Via Lungolario Manzoni
Tel. +39 0339 457 3838
www.giardinidivillamelzi.it
Öffnungszeiten: März bis Okt von 9.30-18.30 Uhr.
Preiskategorie: €€

Villa Serbelloni
45.988967 , 9.260896
22021 Bellagio
Via Roma 1
Tel. +39 0319 50216
www.villaserbelloni.com
Preiskategorie: €€

Ristorante alle Darsene
45.977914 , 9.252483
22021 Bellagio
Via Melzi d'Eril 1
Tel. +39 0319 52069
ristorantedarsenediloppia.com
Preiskategorie: €€

Ausflug mit dem Boot nach Cernobbio:

Harrys Bar
45.840505 , 9.077683
22012 Cernobbio
Piazza Risorgimento 2
Tel. +39 0315 12647
www.harrysbarcernobbio.it
Öffnungszeiten: Di Ruhetag Mo, Mi bis So von 10.00 bis 24.00 Uhr.
Preiskategorie: €€€

Blick auf Barolo und die umgebenden Weinberge

Piemont

Highlights Piemont

Das kulinarische Juwel - eine der besten Regionalküchen Italiens, die bekanntesten Weine, die Wiege der Slow Food Bewegung und Turin - die barocke Perle der Savoyer

1 **Casale Monferrato**
Das Tor zur Weinregion Basso Monferrato

2 **Sacro Monte di Crea**
Wallfahrtsort & Weinprobe

3 **Moncalvo**
Wunderschöne Kleinstadt und entspannte Trüffelhochburg

4 **Castell'Alfero**
Wundersamer Eremit und Feinschmeckertreff

5 **Montemagno**
›Großer Hügel‹ mit imposanten Bauwerken

6 **Vignale Monferrato**
Charmanter Ort abseits der Touristenpfade

7 **Asti**
Die Heimat feiner Schaumweine und rubinrotem Barbera

8 **Alba**
Haselnüsse und Trüffelhochburg mit Geschichte

9 **La Morra**
Wunderbarer Aussichtsbalkon im Piemont

10 **Barolo**
Internationales Reiseziel für Weinliebhaber

11 **Acqui Terme**
Piazza della Bollente und Wellness-Vergnügen

12 **Turin**
Barockes Zentrum des Piemonts

Casale Monferrato
1
Sacro Monte di Crea
2
12
Turin
Moncalvo
3
Vignale
6
Monferrato
Castell'Alfero
4
5
Montemagno
7
Asti
8
Alba
Acqui Terme
11
La Morra
9
10
Barolo

Basso Monferrato
Heimat des Barbera's

Blick vom Stellplatz Sacro Monte di Crea über die Hügel des Basso Monferrato

Basso Monferrato
& die piemontesischen Alpen

Langhe
Blick ins Barologebiet

Aussicht von La Morra im Morgennebel

Kulinarik
Piemont - Italiens beste Küche

Die Terrasse des Feinschmeckerlokals Marisa al Castello in Castell'Alfero

Panetteria in Barolo

Handwerk ist Kunst

La Vigna
Reben und Lust aufs Land

Übernachten auf dem Weingut Cascina Ballarin

Weinfest mit Winestreet durch ganz Alba

Blick über die Weinberge von Tenuta Tenaglia

1 **Casale Monferrato:** Das Tor zur Weinregion Basso Monferrato

Blick vom Parkplatz beim Kastell auf den Dom

PI 06 P Castello*
GPS: 45.137311 , 8.447487
PI 07 SP Zentrum* XL
GPS: 45.135141 , 8.444492

Der riesige Parkplatz im Zentrum, direkt beim **Castello dei Paleologi** mit seiner Enoteca, ist der beste Ausgangspunkt um Casale Monferrato und auch die Schätze des Weingebietes ›Basso Monferrato‹ zu entdecken. ›Basso‹ heißt unten, denn die Region liegt tiefer als das höhere ›Alto‹ Monferrato. Die Landschaft, die im Norden vom Po begrenzt wird, weist sanftere Hügel auf als die Gegend um Barolo und La Morra.

Um gleich ein Gefühl für die Region und ihre Weingebiete zu bekommen, sollte man im Castello in der **Enoteca del Monferrato** eine kleine Degustation der Weine machen und lokale Spezialitäten wie ›Krumiri‹, die leckeren, königlichen Vanillekekse einkaufen. Hier gibt es alle Weine der Region und jede Menge Informationen. Ein paar Meter weiter kommt man in die einladende Fußgängerzone der Stadt und zur Piazza Mazzini, wo sich vor dem Reiterdenkmal von Charles Albert von Savoyen und dem großen Dom alle treffen.

Oben und rechts: Im Kastell ist ein großer Weinverkostungsladen zu finden

Rundgang durch die historisch bedeutende Stadt

In Casale Monferrato regierten von 1307-1533 die Nachkommen byzantinischer Kaiser als Markgrafen von Monferrato, danach herrschte bis 1708 die Fürstenfamilie Gonzaga und schließlich die Savoyer. Sie alle haben architektonisch und kulturell ihre Spuren hinterlassen. Die Vorhalle des **Domes Sant'Evasio**, der ursprünglich aus dem Jahr 742 stammt, gilt heute nach mehreren Umbauten als eine der bedeutenden Architekturleistungen der oberitalienischen Romantik. Wer sonntags in der Stadt ist, sollte eine der schönsten **Synagogen** des 17. Jh. in Europa besichtigen. Im Gebäude des jüdischen Gebetshauses im alten Ghetto ist auch das **Museo D'Arte e Storia Antica Ebraica** mit wertvoller Kunstsammlung untergebracht.

Links:
Portal des Domes Sant'Evasio

Die Heimat des Vanillegebäcks ›Krumiri Rossi‹

Als Domenico Rossi 1878 die ›Krumiri erfunden hat, konnte er kaum ahnen, dass sie nicht nur das Symbol von Casale Monferrato werden sollten, sondern dass sie auch in Königshäusern begehrt werden würden. Er wurde mit dem leicht gebogenen Gebäck nicht nur Lieferant des Hauses seiner Hoheit Herzog von Aosta, sondern auch des Herzogs von Genua und des Könighauses von Italien unter Umberto I. Man sagt, dass die gebogene Form an den königlichen

Links:
Auf der Piazza vor dem Dom trifft man sich

Schnurrbart von Viktor Emanuel II. erinnern soll. Bis heute werden die ›Krumiris‹ nach Originalrezept gebacken und sind in der schönen Gebäckdose ein beliebtes Urlaubs-Mitbringsel. Man kauft das Gebäck am besten dort, wo Domenico Rossi sie auch erfunden hat, in der **Pasticceria Portinaro**.

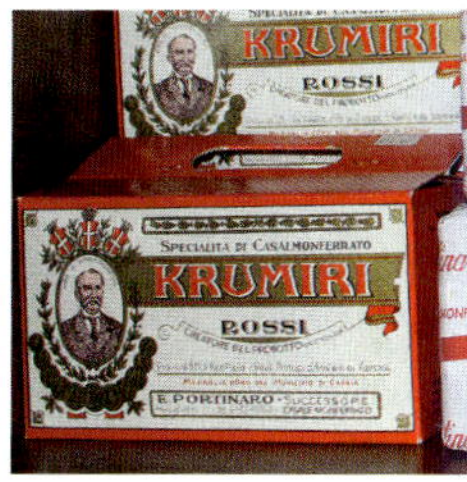

Oben:
›Krumiri‹ sind das weit bekannte Gebäck der Stadt

Großer Antikmarkt beim Castello

Der große Parkplatz beim Kastell wird einmal im Monat zum Antikmarkt. Hier kann man stöbern und vielleicht noch ein schönes Andenken finden. Der Markt findet jeden zweiten Samstag und Sonntag im Monat statt.

PI 08 SP Palazzo dello Sport Paolo Ferraris* XXL

GPS: 45.12556 , 8.46194

2 Sacro Monte di Crea: Wallfahrtsort & Weinprobe

Rechts: Beeindruckende Fassade der Wallfahrtskirche Sacro Monte di Crea

Der heilige Berg **Sacro Monte di Crea** mit seiner Wallfahrtskirche und seinen 23 Kapellen liegt auf einem der höchsten Hügel des Basso Monferrato und bietet daher eine fantastische Rundumsicht auf die umliegenden Hügel und die Alpenkette.

Kapellen-Rundweg mit bester Aussicht

Zu verdanken haben wir diesen schönen Ausflugspunkt dem Prior von Crea Costantino Massino, der das bestehende Marienheiligtum 1589 erweitern wollte. Berühmte Künstler wie Guglielmo Caccia, genannt ›Il Moncalvo‹, die Brüder Prestinari, Wespin und später Leonardo Bistolfi trugen mit ihren Kunstwerken dazu bei, dass der heilige Berg in das UNESCO-Weltkulturerbe aufgenommen wurde.

Ein schöner Punkt, um die Abendsonne

Unten: Traumblick vom Stellplatz über die Hügel des Piemonts

P Monte di Crea* XXL

GPS: 45.093974 , 8.272564

Großer Parkplatz auch für Busse

zu genießen, ist der große Platz vor der beeindruckenden Kirche, an dem sich eine kleine Bar und das kleine **Ristorante di Crea** befinden.

Hier gibt es im Sommer selbstgemachtes Eis, im Herbst lokale Slow Food Küche wie ›Bagna Cauda‹ und natürlich Trüffelgerichte. Dazu trinkt man am besten den Wein des ortsansässigen **Weingutes Tenuta Tenaglia**.

Weingut mit Kulturprogramm

Das von Sabine Ehrmann geführte Weingut kann nicht nur mit ausgezeichneten Tropfen und einer sensationellen Aussicht über die Hügel aufwarten, sondern ist auch ein kleines Kulturzentrum in der Region. Hier gibt es Ausstellungen, Lesungen, Musikabende und manchmal auch ein Oldtimer- und Ferrari-Treffen. Im großen Hof oder im gemütlichen Innenraum kann man wunderbar den Wein verkosten und sich von der deutschen Besitzerin noch ein paar Tipps für das Basso Monferrato geben lassen.

Links: Im gemütlichen Gastraum des Weingutes Tenuta Tenaglia kann man probieren, wie das Basso Monferrato schmeckt

Die Besitzerin und ihre Gästedame vor dem Weingut

Zum Sacro Monte mit dem Reisemobil

Wie überall im Piemont, abseits der Hauptstraßen ist die Straße relativ schmal, aber noch Reisemobil tauglich. Für große XXL-Mobile gibt es Platz am Sacro Monte. Anfahrt nur über SS457, dann SP 19 über Ponzano. Der kleinere Stellplatz, der etwas höher gelegen ist, ist mit Kiesuntergrund und Rasenfläche zum Übernachten geeignet. Der Platz ist durch seine Ruhe und seinen Blick auf die Weinberge und Hügel des Basso Monferrato absolut empfehlenswert.

Pl 10 SP Sacro Monte di Crea*XL**

GPS: 45.094303 , 8.269893

Vom gepflegten, kostenlosen Parkplatz am Sacro Monte, auf dem man auch übernachten kann, hat man einen Traumblick über die Weinberge. Nachts ist es hier absolut ruhig.

Alternative Übernachtungsplätze:

Pl 13 Agricampeggio Samarcanda**

Pl 21 Camping U. Cagni** C

3 Moncalvo: Wunderschöne Kleinstadt und entspannte Trüffelhochburg

Rechts: Das Ristorante Corona Reale bietet hervorragende Trüffelgerichte an

PI 11 P Moncalvo* XL
GPS: 45.051461 , 8.257983
Parkplatz 1 km vom Zentrum

PI 12 P Moncalvo klein*
GPS: 45.052355 , 8.266814
P im Zentrum für Mobile bis 6,5 m

Über dem Flusstal der Stura liegt auf 305 m Höhe das Städtchen Moncalvo, das nach Alba die bedeutendste Trüffelmesse des Piemonts ausrichtet (s. Trüffelspecial S. 78).

Das dieses kleine Örtchen neben der Trüffelhochburg Alba bestehen kann, liegt an den erstklassigen Trüffeln, die rund um Moncalvo gefunden werden. Auch der Trüffel-Preis Tartufo d'Oro (der goldene Trüffel) wird hier für den besten, größten und schmackhaftesten Trüffel verliehen.

Unten: Überall findet man kunstvoll gemalte Ladenschilder

Wer also weniger Rummel als in Alba möchte und trotzdem die besten Trüffel speisen will, ist im kleinen Bergstädtchen gut aufgehoben.

Stilvolle Innenstadt mit feinen Restaurants

Dass Kulinarik hier einen großen Stellenwert hat, sieht man an den stilvollen und handgemalten Ladenschildern, die das jeweilige Gewerbe eindrucksvoll präsentieren. In der kleinen Fußgängerzone gibt es elegante Modeboutiquen und natürlich viele Lebensmittelläden für Feinschmecker. Das Zentrum Moncalvos ist die Piazza Carlo Alberto, die gleich neben dem großen Kastell aus dem 14. Jh. liegt. Auf dem schönen Platz gibt es

Rechts: Die Piazza Carlo Alberto ist das Zentrum des Städtchens

eine sehr gute **Gelateria Caffè Roma** und eine kleine Bar mit leckeren Snacks. Ein paar Schritte weiter kommt man gleich zum **Ristorante Corona Reale**. Ob auf der hübschen kleinen Terrasse oder Innen, im eleganten Ambiente: Man speist hervorragend und findet auf der Weinkarte die besten Weingüter des Basso Monferrato. Etwas unterhalb, auf dem Corso Regina Margherita befindet sich das **Ristorante Il Centrale**. In dem etwas rustikaleren Lokal sollte man die Spezialität des Piemonts ›Bollito misto‹ probieren. Die üppigen Fleischplatte kommt mit Rindfleisch, Kalbfleisch, Zunge, Huhn, Schweinswurst (Cotechino), gefülltem Schweinsfuß (Zampone) und Wurzelgemüse auf den Tisch.

Oben:
Blick von der Stadt über die Hügel und Weinberge

Links:
Elegante Modegeschäfte findet man in der kleinen Fußgängerzone

Lebendige Stadt mit Blues-Open-Air und Trüffelmarkt

In der kleinen Stadt, die mit 3.400 Einwohnern zu den kleinsten Orten mit Stadtstatus in Italien zählt, ist immer etwas los. Jeden Donnerstag ist Obst- und Gemüsemarkt auf dem großen Platz beim Kastell und jeden 1. Sonntag im Monat kann man Interessantes auf dem Antikmarkt finden. In der letzten Juliwoche findet ein großes Blues-Musik-Open-Air statt (Facebook: Blu Notti Blues Moncalvo) und an den letzten zwei Sonntagen im Oktober treffen sich Gourmets auf der weitbekannten Trüffelmesse - ›Fiera del Tartufo‹.

PI 13 LSP Samarcanda** XL bis 8,5 m

GPS: 45.055833 , 8.239167

Einfaches Landgut mit sehr schönen Blick und Cucina Tipica, ca. 2,5 km vom Zentrum entfernt. Stehen auf Kiesgrund ohne Schatten, Strom ist vorhanden und einfache Sanitäranlagen.

Alternative Übernachtungsplätze:
PI 21 Camping U. Cagni** C
PI 10 SP Sacro Monte di Crea***XL

4 Castell'Alfero: Wundersamer Eremit und Feinschmeckertreff

Oben: Einen umwerfenden Blick hat man von der Terrasse des Ristorante da Marisa al Castello

Rechts: Unbedingt probieren: Spaghetti Camomilla

Unten: Der Architekt Benedetto Alfieri gilt als herausragender Vertreter des Spätbarocks in Italien

Rechts: Der Garten am Schloss

Auf halbem Weg zwischen Moncalvo und Asti lohnt sich ein kurzer Stopp in Castell'Alfero. Die kleine Gemeinde hat ein erstaunlich großes Barockschloss und die wundersame Geschichte eines Eremiten zu bieten.

Merkwürdiger Eremit und Kulinarik-Erlebnis

Wer am Parkplatz unterhalb des Schlosses hält, sieht gleich vis-à-vis das etwas unscheinbare Restaurant **Osteria dell'Eremita**.

Der erste Schein trügt, denn hinter der Bar ist ein wirklich nettes Restaurant mit sehr guter lokaler Küche. Was dem Besucher im Gastraum gleich auffällt, ist der freigehaltene und eingedeckte ›Tisch des Eremiten‹. Der Legende nach soll der wundersame Eremit hier gespeist haben und der Tisch wurde fortan für seine Rückkehr freigehalten. Die Osteria bietet ein sehr gutes Menü und unbedingt probieren sollte man hier die Spaghetti Camomilla (Spaghetti mit Kamillensoße) im Parmesannest, die ein optisches und kulinarisches Erlebnis sind.

Barockschloss mit grandioser Aussicht

Schon 1290 wurde das Schloss Castell'Alfero von der Gemeinde Asti auf dem Hügel erbaut, um das Gebiet zu schützen. Erst viel später, im 18. Jh., gab die Familie Amico den Auftrag, den Bau von der einfachen militärischen Anlage in eine Residenz umzubauen. Der Baumeister

Benedetto Alfieri war zwar architektonisch ein Autodidakt, zeichnete sich aber durch zahlreiche Bauten aus, so dass er ab 1739 der erste Zivilarchitekt am Hofe des Königs Karl Emanuel III. in Turin wurde. Er schuf u.a. den Palazzo Ghilini in Alessandria (1732) und das Teatro Regio di Torino (1740). Ihm verdanken wir den heutigen Barockbau, von dessen schöner Gartenanlage man einen herrlichen Panoramablick über die Hügel des Monferrato hat. Hier ist auch das **Ristorante da Marisa al Castello** zu finden. Im eleganten Inneren oder auf der Aussichtsterrasse kann man ein köstliches Menü genießen.

Links:
Die Fassade des Barockschlosses

Links:
Im Restaurant befindet sich ein Foto des Eremiten

Besuch der Küferei Gamba

Seit Generationen produziert die Familie **Gamba** schon Weinfässer, Barriques (Eichenfass mit 225 Litern), Tonneaux (1000 kg) und Bottiche in allen Größen. Die historische Werkstatt dient heute als Lager für die riesigen Fässer, die als Auftragsarbeiten hergestellt werden.
Hier kann man auch zusehen, wie sie entstehen und wie viele Handgriffe dafür nötig sind. Wer Interesse an einer Führung hat, sollte sich telefonisch anmelden. Große Parkplätze sind direkt an der Fabrikationshalle vorhanden.
www.bottigamba.com

Oben:
Wappen des Castell'Alfero

P 14 Parkplatz Castell Alfero* bis 7 m

GPS: 44.982167 , 8.209667

Direkt an der Mauer des alten Kastells sind große Parkplätze vorhanden. Achtung: Einge Einfahrt ins Zentrum.

Alternative Übernachtungsplätze:
PI 21 Camping U. Cagni** C
PI 22 Weingut Grancollina**

5 Montemagno: ›Großer Hügel‹ mit imposanten Bauwerken

Oben und unten: Vom Kastell hat man einen wunderbaren Blick auf die piemonteser Alpen

Rechte Seite: Kleine Gasse unterhalb des Kastells

Schon von weitem sieht man oben auf dem Hügel die alles überragende Kirche San Martino und Stefano. Die Größe der gigantischen Freitreppe zu ihr hinauf, lässt eher an Rom denken, als an ein kleines Dorf im Basso Monferrato. Auch das riesige Kastell macht neugierig auf die Geschichte des Ortes.

Trutzige Festungsanlage auf dem ›Monte Magno‹

Kaiser Friedrich Barbarossa schenkte das Schloss im Jahre 1165 den Markgrafen des Monferrato. Unter deren Schutz bildete sich der älteste Ortsteil Montemagnos um die Festung herum. Wo man heute bis zum Horizont Felder und Weinberge sieht, standen um das Jahr 1000 noch dichte Wälder. Aus der ersten Festung wurde im Lauf der Zeit ein imposantes Schloss mit ghibellinischen Zinnen und einem großen Terrassen-Park. Das Schloss gehört heute der alten piemontesischen Adelsfamilie Calvi der Grafen von Bergolo, dessen Nachfahr Giorgio Carlo Calvi di Bergolo 1923 die Tochter des italienischen Königs Viktor Emanuel III., Jolanda Margherita von Savoyen geheiratet hat.

Ein weiteres Highlight des kleinen Ortes ist die **Kirche San Martino und Stefano**, die mit einer ausladenden Barocktreppe aus dem 13. Jh. beeindruckt. Im Kircheninneren finden sich einige Bilder von Orsola Caccia, der Tochter des berühmten Malers ›Il Moncalvo‹.

Oben:
Große Kirche im kleinen Dorf

Fein ausgehen oder lieber selber kochen?

Gleich im Zentrum befindet sich das **Ristorante La Braja**. Das orangefarbene Haus in der Via San Giovanni Bosco, nur 450 m vom Parkplatz, ist kaum zu übersehen. In dem alteingesessenen Gourmet Restaurant bekommt man von den Brüdern Antonio (Sommelier) und Giuseppe (Koch) ein perfektes 7-Gänge-Menü. Man sollte also viel Hunger mitbringen. Wer lieber selber regional kochen möchte, kann sich am Ortsausgang von Montemagno sensationelle, frisch gemachte Pasta kaufen. In dem unprätentiösen Laden **Pasta Fresca** kann man die besten Pasta der Region erstehen. Die große Auswahl umfasst Ravioli, Gnocchi und die Spezialität des Hauses Agnolotti (gefüllte Teigtäschchen aus der Region Piemont). Direkt nebenan befindet sich ein großer Parkplatz.

Oben / Links:
Gourmetrestaurant oder frische Pasta?

PI 16 Parkplatz Montemagno* XL

GPS: 44.983778 , 8.323605

Direkt im Zentrum steht man auf fast ebener Fläche an der großen Mauer, die zum Kastell hinaufführt.

Alternative Übernachtungsplätze:
PI 21 Camping U. Cagni** C
PI 22 Weingut Grancollina**

6 Vignale Monferrato: Charmanter Ort abseits der Touristenpfade

Oben: Aussichtspunkt Belvedere Melvin Jones

Rechte Seite: Das Weingut Accornero gehört zu den Besten

Rechts: Das Menü im Ristorante Universo genießt man mit Traumblick

Vignale Monferrato: Stadt mit Überblick

Vignale liegt mit 308 m Höhe auf einem der höchsten Hügel des Basso Monferrato. Der Wein ist das Hauptprodukt der kleinen Gemeinde.

Im Palazzo Callori aus dem 17. Jh. befindet sich deshalb auch der Sitz der **Enoteca Regionale del Monferrato** und hier kann man die Weine der Gegend verkosten.

Besuch im Kulinarik-Universum mit Traumaussicht

In Vignale befindet sich in einer kleinen Seitenstraße ganz versteckt ein Feinschmecker-Restaurant, das **Ristorante Universo**, mit herrlichem Blick auf die Alpenkette mit der Gruppo del Monte Bianco, Gruppo del Monte Rosa und den Seealpen mit dem Monviso. In dem familiengeführten Lokal gibt es weder Speise- noch Weinkarte, aber ein tolles Menü im besten Preis/Leistungsverhältnis. Gleich nebenan befindet sich eine Aussichtsplattform, von der man den atemberaubenden Blick auch ohne 5-Gänge-Menü genießen kann.

Hier ist das ganze Jahr etwas los

Im Juni/Juli findet seit über 20 Jahren das **Festival Vignaledanza** statt. In diesem Zeitraum trifft sich hier die internationale Ballett- und Tanz-Szene. Das Städtchen wird von Balletttänzern, Musicalsängern und Theatergruppen bevölkert, die in klassischen und modernen Aufführungen brillieren. Das Ganze endet mit einer großen Gala.
Mehr Infos unter:
www.vignaledanza.com
Im Juli, bei der ›Notte Bianco‹, gibt es Open-Air Musik auf allen Plätzen der Stadt, im August finden viele Konzerte statt und im Oktober ist das Festival dei Vini. Genaue Termine unter: www.prolocovignalemonferrato.it

Ausgezeichneten Spitzenwein einkaufen

3 km von Vignale Monferrato entfernt, befindet sich ein Weingut, das Weine der Spitzenklasse produziert. Die Anfahrt ist leider nur für kleine Mobile geeignet, da der Hof 600 m von der Hauptstraße entfernt liegt. Ausgezeichnet u.a. vom ›Gambero Rosso‹, lädt das **Weingut Accornero** ein, die neuen und alten Jahrgänge zu verkosten und natürlich auch direkt beim Erzeuger zu kaufen. Seit die Familie das Landgut Ca' Cima 1897 vom edlen Ritter Negri gekauft hat, widmet sich nun die vierte Generation der Produktion hochwertiger Weine, die mittlerweile biologisch angebaut werden.

Oben:
Blick auf die Kirche San Bartolomeo

Unten:
Hunde-Bar in der Via Roma

PI 18 Stellplatz Vignale Monferrato* 9 m

GPS: 45.01151 , 8.399002

Auf dem großen Parkplatz im Zentrum findet sich ein Stellplatz. Die Einfahrt zum unteren Teil ist durch Holzeinfassungen eng, oben können längswärts auch größere Mobile stehen.

Alternative Übernachtungsplätze:
PI 13 Agricamp. Samarcanda** 8,5 m
PI 22 Weingut Grancollina**

7 Asti: Die Heimat feiner Schaumweine und rubinrotem Barbera

Oben:
Der DOCG Barbera d'Asti wird zu 100 % aus der Rebsorte Barbera gekeltert

Bekannt durch seinen Schaumwein, dem Asti Spumante, ist Asti die Provinzhauptstadt der gleichnamigen Region und entsprechend großstädtisch und geschäftig geht es hier auch zu. Eingebettet in Weinreben, ist es das Zentrum der Schaumweinproduktion im südlichen Teil des Monferrato. Vor allem der Asti Spumante und der Moscato d'Asti sowie der gehaltvolle Barbera haben die Region weltweit berühmt gemacht.

Rechts und rechte Seite:
In der mittelalterlichen Stadt gibt es viele Feste und Märkte

Rundgang im mittelalterlichen Zentrum

Durch seine Lage im weiten Tal des Flusses Tanaro war Asti schon immer ein wichtiger Ort. Zu römischen Zeiten ›Asta‹ genannt, wurde die Stadt später im 10. Jh. Bischofssitz, im Mittelalter eine mächtige freie Stadt und als Mitgift für Valentina Visconti wurde Asti bis 1529 französisch. Napoleon degradierte die Stadt und vereinte Asti und Alexandria mit dem Department von Marengo. Erst 1935 bekam Asti die Rolle als Provinzhauptstadt wieder zurück.

Asti - auch genannt die Stadt der ›Hundert Türme‹ - hat sich in der Innenstadt immer noch den mittelalterlichen Charakter erhalten. Heute stehen in Asti nur noch zehn der ehemals 125 mittelalterlichen Türme. Der Höchste, mit 38 m, ist der **Torre Comentina**.

Im historischen Zentrum liegen die kunsthistorischen Schönheiten dicht aneinander: viele Kirchen, Monumente und Geschlechtertürme, bekannte Bauten, Arkaden und große Plätze wechseln sich hier ab.

Die wichtigsten zeitgeschichtlichen Monumente sind der **Torre Rossa** aus dem 1. Jh., der Teil der römischen Stadtmauer war und die **Rotonda di San Pietro** (12. Jh.), als eine der ältesten religiösen Monumente. Sehenswert ist auch der Innenraum der gotische Kathedrale **Santa Maria Assunta e San Gottardo** (erbaut 1309-1354), die wegen des gemalten Weinlaubes auf den Säulen auch einfach

Unten:
Reiterstandbild Umberto I. am Corso Vittorio Alfieri

›La Vigna‹ (der Weinberg) genannt wird. Sie ist auch die größte Kirche im Piemont. Die Lebensader der Stadt, der **Corso Alfieri** ist gesäumt von prächtigen Patrizier-Palästen. Die Gebäude der mächtigen Familien spiegeln hier die Zeit der Renaissance wider. Der **Palazzo Mazzetti** beherbergt die Pinacoteca Civica, die Sammlung piemontesischer Meister aus dem 15.-19. Jh. Der **Palazzo Alfieri**, mit seinem schönen Innenhof, ist jetzt Sitz der Bibliothek.

Palio d'Asti: Packende Reiterspiele

Am zweiten Freitag im September findet die Weinmesse, ›**Douja d'Or**‹ statt (www.doujador.it), auf der die besten Weine Italiens prämiert werden und gleichzeitig findet auch das Reiterturnier der 14 Stadtteile Astis statt.
Der Palio von Asti ist ein atemberaubendes Pferdewettrennen, das es schon seit 700 Jahren gibt. Alle Informationen unter: www.palio.asti.it

Die besten Lokale in Asti

Empfehlenswert sind, die ganz auf Fisch spezialisierte **Osteria Casamar**, die traditionelle **Osteria del Diavolo** oder das beste Haus in Asti, das **Ristorante Gener Neuv**, ein Spitzenlokal, das direkt am Fluss Tanaro liegt.

Oben: Die Kathedrale San Secondo

Unten: Immer wieder tauchen hohe Türme im Stadtbild auf

Pl 20 Stellplatz Asti*

GPS: 44.897292 , 8.210874

Stehen kann man auf dem großen städtischen Stellplatz auf dem größten Platz in Asti, dem Piazza Campo del Palio. Über die Piazza Leonardo da Vinci einfahren (mittwoch & samstags findet hier Markt statt). Entsorgung am Platz.

Alternative Übernachtungsplätze:
Pl 21 Camping U. Cagni** C
Pl 22 Weingut Grancollina**

BRIAN&BARRY

8 **Alba:** Haselnüsse und Trüffelhochburg mit Geschichte

Pl 28 P Markt Alba* XXL
GPS: 44.704526 , 8.031724
Großer Platz, nicht Samstag.

Das kleine mittelalterliche Städtchen am Fluss Tanaro gelegen, lädt mit seiner schönen Einkaufsmeile die Gäste ein die Kostbarkeiten der Region zu entdecken. Wein und Trüffel sind hier dominierend, aber auch sonst gibt es noch allerlei aufzuspüren.

Linke Seite und Mitte:
In der schönen Fußgängerzone kann man wunderbar bummeln und in einem der schönen Cafés sitzen

Alba hat eine ganz eigene Atmosphäre, kleine Gassen, verzierte Balkone, die herausgeputzten Läden, zahlreiche Geschlechtertürme und römische Überreste machen einen Spaziergang abwechslungsreich und spannend.

Keltisch-römischer Ursprung

Ursprünglich war Alba eine keltische Siedlung, die von der Lage am Tanaro profitierte. Die Römer nannten die Stadt Alba Pompéia und später im Mittelalter entstanden die roten Geschlechtertürme als Zeichen der Macht der Erbauer. Mit dem Rundgang beginnt man am besten an den Obst- und Gemüsemarkthallen (44.704526 , 8.031724), denn hier gibt es reichlich Parkmöglichkeiten. Über den Piazza San Francesco d'Assisi geht es über die kleine Ladengasse Via Camillo Benso di Cavour zur **Kathedrale San Lorenzo**. Sie liegt am Piazza Risorgimento und hier befindet sich auch die Tourismusinformation und der Palazzo Comunale. Der Duomo stammt aus dem 10. Jh. und wurde über die Zeit mehrfach verändert, die heutige Fassade geht auf das Jahr 1878 zurück und zeigt zentral die Statue des San Lorenzo.

Danach geht es durch die Flanier- und Einkaufsmeile die Via Vittorio Emanuele, hierher kommen alle für die ›passeggiata‹. In dieser Gasse liegen der Trüffelmarkt und die schönsten Delikatessenläden.

Bei der **Chiesa della Maddalena** geht es links ab zum Museum für Archäologie und Naturwissenschaften **Museo Civico Archeologico e di Scienze Naturali**, in dem die Geschichte der Region wieder lebendig wird.

Oben:
Um die Stadt herum gibt es unzählige Haselnusssträucher

Unten:
Reiterstandbild auf der Piazza Savona

Oben:
Der Dom stammt aus dem 10. Jahrhundert

Von hier aus kann man durch die Parallelstraße, Via Coppa wieder zurück zur Kathedrale gelangen.

Märkte und Delikatessen

Oben und rechts:
Ferrero ist allgegenwärtig in Alba. Schokolade und Haselnüsse gibt es fast an jeder Ecke

Samstags verwandelt sich die gesamte Altstadt in einen Markt und scheinbar die gesamte Bevölkerung der Langhe kommt her, um sich mit Obst und Gemüse, Fleisch, Wurstwaren, Geflügel, lebenden Forellen, Sardinen, Wein oder sogar Eisenwaren und Landmaschinen einzudecken.

Unter der Woche gibt es Delikatessen und Wein in der **Enoteca Fracchia** (Via Vernazza 9) oder bei **I Piaceri del Gusto**

(Via Vittorio Emanuele 23). Die erste Adresse für Trüffeln ist **Tartufi Ponzio** in der Via Vittorio Emanuele 7, oder auch **Tartuffi Morra** (Piazza Pertinace 3). Den leckeren Torrone di Alba von Relanghe, aus der berühmten piemontesischen Haselnuss ›tonda gentile‹, gibt es bei **Peccati di Gola** (Piazza Rossetti, 6). Alba wird an Wochenenden und besonders im Herbst zur Trüffelzeit förmlich überrannt. Wer den besonderen Charme des Ortes erleben will, kommt besser in der Vorsaison bis Juli.

Die berühmte internationale Messe des weißen Albatrüffels findet immer Mitte Oktober bis Mitte November statt, alle Informationen hierzu gibt es auch auf Deutsch unter: www.fieradeltartufo.org

Weltweites Schokoladenimperium

Alba ist nicht nur die Hauptstadt der weißen Trüffel, sondern auch der Haselnüsse. Denn Alba ist auch die Heimat von Ferrero, des viert größten Schokoladenherstellers der Welt. Gleich neben der Altstadt, liegt die Stammfabrik, die genauso groß ist wie die Altstadt selber. Michele Ferrero gründete diese Firma 1949 und verstarb am 14. Feb. 2015. Heute gehören 20 Marken dazu: Ferrero Rocher, Nutella, Tic Tac, Kinder und viele andere. Von 100 Haselnüssen, die auf dieser Erde wachsen, enden 15 in Ferrero-Süßigkeiten.

An manchen Tagen, wenn die Röstöfen die Haselnüsse zubereiten, riecht deshalb ganz Alba nach Nutella.

Hervorragend speisen in Alba

Direkt am Dom liegt das **Ristorante La Piola**, der kleine Ableger des Drei-Sterne-**Restaurants Piazza Domo**. Hier gibt es wahre regionale Gerichte, die man sich von der großen Tafel im Restaurant selber zum Menü zusammenstellen kann.

Ausflug zur Weinprobe

Etwa 8 km außerhalb und nur 5 km vom empfohlenen Übernachtungsplatz entfernt, liegt, inmitten von Reben, das **Weingut Il Vigneto** mit seinem hervorragenden Restaurant. Hier kann man eine Weinprobe machen oder mit wunderbarem Blick über die Weinberge den Tag ausklingen lassen. Ein großer Parkplatz befindet sich direkt am Weingut.

Übernachten in Alba

Übernachten kann man auf dem nur 3 km entfernten Platz Alba Village oder auf dem Stellplatz davor.
Ein Restaurant sowie ein Pool sind am Platz und in der Nähe befinden sich mehrere Supermärkte.

Oben und links: Das Weingut Il Vigneto bietet ein Restaurant mit spektakulärem Blick und hat einen großen Parkplatz

PI 26 Camping Alba Village*** XXL/C

GPS: 44.685273 , 8.010293

Der Platz liegt 3 km vom Zentrum entfernt ruhig am Fuße der Weinberge. Ein Restaurant ist am Platz, sowie ein Pool und neue sanitäre Anlagen.

Alternative Übernachtungsplätze:
PI 27 Stellplatz vor Alba Village*
PI 30 Agricampeggio La Trava***

9 La Morra: Wunderbarer Aussichtsbalkon im Piemont

Oben:
La Morra wird auch ›Balkon des Piemonts‹ genannt und so sitzt man auch Im Ristorante Belvedere

Schon in der Römerzeit wurde in La Morra Wein ausgebaut und die römischen Soldaten deckten sich auf ihrem Rückzug von Gallien mit Rotwein für zu Hause ein. Heute zieht das pittoreske kleine Dorf auf 513 m Höhe Weinkenner aus der ganzen Welt an, die von hier das ganze Barolo-Gebiet der Langhe bis zu den Alpen überblicken können.

Vom Parkplatz im Zentrum erreicht man

Rechts:
Die Kirchen San Rocco und die Kirche San Martino lohnen einen Blick ins Innere

PI 31 P La Mora Zentrum*
GPS: 44.638544 , 7.931265

bergan, durch die Via Umberto I, den zentralen Piazza Castello. Wie der Name schon sagt, steht hier, inmitten eines Parks, der Campanile als letztes Überbleibsel des 1544 errichteten Kastells. La Morra war schon immer eine wehrhafte Stadt, unschwer an den Resten der Stadtmauern zu erkennen.

Die **San Martino Kirche** (17. Jh.) ist reichlich mit Fresken verziert und lohnt einen Blick ins Innere.

Heimat einer der besten Lagen des Barolos

Auf dem Gemeindegebiet liegen einige der besten Lagen des Barolos, daher verwundert es auch nicht, dass in den Gassen viele kleine Läden lokale Weine und Spezialitäten anbieten.

Besuchenswert sind die schöne **Enothek Bacco & Tabacco** und die **Cantina Communale di La Morra** der lokalen Winzergenossenschaft im Palazzo der Grafen von Barolo.

Kulinarik Hochburg La Morra

In la Morra fällt die Auswahl des Restaurants schwer, da sich hier ein sehr gutes Restaurant an das Nächste reiht.

Einen besonders schönen Aperitif kann man im Innenhof des **Hotels Timeless**, kurz vor dem zentralen Platz, zu sich nehmen, um später im besten Haus am Platz, dem **Belvedere** oder dessen Dependance im **Ristorante Bovia** zu dinieren. Einfacher aber dennoch sehr hervorragend kann man in der **Osteria Pizzeria Per Bacco** speisen - die Pizze hier

PI 32 Parkplatz Il Laghetto* XL

GPS: 44.637502 , 7.928351

sind die wahren Neapolitanischen. Wem der Sinn nach noch mehr Bodenständigem steht, der kann zu einem wirklichen Geheimtipp fahren: 800 m vom Zentrum entfernt, an einem kleinen schattigen See, liegt das einfache Restaurant **Il Laghetto**. Hier wird nur ein einziges Menü angeboten, das aber hervorragend schmeckt. Im Sommer treffen sich hier die Arbeiter zum Mittagessen und die Tische sind voll belegt. Ein großer Parkplatz liegt direkt davor.

Links: Im Ristorante Il Laghetto am kleinen See kann man gut speisen

Links: Im schönen Innenhof des Hotels Timeless sollte man einen Aperitif nehmen

Einkauf beim Spitzenwinzer

Elio Altare und sein **Weingut Azienda Agricola** sind eine piemontesische Institution in Sachen Barolo. Hier kann man mit spektakulären Blick auf die Langhe Spitzenqualität probieren und gleich einkaufen. (2,8 km von La Morra entfernt, enge Anfahrt, Parkplatz am Weingut, GPS: 44.639842 , 7.947881, Tel. Anmeldung: +39 0173 50835)

PI 33 Agricampeggio Cascina Ballarin** C

GPS: 44.630299 , 7.960085

3,5 km von Barolo und 5 km von La Morra entfernt, liegt das kleine Weingut, in dessen Garten man übernachten kann. Stehen auf Wiesengrund mit Schatten. Strom und Wasser.

Alternative Übernachtungsplätze:
P 34 Agricamp. Cascina Rocca*** XL
P 35 CP Sole Langhe** C

10 **Barolo:** Internationales Reiseziel für Weinliebhaber

Oben:
Blick von La Morra auf das Barolo-Gebiet. In der Mitte ist das Schloss von Barolo zu sehen

Sanft in die geschwungenen Hügeln der Langhe eingebettet, liegt der heilige Gral der Weinseligen - Barolo.

Das mittelalterliche Dorf liegt inmitten des Nebbiolo-Traubengebietes, das den Barolo hervorbringt. Die Innenstadt beherbergt unzählige Weinhandlungen,

Rechts:
Alle Wege führen zum Schloss, in dem das Weinmuseum und die Weinsammlung untergebracht sind

Vinotheken und Feinkostläden. Natürlich gibt es auch die typischen Touristen- und Souvenirläden, denn Barolo ist ein internationales Reiseziel - so gibt es sogar ein Korkenzieher-Museum - wer es denn benötigt.

Schloss mit Weinsammlung und Weinmuseum

Die regionale Weinsammlung und das önologische & ethnographische Museum befindet sich im **Schloss Falletti** aus dem 11. Jh., das als Wahrzeichen Barolos das Dorf überragt.

Ursprünglich war es eine mittelalterliche Festung, die nach und nach immer wieder umgestaltet wurde. Die Wohnräume, die Bibliothek und das Weinmuseum können besucht werden. Im Keller befindet sich die regionale Önothek des

PI 36 Parkplatz Barolo* XL

GPS: 44.61306 , 7.94238

Barolos. Von der Terrasse des Schlosses hat man einen überragenden Ausblick auf die gesamte Langhe.
Jedes Jahr, am zweiten Septembersonntag, findet hier das ›Fest des Barolo-Weins‹ statt, das viele internationale Gäste anzieht.
Parkmöglichkeiten in Barolo sind sehr rar aber auf dem kommunalen Parkplatz, in der Via Lomondo, kann man auch mit größeren Mobilen direkt am Weinberg stehen.

Links:
Viele Vinotheken warten auf die Weinkenner

Mitte:
Schild von Camping Sole Langhe

Unten:
Der Eingang zu Barolo's Schloss

Weinprobe und Übernachten bei Franco Molino oder in der Sonne der Langhe

Nur 2,5 km von Barolo entfernt befindet sich das Weingut Franco Molino, bei dem man auf dem Agricampeggio Cascina Rocca auch übernachten kann. Die deutschsprachige Besitzerin führt gerne durch den Weinkeller. Das Landgut ist gepflegt und lädt mit bequemen Deck-Chairs und einem Grillplatz zum Entspannen ein.

Eine Alternative ist der 3,7 km von Barolo entfernte Camping Sole Langhe. Mitten in den Weinbergen steht man hier ruhig und schattig unter Bäumen. Deshalb ist der Platz auch nur für kleinere Mobile geeignet. Mehr Informationen hierzu in den gelben Seiten.

PI 34 Agricampeggio Cascina Rocca*** XL

GPS: 44.62907 , 7.956289

Auf dem gepflegten Weingut Franco Molino können zwei große Mobile direkt neben dem Haus Platz finden. Ebenes Stehen ohne Schatten auf Kiesgrund am Weinberg. Wasser und Strom sind vorhanden.

Alternative Übernachtungsplätze:
PI 33 Weingut Ballarin** C
PI 35 CP Sole Langhe** C

LY

11 **Acqui Terme:** Piazza della Bollente und Wellness-Vergnügen

Oben: Das Wahrzeichen der Stadt: ›La Bollente‹

Oben: Im ›Voglino‹ trifft man sich zum Espresso

Wie der Name schon vermuten lässt, erwartet den Besucher Thermalwasser in Acqui Terme. Die warmen, schwefelhaltigen Quellen waren schon in der Römerzeit beliebt und die Stadt blickt auf eine lange Kurgeschichte zurück, die bis zurück in die Antike reicht.

Mit dem Aquädukt, dessen Reste heute noch zu sehen sind, leiteten die Römer kaltes Wasser aus dem 8 km entfernten Erro herbei, um das heiße Thermalwasser abzukühlen.

Ab 1277 wurde es eine der Residenzen der Monferrater Markgrafen, bevor die Stadt ab 1708 zu Savoyen gehörte.

›La Bollente‹: Das Wahrzeichen von Acqui Terme

Die kleine Fußgängerzone in der Altstadt, bei dem Corso Italia und die Piazza della Bollente wurde in den letzten Jahren herausgeputzt. Hier lässt es sich gut schlendern und einkehren. Auf der Piazza della Bollente wird man von einem leichten Schwefelgeruch empfangen, er kommt aus einer kleinen Nische, der **La Bollente** (die Heiße). Mit 74,5 °C sprudelt hier schwefel-, salz-, brom-, jodhaltiges Wasser aus der Quelle, die auch die historischen Thermalbäder speist. Auf der Bollente, die 1879 eingeweiht wurde, steht der Stadtturm, der 1763 noch die antike Stadtmauer zierte. Die neuen Thermen liegen mitten in der Altstadt und nutzen die anderen Quellen ›Del lago‹ und ›Acqua marcia‹, da die historischen Thermen etwa 1,5 km von der La Bollente jenseits des Bormida-Flusses liegen.

Die alte Therme, mit dem riesigen Thermalaußenbecken ist jetzt leider in ein normales Freibad mit enormen Ausmaßen umgewandelt worden. Direkt gegenüber am Fluss, unterhalb der hohen Bäume, befindet sich der große Reisemobilstellplatz. Unweit liegen auch die Überreste des eben erwähnten römischen Aquädukts aus dem 1. Jh.

Oben:
Die römische Wasserleitung sorgte für die Abkühlung des Thermalwassers

Wellness-Therme im Zentrum der Stadt

Den Badebetrieb in der Therme kann man als Externer leider nicht besuchen, da hier nur auf ärztliche Verordnung gekurt werden kann. Jedoch kann man im ehrwürdigen **Grand Hotel Nuova** in dem sehr schönen Thermal- und Wellnessbereich auch als Nicht-Hotelgast baden und den Tag wunderbar verbringen, hierzu einfach mit dem alten Lift in die Thermenabteilung fahren. Im Eintritt ist alles enthalten - man benötigt nur Badekleidung, um das Thermalwasser zu genießen.

Speisen in Acqui Terme

Auf einen Kaffee oder eine Zwischenmahlzeit geht man in die traditionsreiche **Bar Pasticceria Voglino**, direkt am Piazza Italia und zum Abendessen in die **Osteria della Curia** unweit der Bollente-Quelle. Die Weine der umliegenden Hügel sind der Brachetto, der Dolcetto d'Acqui und der Alto Monferrato.

Eine Ausstellung der besten Tropfen der lokalen Weinbauern befindet sich in den Kellern des antiken **Palazzo Robellini**, dem Sitz der regionalen Weinsammlung von Acqui Terme.

Oben: Eingang zum Grand Hotel Nova mit dem Thermalwasser-Wellnessbereich

PI 52 Stellplatz Acqui Terme* XXL

GPS: 44.665254 , 8.470592

Direkt beim großen Freibad steht man unter schattigen Bäumen, 1,5 km vom Zentrum entfernt. Nachts ruhig, morgens etwas lauter, da der Platz direkt an der Straße liegt. V+E und Strom.

12 **Turin:** Barockes Zentrum des Piemonts

Oben:
Blick auf Turin und die Mole vom Monte Cappuccino

Unten:
Früher war hier eine Teststrecke - heute ist es ein Kunstmuseum

Die Hauptstadt Piemonts, direkt am Fiume Po gelegen, ist eine wahre Schönheit. Der Savoyer Herzog Emanuele Filiberto hat Turin, 1563 zu der Hauptstadt seiner Besitzungen erkoren und die Savoyer haben in der Folge im 17 Jh., in und um die Stadt, ihre Prachtbauten und Schlösser errichtet. Das Besondere ist, dass im 16. Jh. nur 4.000 Einwohner hier lebten und die Stadt erst danach zu einem barocken Juwel ausgebaut wurde. Ein mittelalterlicher Stadtkern, wie in vielen anderen italienischen Städten, fehlt daher.

Turin ist heute eine Mischung aus prächtigen, barocken Herrenhäusern, eleganten Jugendstilbauten, dem marmornen Gigantismus der faschistischen Monumente und den nüchternen Zweckbauten der Fabriken und Lagerhallen.

Autostadt

Turin war 1861-1864 Sitz der ersten italienischen Regierung und Hauptstadt Italiens. Heute ist Turin, neben Mailand, der

PI 44 P Botanischer Garten*

GPS: 45.058191 , 7.690203

Zentrums nah parken bis 7,5 m L.

wirtschaftliche Motor Italiens. Im 20. Jh. dominierte noch Fiat (Fabbrica Italiana Automobili Torino) die Stadt mit ihren Arbeitsplätzen, doch die Stadt hat sich saniert, weiterentwickelt und modernisiert. Diese Transformation kann man gut an der gigantischen ehemaligen **Fiat-Werkshalle ›Lingotto‹** (Barren) erkennen. Die seinerzeit größte Autofabrik der Welt, mit der Versuchsstrecke auf dem Dach, wurde vom bekannten Architekten Renzo Piano in einen modernen Komplex umgewandelt.

So entstand hier eine Konzerthalle, ein Theater, ein Messezentrum, ein Shopping-Center, ein Hotel und das **Kunstmuseum Pinacoteca Agnelli**.

Die Pinakothek zeigt eine außergewöhnliche Sammlung von Kunstwerken aus dem 18. - 20. Jh., mit Werken von Canaletto bis zu Matisse. Die 25 permanent ausgestellten Kunstwerke stammen aus der Privatsammlung von Giovanni und Marella Agnelli, aus der Fiat Dynastie.

Kleiner Rundgang zu den größten Sehenswürdigkeiten

Im Herzen der Stadt, auf der Piazza Castello, liegt der **Palazzo Madama**, der 1298 zum ersten Mal erwähnt wurde. Hier war auch der Sitz des ersten italienischen Senats, vom Turm des Gebäudes hat mein eine gute Übersicht. Gegenüber liegt das **Teatro Regio**, die königliche **Kirche Chiesa di San Lorenzo** und der Königspalast **Palazzo Reale**, das Stadtschloss der Savoyer, mit seinem großem Schlossgarten.

Oben:
Statuen und Vasen auf dem Dachgiebel sind typisch für die barocke Architektur - hier Palazzo Madama

Seitlich hinter dem Palazzo Reale ragt der Dom empor. In den Arkaden des Piazza Castello liegen einige der prächtigsten und ältesten Cafés Turins.

Vom Piazza Castello, 350 m in östlicher Richtung liegt das Wahrzeichen Turins, die **Mole Antonelliana**, die nach ihrem Architekten benannt ist.

Um sich einen überragenden Überblick über Turin zu verschaffen, ist die Mole der beste Anlaufpunkt. Im Jahre 1889 fertiggestellt war sie mit 167 m, damals der höchste, in Ziegelbauweise errichtete Turm der Welt.

Zum Vergleich: Sie ist zehn Meter höher als der Kölner Dom, der 1880 vollendet wurde. Die Mole war ursprünglich als jüdische Synagoge geplant; als die Kosten

Unten:
Camera di Madama reale im Museo Civico d'Arte Antica

Rechts:
Das Traditionscaffè Al Bicerin

explodierten, sprang die Stadt ein und vollendete den Bau. Spektakulär ist schon die Ansicht in der Kuppel, durch die man mit dem gläsernen Aufzug auf die 85 m hohe Aussichtsplattform fährt. In der Mole Antonelliana befindet sich heute das Filmmuseum Turins, eines der größten seiner Art in Europa.

Turin ein Synonym für Schokolade

Die Turiner Schokoladentradition geht zurück auf Katherina von Habsburg die Ehefrau von Carlo Emanuele I. von Savoyen. Sie machte Anfang des 17. Jh. die Trinkschokolade in den höchsten Kreisen beliebt. Das war der Beginn der Turiner Schokoladenherstellung und so wurde Piemont Schokoladen- und Pralinen-Hochburg.

Wie ein rotes Band durchziehen Hunderte von Caffès die Stadt und für Pralinen (Guianduiotto) sind die ersten Adressen die Caffès: **Baratti & Milano**, **Caffè Platti** und **Caffè Mulassano**.

Hier, in Turin gibt es das Traditionsgetränk Bicerin, ein Gläschen aus heißer Schokolade, einem starken Espresso und ›crema di latte‹ erfunden im **Caffè Al Bicerin**.

Unten:
Im Duomo di San Giovanni wird das Grabtuch ausgestellt

Das Turiner Grabtuch

Neben der Piazza Castello ragt der **Duomo di San Giovanni** empor. In dessen berühmter Kapelle Sindone befindet sich das Grabtuch Jesu Christi, in dem Jesus seine letzte Ruhe gefunden haben soll. Das Original liegt in einem versiegelten Schrein und wird nur selten der Öffentlichkeit gezeigt. 2015 wird es ab dem 19. April für 67 Tage ausgestellt, zum Gedenken an den 200. Geburtstag

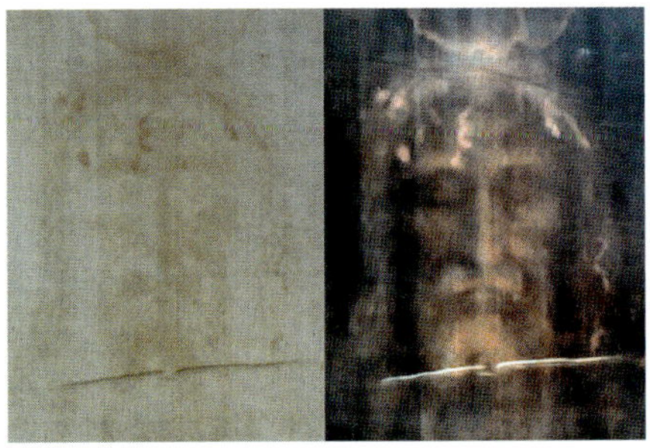

Rechts:
Das Turiner Grabtuch wird nur sehr selten der Öffentlichkeit im Original gezeigt

von Johannes Bosco, Gründer des Salesianer-Ordens. Danach erst wieder im Heiligen Jahr 2025.

Bis heute gibt es einen langen wissenschaftlichen Diskurs, ob das Tuch tatsächlich das Antlitz Jesu zeigt. Die katholische Kirche selbst stuft es als Ikone ein. Dennoch weckt das Turiner Grabtuch großes weltweites Interesse, während der letzten öffentlichen Ausstellung 2010 besichtigten 2,5 Mio Besucher das Grabtuch.

Das Haus Savoyen

In der Region stellte die Dynastie der Savoyer eine bestimmende Größe dar. Seit dem 11. Jh. wird die Geschichte hier durch die Savoyer bestimmt.

Links: Das prächtige Jagdschloss Stupinigi liegt nur 10 km vom Zentrum entfernt

Sie herrschten über die Territorien Savoyen, Piemont, Aostatal, Teile Liguriens, Teile der Schweiz, die Grafschaft Nizza und Sardinen. Die Jahrhunderte waren sehr wechselhaft. Frankreich und andere versuchten immer wieder, Savoyen-Piemont zu erobern, was dann auch Napoleon endgültig nicht glückte. Die Savoyer stellten von 1861 bis 1946 die Könige Italiens und waren eine bestimmende Kraft zur Einigung des italienischen Nationalstaates. So war Turin von 1861 bis 1865 auch Hauptstadt Italiens. Danach das zentraler gelegene Florenz und nach dem Sieg über den Kirchenstaat im Sommer 1870 wurde dann Rom zur Hauptstadt Italiens. Einsprechend ihres Einflusses wurden auch mächtige Schlösser und Paläste gebaut.

Die Residenzen der Savoyer sind 1997 als UNESCO-Weltkulturerbe aufgenommen worden. In Turin gibt es nicht weniger als 13 und um Turin herum weitere 9 Bauwerke, die zum UNESCO-Erbe gehören. Besonders interessant ist das etwa 10 km außerhalb liegende **Jagdschloss Stupinigi** (GPS: 44.998426, 7.607528 - www.ordinemauriziano.it) und das etwa gleich weit entfernte **La Venaria Reale** (GPS: 45.132004, 7.623404 - www.lavenaria.it), welches als das Versailles Savoyens gilt.

PI 42 Camping Bella Torino** XL/C

GPS: 45.125443 , 7.5576

Der große Platz liegt 15 km vor Turin ruhig im Grünen und nur 8 km vom ›La Venaria Reale‹ entfernt.
Es gibt hier einen Shuttle-Service zur U-Bahn nach Turin.

Special

Die LandYachting Top-Tipps

Die Turiner Kunst & Kultur-Highlights:

1. Der barocke **Palazzo Madama**, einst der Stadtpalast der Savoyer - nun Kunstmuseum und Teil des UNESCO-Welterbes Savoyer-Residenzen

2. Der Königspalast **Palazzo Reale** mit seinem großen Schlosspark

3. Die **Mole Antonelliana** (siehe Fotos), das Wahrzeichen Turins, 167 m hoch, ein Muss ist die Aussichtsplattform und das nationale Kinomuseum (www.museocinema.it)

4. Die Kathedrale **San Giovanni dei Sacra Sindone**, mit dem vermeintlichen Grabtuch von Jesus Christus

5. Die wichtigsten Plätze: **Piazza Castello** mit der Kirche San Lorenzo, **Piazza San Carlo**, der schönste Barockplatz und der **Piazza Vittorio**, einer der größten Plätze Europas

6. Das **Lingotto**, ehemalige Fiat-Fabrik durch den Architekten Renzo Piano in die Moderne geholt, mit Konzerthalle und Kunstgalerie

7. Die **Shopping-Meilen**: Via Garibaldi, Via Roma und Via Po

8. Die **Wallfahrtskirche Superga** auf dem Berg Sassi mit grandiosem Blick über Turin. Bequem mit der Superga-Zahnradbahn zu erreichen (Stellplatz nahe der Talstation)

9. Die sehenswerte Barockkirche **Santuario della Consolata**

10. Das **Ägyptische Museum**, eines der größten ägyptischen Museen der Welt (www.museoegizio.it) und im selben Gebäude die **Galleria Sabauda**, Gemälde- und Skulpturensammlung von der Gotik bis zum 18. Jahrhundert

11. Das Museum für moderne und zeitgenössische Kunst **Galleria civica di arte moderna e contemporanea** (GAM), www.gamtorino.it

12. Das **Museum des Risorgimento**, mit der Geschichte der Einigung Italiens www.museorisorgimentotorino.it

13. Das **Automobilmuseum**, 1932 gegründet vom Präsidenten des Turiner Automobilklubs und einem der Gründer Fiats, ist eines der ältesten Automuseen der Welt www.museoauto.it

EATALY Slow Food-Supermarkt

Direkt gegenüber des Lingotto's liegt, in einer ehemaligen Vermouth-Fabrik, das **EATALY**. Ein Kulinarik-Tempel, der auch vom Slow Food Team begleitet wird. Auf 11.000 qm gibt es eine Markthalle, eine Enoteca, eine Bierhalle und ein Restaurant. Mittags (12.30-14.30 Uhr) können die Spezialitäten gleich vor Ort genossen werden.

Empfehlenswerte Restaurants

Ristorante Sotto la Mola - Das Restaurant direkt gegenüber der Mola, mit jahreszeitlich geprägter Piemonteser Küche, die von Slow Food ausgesucht wurde.

L'Acino Restaurant - In der Nähe der Chiesa di San Domenico. Es sagt zu der Küche selbst: »Die Perfektion der Tradition«. So fehlen keine der Klassiker der Piemonteser Küche. Unbedingt reservieren.

Ristorante Consorzio

Mitten in der Altstadt, lädt das junge Team zu einem modernen, regionalen Speiserepertoire ein. Manche Zutaten sind auch außergewöhnlich wie Brennnesseln oder wilder Spargel.

LY

LY-Tipp: Torino + Piemont CARD

Die Vergünstigungskarte bietet freien Eintritt in über 190 Museen und Kulturstätten in Turin und Piemont, z.B. zum Panoramalift der Mole Antonelliana, Zahnradbahn Sassi-Superga, Schifffahrt auf dem Fluss Po, Pendeldienst ›Venaria Express‹ und viele Vergünstigungen mehr.
2 Tage Gültigkeit kosten 25 €.

Oben: Im Ristorante Sotto la Mola gibt es leckere Slow Food-Küche

PI 43 Stellplatz Sassi*
GPS: 45.080254 , 7.730397
Zentrumsnah parken bis 7,5 m L.
XL: 400 m weiter am Friedhof

Stellplätze in Turin

Die sonst oft genannten Stellplätze an der Superga und Campingplatz Villa Rey sind nicht mehr existent. Ersterer wurde für PKWs umgebaut, letzterer geschlossen. Um Zentrums nah zu parken, ist der **Parkplatz PI 44 am botanischen Garten** mit Längsparkstreifen zu empfehlen, tagsüber kostenpflichtig, bis ca. 7,5 m Länge. Der offizielle **PI 43 Stellplatz Sassi**, für kleine Mobile liegt nur wenige Meter von der Zahnradbahn Sassi-Superga. Falls dieser voll ist, gibt es auf dem nahem (400 m) Friedhofsparkplatz Sassi noch Platz, auch für große Mobile. Als ruhige Übernachtungsmöglichkeit ist der **Campingplatz Bella Turino** empfohlen, hier gibt es einen Shuttle-Service zur U-Bahn, mit der man in 20 min mitten in Turin ist.

Oben: L'Acino - klein aber fein

Links: Vom Camping Torino kommt man in 20 min mit der U-Bahn ins Zentrum

1 Casale Monferrato

Tourist-Information
45.137485 , 8.448495
15033 Casale Monferrato
Via Aurelio Saffi 76
Öffnungszeiten:
Montag bis Freitag 8.00-14.00 und 15.00-18.00 Uhr,
Sonntag 10.00-12.30 und 15.00-18.30 Uhr.

Duomo Sant'Evasio
45.137457 , 8.452301
15033 Casale Monferrato
Largo Monsignor Giuseppe Angrisani 1
Tel. +39 0142 452219

Castello dei Paleologi
45.137387 , 8.447047
15033 Casale Monferrato
Piazza Castello
Tel. +39 0142 444339

Synagoge - Museo D'Arte e Storia Antica Ebraica
45.135543 , 8.449912
15033 Casale Monferrato
Vicolo Salomone Olper 44
Tel. +39 0131 443861
www.casalebraica.info
Öffnungszeiten: So von 10.00-12.00 Uhr und 15.00-17.00 Uhr.
Preiskategorie: €

Enoteca del Monferrato
45.137432 , 8.44709
15033 Casale Monferrato
Piazza Castello
Tel. +39 0142 933243
www.enotecadelmonferrato.it
Öffnungszeiten:
Di bis Fr von 10.00-12.00 Uhr und von 15.00-18.00 Uhr,
Sa und So von 10.00-13.00 Uhr, und 15.30-19.00 Uhr.

Pasticceria Portinaro
45.137706 , 8.450601
15033 Casale Monferrato
Via Giovanni Lanza 17
Tel. +39 0142 478553
www.krumirirossi.it
Preiskategorie: €

2 Sacro Monte di Crea

Sacro Monte di Crea
45.094230 , 8.275925
15020 Serralunga di Crea
Piazzale Santuario 20
Tel. +39 0142 940109
www.santuari.it

Ristorante di Crea
45.094156 , 8.275429
15020 Serralunga di Crea
Piazza Santuario 7
Tel. +39 0142 940108
www.ristorantedicrea.it
Öffnungszeiten:
Montags geschlossen.
Preiskategorie: €€

Weingut Tenuta Tenaglia
45.092626 , 8.274418
15020 Serralunga di Crea
Strada Santuario di Crea 5
Tel. +39 0142 940252
www.tenutatenaglia.it
Öffnungszeiten:
Mo bis Do von 8.30-18.30 Uhr,
Fr von 8.30-17.30,
Sa und So von 11.00-8.00 Uhr.

3 Moncalvo

Tourist-Information
45.100590 , 8.281664
14036 Moncalvo
Piazza Municipi 1
Tel. +39 0141 916467

Ristorante Corona Reale
45.051101 , 8.26675
14036 Moncalvo
Via Boggeri 22
Tel. +39 0141 917130
www.coronareale.it
Öffnungszeiten: Mo Ruhetag.
Di bis So von 12.00-15.00 und von 18.00-23.00.
Preiskategorie: €€€

Ristorante Il Centrale
45.049793 , 8.266481
14036 Moncalvo
Piazza Romita 10
Tel. +39 0141 917126
Öffnungszeiten: Sonntag abend und montags geschlossen.
Preiskategorie: €€

Gelateria Caffè Roma
45.051192 , 8.264863
14036 Moncalvo
Piazza Giuseppe Garibaldi 23
Tel. +39 0141 917389
Preiskategorie: €

4 Castell'Alfero

Ristorante da Marisa al Castello
44.98257 , 8.209093
Castell'Alfero
Via Castello 1
Tel. +39 0141 204115
Öffnungszeiten: Montag und Dienstag Ruhetag.
Mi bis So von 12.30-14.30 und 20.00-22.00 Uhr.
Preiskategorie: €€

Osteria dell'Eremite
44.982103 , 8.209667
14033 Castell'Alfero
Via Cavour 31
Tel. +39 0141 204276
Öffnungszeiten:
Sonntag abend und Montag geschlossen.
Preiskategorie: €€

Küferei Gamba
44.985503 , 8.224693
14033 Castell'Alfero
Via Statale 110
Tel. +39 0141 405930
www.bottigamba.com

5 Monte-magno

Ristorante Enoteca La Braja
44.981587 , 8.320271
14030 Montemagno
Via San Giovanni Bosco 11
Tel. +39 0141 653925
www.labraja.it
Öffnungszeiten:
Mo und Di Ruhetag, Mi bis So von 12.30-15.00 Uhr und von 20.00-23.00 Uhr.
Preiskategorie: €€€

Kirche San Martino und Stefano
44.983127 , 8.324401
14030 Montemagno / SP29

Pasta Fresca
44.984645 , 8.329465
14030 Montemagno
Strada Provinciale 14
Preiskategorie: €€

Ristorante Universo
45.009877 , 8.395893
15049 Vignale Monferrato
Via Bergamaschino 19
Tel. +39 0142 933052
Öffnungszeiten:
Dienstag Ruhetag.
Preiskategorie: €€

Jazzbar
45.010816 , 8.3967
15049 Vignale Monferrato
Via Giuseppe Verdi 2
Preiskategorie: €

6 Vignale Monferrato

Enoteca Regionale del Monferrato
45.010855 , 8.396496
15049 Vignale Monferrato
Via Giuseppe Mazzini 6

Weingut Accornero
45.019568 , 8.366651
15049 Vignale Monferrato
Ca Cima 1
Tel. +39 0142 933317
www.accornerovini.it

7 Asti

Tourismus-Information
44.899094 , 8.206918
14100 Asti / Piazza Alfieri 33
Tel. +39 0141 433211
www.provincia.asti.it

Torre Rossa
44.898519 , 8.195889
14100 Asti
Corso Vittorio Alfieri 424

Rotonda di San Pietro
44.902716 , 8.213194
14100 Asti
Corso Vittorio Alfieri 2
Tel. +39 0141 399489
www.comune.asti.it
Öffnungszeiten:
Di bis So von 10.00-13.00 Uhr und von 15.00 -18.00 Uhr.

Santa Maria Assunta e San Gottardo
44.900397 , 8.197588
14100 Asti
Via San Giovanni Bosco 8
Tel. +39 0141 592924

Corso Alfieri
44.902539 , 8.211827
14100 Asti
Corso Alfieri 55

Palazzo Mazzetti
44.899413 , 8.200796
14100 Asti
Corso Vittorio Alfieri 357
Tel. +39 0141 530403
www.palazzomazzetti.it
Öffnungszeiten:
Di bis So von 10.30-18.30 Uhr.
Preiskategorie: €

Palazzo Alfieri
44.899036 , 8.198002
14100 Asti
Corso Vittorio Alfieri 375
Tel. +39 0339 244 9444
www.fondazionealfieri.it
Preiskategorie: €

Douja d'Or
44.897615 , 8.214693
14100 Asti
Corso Felice Cavallotti 45
www.doujador.it
Öffnungszeiten:
Mo bis Fr von 17.00-4.00 Uhr.
Preiskategorie: €

Osteria Casamar
44.898640 , 8.205030
14100 Asti / Vicolo GB Giuliani 3 Tel. +39 0141 351100
www.casamar.it
Öffnungszeiten:
Mo Ruhetag, Di bis Fr von 12.30-14.00 und von 19.30-23.30 Uhr, Sa und So von 19.30-23.30.
Preiskategorie: €€

Osteria del Diavolo
44.898688 , 8.200626
14100 Asti
Piazza San Martino 6
Tel. +39 0141 30221
www.osteriadeldiavolo.it
Öffnungszeiten: Mo bis Sa von 20.00-22.30 Uhr, So Ruhetag.
Preiskategorie: €€

Gener Neuv
44.886522 , 8.215340
14100 Asti / Via Lungotanaro dei Pescatori 4
Tel. +39 0141 557270
www.generneuv.it
Öffnungszeiten:
Mo und So Ruhetag, Di bis Sa 20.00-22.00 Uhr.
Preiskategorie: €€€

8 Alba

Tourismus-Information
44.700926 , 8.036022
12051 Alba
Piazza Risorgimento 2
Tel. +39 0173 35833
www.langheroero.it
Öffnungszeiten: Mo bis Fr von 9.00-20.00 Uhr, Sa und So geschlossen.

Kathedrale San Lorenzo
44.700694 , 8.036694
12051 Alba
Via Vida 2

Chiesa della Maddalena
44.698544 , 8.034519
12051 Alba
Via Vittorio Emanuele 28

Archeologico e di Scienze Naturali
und **Museo Civico**
44.699005 , 8.034748
12051 Alba
Via Vittorio Emanuele 19
Tel. +39 0173 292469
www.comune.alba.cn.it
Öffnungszeiten: Di bis Fr von 15.00-18.00 Uhr, Sa und So von 9.00-15.00 Uhr und von 15.00 -18.00 Uhr.
Preiskategorie: €

Enoteca Fracchia
44.701728 , 8.035437
12051 Alba
Via Vernazza 9
Tel. +39 0173 440508
www.fracchiaeberchialla.com
Preiskategorie: €€

I Piaceri del Gusto
44.698123 , 8.034374
12051 Alba
Via Vittorio Emanuele 23
Tel. +39 0173 440166
www.ipiaceridelgusto.it
Preiskategorie: €€

Tartufi Ponzio
44.700161 , 8.035349
12051 Alba
Via Vittorio Emanuele 7
Tel. +39 0173 440456
www.tartufiponzio.com
Preiskategorie: €€€

Tartuffi Morra
44.701165 , 8.03402
12051 Alba
Piazza E. Pertinace 3
Tel. +39 01733642712
www.tartufimorra.com
Preiskategorie: €€€

Peccati di Gola
44.701063 , 8.037250
12051 Alba
Piazza Rossetti 6
Tel. +39 0173 442983
www.peccatidigola.tv
Preiskategorie: €

Ristorante La Piola
44.700570 , 8.036030
12051 Alba
Piazza Risorgimento 4
Tel. +39 0173 442800
www.lapiola-alba.it
Öffnungszeiten: So Ruhetag, Mo bis Sa von 12.00-14.30 Uhr und von 19.00-22.00 Uhr.
Preiskategorie: €€

Restaurants Piazza Domo
44.700515 , 8.036059
12051 Alba
Piazza Risorgimento 4
Tel. +39 0173 366167
www.piazzaduomoalba.it
Öffnungszeiten:
Mo und So Ruhetag,
Di-Sa 12.30 bis 14.00 und von
19.30-22.00 Uhr.
Preiskategorie: €€

Ristorante & Weingut Il Vigneto
44.662861 , 7.964073
12060 Roddi d`Alba
Località Ravinali 19/20
Tel. +39 0173 615630
www.ilvignetodiroddi.com
Preiskategorie: €€€

9 La Morra

Tourismus-Information, Cantina Communale di La Morra
44.637315 , 7.933779
12064 La Morra
Via Carlo Alberto 2
Tel. +39 0173 509204
www.cantinalamorra.com
Öffnungszeiten: Dienstag Ruhetag. Mi bis Mo von 10.00-12.30 Uhr 14.30-18.30 Uhr.

San Martino Kirche
44.637136 , 7.933487
12064 La Morra / Via Camillo Benso Conte di Cavour 12

Ristorante Belvedere
44.637887 , 7.934749
12064 La Morra
Piazza Castello 5

Tel. +39 0173 509580
Öffnungszeiten:
Mo von 18.00 -22.00 Uhr,
Di bis Sa von 12.30-14.00 Uhr
und von 18.00-22.00 Uhr,
So von 12.30-14.00 Uhr.
Preiskategorie: €€€

Ristorante Bovia
44.641158 , 7.935403
12064 La Morra / Via Alba 17
Tel. +39 0173 590303
www.ristorantebovio.it
Öffnungszeiten:
Mo bis Di und Fr bis So
von 12.30-14.00 Uhr und
von 19.30-21.15 Uhr,
Mi und Do Ruhetag.
Preiskategorie: €€€

Hotel Restaurant Timeless
44.63845 , 7.93455
12064 La Morra
Via Umberto I, 13
Tel. +39 0333 4252287
www.timelessrooms.net
Preiskategorie: €€

Restaurant Il Laghetto
44.637502 , 7.928351
12064 La Morra
Via del Laghetto 7
Tel. +39 0173 50856
Preiskategorie: €

Osteria Pizzeria Per Bacco
44.637658 , 7.9282
12064 La Morra
Via Roma 30
www.pizzeriaperbacco.com
Preiskategorie: €€

Weingut Azienda Agricola
44.647869 , 7.952303
12064 La Morra
Località S. Biagio 98
Tel. +39 0173 50214
www.barolosanbiagio.com

10 Barolo

Schloss Falletti
44.611259 , 7.94397
12060 Barolo
Piazza Falletti
Tel. +39 0173 386697
www.wimubarolo.it
Preiskategorie: €

11 Acqui Terme

Tourismus-Information
44.67653 , 8.469914
15011 Acqui Terme
Via Giacomo Bove
Tel. +39 0144 7701
www.comuneacqui.com

La Bollente
44.675600 , 8.470359
15011 Acqui Terme

Palazzo Robellini
44.676384 , 8.469807
15011 Acqui Terme
Tel. +39 0144 770272

Grand Hotel Nuove Terme
44.673856 , 8.468666
15011 Acqui Terme
Piazza Italia 1
Tel. +39 0144 58555
www.termediacqui.it
Preiskategorie: €€€

Bottigliera Enoteca Voglino
44.674257 , 8.469031
15011 Acqui Terme
Corso Italia 4
Tel. +39 0144 322412
www.pasticceriavoglino.com
Preiskategorie: €

Osteria della Curia
44.675030 , 8.470384
15011 Acqui Terme
Via alla Bollente 72
Tel. +39 0144 356049
www.ristorantelacuria.com
Preiskategorie: €€

12 Turin

Tourismus-Information
45.071293 , 7.685107
10126 Torino
Piazza Castello, Via Garibaldi
Tel. +39 0144 322142
www.turismotorino.org
Öffnungszeiten: Mo bis Sa von
9.30-12.30 und von 15.30-18.30
Uhr, So Ruhetag.
Preiskategorie:

Pinacoteca Giovanni e Marella Agnelli
45.032432 , 7.666064
10126 Torino
Via Nizza, 230/103
Tel. +39 0110 062713
www.pinacoteca-agnelli.it
Öffnungszeiten: Di bis So von
10.00-19.00 Uhr, Mo Ruhetag.
Preiskategorie: €€

Teatro Regio
45.070616 , 7.687689
10126 Torino
Piazza Castello 215
Tel. +39 011 881 5557
www.teatroregio.torino.it

Kirche Chiesa di San Lorenzo
45.072009 , 7.684748
10126 Torino
San Lorenzo
www.sanlorenzo.torino.it
Öffnungszeiten:
Mo bis So von 8.00-18.30 Uhr.

Palazzo Reale
45.072925 , 7.686332
10126 Torino
Piazzetta Reale 1
Tel. +39 0114 361455
www.ilpalazzorealeditorino.it
Öffnungszeiten: Mo Ruhetag, Di bis So von 8.00-19.30 Uhr.
Preiskategorie: €

Duomo San Giovanni dei Sacra Sindone
45.073165 , 7.685859
10126 Torino
Piazza San Giovanni

Jagdschloss Stupinigi
44.998426 , 7.607528
10042 Stupinigi
Piazza Principe Amedeo 7
Tel. +39 011 358 1220
www.ordinemauriziano.it
Öffnungszeiten: Mo Ruhetag, Di bis So von 10.00-17.30 Uhr.
Preiskategorie: €€

La Venaria Reale
45.132004 , 7.623404
10078 Venaria Reale
Piazza della Repubblica 4
Tel. +39 0114 992333
www.lavenaria.it
Öffnungszeiten: Mo Ruhetag, Di bis Fr von 9.00-17.00 Uhr, Sa bis So von 9.30-19.30 Uhr.
Preiskategorie: €€

Palazzo Madama
45.070890 , 7.685936
10122 Torino
Piazza Castello
Tel. +39 011 443 3501
www.palazzomadamatorino.it
Öffnungszeiten:
Montag Ruhetag
Di bis Sa von 10.00-18.00 Uhr, So von 10.00-19.00 Uhr.
Preiskategorie: €€

Lingotto
45.032285 , 7.665345
10126 Torino
Via Nizza 294
Tel. +39 0116 644111
www.lingottofiere.it
Öffnungszeiten: Mo bis Fr von 9.00-3.00 und von 14.00-18.00 Uhr, Sa und So Ruhetag.
Preiskategorie: €

Piazza Castello
45.071404 , 7.685218
10124 Torino
Piazza Castello

Piazza San Carlo
45.067904 , 7.682401
10100 Torino
Piazza San Carlo

Piazza Vittorio
45.065106 , 7.695425
10100 Torino
Piazza Vittorio

Wallfahrtskirche Superga
45.081022 , 7.767666
10132 Torino
Strada Basilica di Superga 73
Tel. +39 0118 997456
www.basilicadisuperga.com

Santuario della Consolata
45.076825 , 7.678995
10122 Torino
Piazza della Consolata
Tel. +39 0114 836111
www.laconsolata.org
Preiskategorie: €

Ägyptisches Museum
45.068657 , 7.684283
10123 Torino
Via Accademia delle Scienze 6
Tel. +39 011 561 7776
www.museoegizio.it
Öffnungszeiten: Di bis So von 8.30-19.30 Uhr, Mo Ruhetag.
Preiskategorie: €

Galleria Sabauda
45.074084 , 7.686159
10124 Torino
Via XX Settembre 86
Tel. +39 0115 641729
www.galleriasabauda.beniculturali.it
Öffnungszeiten: Di bis So von 9.00-18.30 Uhr, Mo Ruhetag.
Preiskategorie: €€

GAM - Galleria civica di arte moderna e contemporanea
45.065089 , 7.669280
10128 Torino
Via Magenta 31
Tel. +39 0114 429610
www.gamtorino.it
Öffnungszeiten: Montag Ruhetag, 10.00-18.00 Uhr.
Preiskategorie: €€

Museum des Risorgimento
45.064894 , 7.670103
10128 Torino
Via Accademia delle Scienze 5
Tel. +39 011 562 1147
museorisorgimentotorino.it
Öffnungszeiten: Mo Ruhetag, Di bis So von 10.00-18.00 Uhr.
Preiskategorie: €€

Automobilmuseum
45.031491 , 7.674188
10128 Torino
Corso Unità d'Italia 40
Tel. +39 011 677666
www.museoauto.it
Öffnungszeiten: Mo von 10.00-14.00 Uhr, Di bis Do und So 14.00-19.00 Uhr Fr und Sa 10.00 -21.00 Uhr.
Preiskategorie: €€

Mole Antonelliana
45.068998 , 7.693213
10124 Torino
Via Montebello

Caffè Al Bicerin
45.076429 , 7.678937
10122 Torino
Piazza della Consolata 5
Tel. +39 011 436 9325
www.bicerin.it
Öffnungszeiten: Mo bis So von 8.30-19.30 Uhr, Di Ruhetag.
Preiskategorie: €

Baratti & Milano
45.069637 , 7.686522
10123 Torino
Piazza Castello 27/29
Tel. +39 0114 407138
www.barattiemilano.it
Öffnungszeiten:
Di bis So 8.00-20.00 Uhr,
Montag Ruhetag.
Preiskategorie: €

Café Platti
45.064756 , 7.674520
10121 Torino
Corso Vittorio Emanuele II, 72
Tel. +39 0115 069056
www.platti.it
Öffnungszeiten:
Mo. bis So. 10.00-21.00 Uhr.
Preiskategorie: €

Caffé Mulassano
45.070488 , 7.686564
10123 Torino
Piazza Castello 15
Tel. +39 0115 47990
www.caffemulassano.com
Preiskategorie: €

Ristorante Sotto la Mole
45.068908 , 7.692653
10124 Torino
Via Montebello 9
Tel. +39 011 8179398
www.sottolamole.eu
Öffnungszeiten:
Montag Ruhetag.
Preiskategorie: €€€

Ristorante Consorzio
45.071613 , 7.679159
10122 Torino
Via Monte di Pieta 23
Tel. +39 0112 767661
www.ristoranteconsorzio.it
Öffnungszeiten:
Samstag mittag und Sonntag geschlossen.
Preiskategorie: €€

L'Acino Restaurant
45.074286 , 7.681814
10122 Torino
Via San Domenico 2/A
Tel. +39 011 521 7077
Facebook:
L'ACINO RESTAURANT
Preiskategorie: €€

Eataly
45.035048 , 7.667457
10126 Torino
Via Nizza 230
Tel. +39 011 19506801
www.eataly.net
Öffnungszeiten:
Mo bis Sa von 10.00-22.30 Uhr.
Preiskategorie: €€

Bra (Slow Food)

Osteria del Boccondivino
44.696077 , 7.854454
Via Mendicità 14
Tel. +39 0172 425674
www.boccondivinoslow.it
Öffnungszeiten:
So und Mo Ruhetag
Preiskategorie: €€

Blick vom Skywalk in Pré-Saint-Didier auf das Mont Blanc Massiv

Aostatal

Highlights
Aostatal

Von den höchsten Gipfeln Europas über sonnige Hochtäler zu Burgen und Schlössern mitten in den Weinbergen

1 Großer St. Bernhard
Alpenübergang und Heimat der Bernhardiner

2 Étroubles
Eines der schönsten Bergdörfer zwischen Kunst und Natur

3 Aosta
Kulturelles Zentrum des Aostatals mit römischen Wurzeln

4 Courmayeur
Fahrt zum höchsten europäischen Gipfel – dem Mont Blanc

5 **Pré-Saint-Didier**
Höchster Wander- und Wellnessgenuss

6 **Valsavarenche**
Eroberung des Nationalparks Gran Paradiso

7 **Val di Cogne**
Beste Weinkeller und ein imposantes Hochtal

8 **Fenis**
Mächtige Ritterburg und prestigeträchtiger Wohnsitz

9 **Valtournenche**
Zum Matterhorn und in das entlegenste Dorf Italiens

10 **Bard & Pont St. Martin**
Der gut gesicherte Eingang zum ›Val d'Aoste‹

11 **Gressoney-Tal**
Auf zum Monte-Rosa-Massiv ins Tal der Walser

Gran Paradiso
Stehen mitten im Naturpark

Blick vom Campingplatz Pont Breuil im Naturpark Gran Paradiso

Il Rifugio

Dem Himmel ganz nah

Wellness Tempel
Entspannen in der Villa

Die Therme in Pré-Saint-Didier lädt nach einem Wandertag ein

Das Dach Europas
Berg-Impressionen

Grand Paradis - Gran Paradiso: 4.061 m

Mont Blanc - Monte Bianco: 4.810 m

Blick von der Bergstation Monte Bianco auf den Gran Paradiso

1 Großer St. Bernhard: Alpenübergang und Heimat der Bernhardiner

Oben: Reisemobil vor der Schweizer Grenzstation

Unten: Die tapferen Rettungshunde wurden hier gezüchtet

Ein Tunnel, ein Pass und die Bernhardinerhunde - der Große Sankt Bernhard. Eine geschichtsträchtige Region zwischen der Schweiz und Italien und eine wichtige Straßenverbindung zwischen dem Norden und Süden der Alpen.

Der 2.473 m hohe Pass war schon zu Römerzeiten einer der wichtigsten Alpenübergänge, der direkt nach Gallien führte. 1050 n. Chr. wurde ein Hospiz auf dem Großen St. Bernhard von den Augustiner Chorherren zur Sicherung des Passes und zur Bergrettung gegründet, da der hochalpine Pass schon immer gefährlich war. Es ist nach dem Gründer, Bernhard von Menthon benannt, der 1123 vom Bischof von Novarra Heilig gesprochen wurde. San Bernhard wurde zum Schutzpatron der Alpenbewohner und Bergsteiger.

Die berühmten Bernhardiner

Berühmtheit erlangte der St. Bernhard auch durch die nach ihm benannten Rettungshunde, den Bernhardinern. Seit dem 17. Jh. züchteten die Mönche die Hunde als Arbeits- und Lawinensuchhunde, denn ihr grosser Körperbau gibt ihnen auch in tiefem Schnee die Kraft vorwärts zu kommen.

Im Jahre 2005 verkauften die Chorherren jedoch die Bernhardinerzucht an die Fondation Barry, da die Mönche nicht länger die Aufgaben einer tiergerechten Zucht und der Gästebetreung übernehmen konnten. Die Bernhardiner-Zucht befindet sich seither in Martigny in der Schweiz. Das Hundemuseum in Martigny, der **Fondation Barry** (www.fondation-barry.ch/de), zeigt die Geschichte der Bernhardiner.

Die Hunde sind jedoch immer noch den ganzen Sommer auf dem Pass und natürlich sind sie auch in den Souvenirshops allgegenwärtig.

Gastfreundschaft auch für Napoleon

Napoléon Bonaparte überschritt im Mai des Jahres 1800 mit seiner Armee den Pass. Seinen erschöpften Soldaten wurde von den Mönchen trotzdem Gastfreundschaft entgegengebracht. Das berühmte Gemälde des Feldherren ist allerdings etwas geschönt, denn Napoléon ritt auf einem Maultier und die Kanonen wurden zerlegt transportiert. Nach dem Besuch des Feldherrn wuchs die Bekanntheit der Bernhardinerhunde immens. Napoleon und seine Offiziere waren von den Leistungen dieser Vierbeiner ausgesprochen angetan, so dass sich danach der Adel aus nah und fern Berhnadiner hielt. Der berühmteste Hund war Barry I, der über vierzig Menschenleben gerettet haben soll.

Als die Passstraße 1905 fertiggestellt wurde, brachte sie dem **Hospiz** viele neue Besucher, trotzdem wurden bis 1940 noch alle Gäste kostenlos bewirtet. Heute muß für die Unterkunft ein Obolus entrichtet werden. Aber auch heutnoch gilt: Wer den Pass mit eigener Kraft erklommen hat, darf im Haupthaus unterkommen. Für die Anderen steht nur das Nebenhaus zur Verfügung.

Überfahrt mit dem Reisemobil

Die 70 km lange Passstraße des Großen St. Bernhard verbindet das schweizerische Martigny (460 m) im Norden mit Aosta in Italien. Die 43,5 km lange Nordauffahrt zählt mit ihren 2.009 Höhenmetern zu den höchsten Aufstiegen der Alpen, ist aber dennoch leicht zu befahren. Der Pass ist sehr gut ausgebaut mit leichten, gut ausgeführten Kurven und wenigen Spitzkehren. Er ist von Mai/Juni bis Oktober passierbar, aber auch im Juli können noch hohe Schneeverwehungen die Fahrbahnbreite einengen.

Der Pass hat max. 11 % Steigung, das Fahrzeug sollte max. 2,30 m breit sowie max. 3,60 m hoch sein.

Die Alternativstrecke ist der 5.8 km lange, mautpflichtige Große-St.-Bernhard-Tunnel, der ganzjährig befahrbar ist. (einfach: 39,00 €, hin zurück: 62,40 €) Der Tunnel wurde am 19. März 1964 eröffnet, und war damit der erste, für den Straßenverkehr freigegebene Tunnel durch die Alpen.

Oben: Napoléon überquert den großen St. Bernhard, Gemälde von Jacques-Louis Davis

Unten: Vor der Bar du Lac sitzt man mit einem Aperitif schön in der Sonne

AO 04 SP Ital. Seite St. Bernhard Pass** XL

GPS: 45.845625 , 7.175712

Großer Parkplatz auf Rasengittersteinen, direkt an der Pass-Straße, nachts aber ruhig.

Übernachtungsplätze in der Nähe:
AO 06 Stellplatz Tunnel*
AO 07 Campingplatz Tunnel** C

2 Étroubles: Eines der schönsten Bergdörfer zwischen Kunst und Natur

AO 06 Stellplatz Tunnel*

GPS: 45.818971 , 7.228816

Rechts:
Der Ausstellungspavillon des Dorfes

Das größte Dorf im St. Bernhard Tal ist ein mittelalterliches Bergdorf wie aus dem Bilderbuch. Auf 1.270 m Höhe gelegen, war es schon zur Römerzeit Garnison vor dem Pass. Heute gehört es zu den schönsten Dörfern Italiens »I Borghi più belli d'Italia«, und wenn man durch die alten Kopfsteinpflastergassen geht, vorbei an schönen Brunnen, alten Natursteinhäusern mit Schieferdächern, die sich dicht an dicht drängen, um im Winter die Kälte abzuhalten, fühlt man sich in eine gute alte Zeit versetzt.

Kunst & Kulinarik-Rundgang

In den alten Gassen des Dorfes tauchen immer wieder Skulpturen, Fresken und Malereien auf, denn das Dorf ist eine Art Freilichtmuseum mit 21 Exponaten weltbekannter französischer, Schweizer und italienischer Künstler.

Im Ausstellungspavillon des kleinen Dorfes gibt es zeitweise auch Ausstellungen international renommierter Künstler wie z.B. Giacometti zu sehen.

Darüber hinaus kann man in Étroubles die älteste Molkerei im Aostatal und das historische Bertin Wasserkraftwerk besichtigen.

In der urigen kleinen Trattoria **Le Vieux Bourg** mitten im Dorf gibt es gute Pizza in fast hundert Varianten - im **Croix Blanche** an der Hauptstraße geht es et-

Oben und rechts:
Das ganze Dorf ist ein großes Freilichtmuseum

was feiner zu. In dem sehr guten Restaurant ist eine Reservierung empfohlen, denn die vielen Schweizer Wagen auf dem großen Parkplatz sind nicht umsonst hier (GPS: 45.82002 , 7.229408 Platz für XL-Mobile). Gerne bestellt wird hier das ›Chateaubriand‹ auf heißem Stein mit Gemüse und Obststücken.

Wandern, radeln und Langlauf

Im Sommer laden zahlreiche Wanderwege oder Mountainbikestrecken z.B. entlang des Wildbachs Atanavaz ein, die ruhige Natur zu entdecken und im Winter fängt direkt am Ort eine einfache Langlaufloipe mit über 18 Kilometern Länge an. Die **Touristen-Information** an der Landstraße hat viel lokales Informationsmaterial und Karten über Veranstaltungen und sportliche Aktivitäten auf Deutsch. Besondere touristische Attraktionen sind der Karneval, bei dem mit typischen Kostümen, den ›Landzette‹, ironisch an die Passage Napoleons erinnert wird oder die ›Veillà‹ im Sommer, bei der eine Nacht lang die alten Handwerke wiederbelebt werden und Spezialitäten aus der lokalen Küche angeboten werden.

Oben:
Radtour am Fluss Atanavaz entlang

Ein kulinarischer Abstecher:

Im Dörfchen Saint-Rhémy de Bosses wird eine köstliche Rarität erzeugt, der DOP-Rohschinken Jambon de Bosses. Das Reifungslager (mit anschließender Verkostung) kann besucht werden. Jährlich im Juli findet hier ein spezielles Schinkenfest statt. Saint-Rhémy liegt nur 6 km entfernt genau an der Einfahrt zum Großen-Sankt-Bernhard-Tunnel.

Oben:
Schöne Blumen sind überall zu sehen

Links:
Im Restaurant Croix Blanche kann man hervorragend speisen

AO 07 Campingplatz Étroubles** XL/C

GPS: 45.818526 , 7.229056

Sonnige Terassenplätze im Zentrum von Étroubles mit Bar-Restaurant am Platz. Ein Stellplatz für 9 kleine Mobile liegt direkt davor.

Übernachtungsplätze in der Nähe:
AO 04 Stellplatz Italienische Seite
AO 06 Stellplatz Tunnel*

3 Aosta: Kulturelles Zentrum des Aostatals mit römischen Wurzeln

**Oben:
Die lange Fußgängerzone mit unzähligen Feinkostläden und Bars**

**Rechte Seite:
Aufs Horn nehmen wird beim ›Bataille de Reines‹ wörtlich genommen**

Die Hauptstadt der Region liegt in einer flachen Talebene auf 580 m Höhe - hier fließt der Fluss Buthier in die Dora Baltea. Schon immer waren die Pässe vom Großen und Kleinen St. Bernhard wichtig und somit auch Aosta, als der Knotenpunkt der beiden Täler.

So kann man hier eine wahre Zeitreise erleben. Schon im Jahre 25 v. Chr. wurde ›Augusta Praetoria‹ von den Römern gegründet, aus dieser Zeit sind in Aosta noch zahlreiche Bauwerke erhalten: der Augustusbogen, das Theater, die **Porta Praetoria**, die Stadtmauer und vieles mehr. Aus dem 5 - 6. Jhr. stammen die Ausgrabungen der kreuzförmigen Basilika San Lorenzo, neben der **Stiftskirche St. Orso**, welche die Grabstätte der ersten Erzbischöfe ist. Aus dem Mittelalter stammen der St. Orso Komplex mit Kirchturm, Stiftskirche mit Kreuzgang und die Kathedrale mit dem Schatzmuseum. In beiden Kirchen kann man seltene Fresken aus dem 11. Jh. sehen. Zu dieser Zeit kam die Region zum Haus Savoyen und wurde ans Piemont angebunden. 1948 wurde das Aostatal zur autonomen Region mit Aosta als Regierungssitz.

**Unten:
An der großen Piazza Emile Chanoux befindet sich das mächtige Rathaus**

Ein kleiner Rundgang durch die Geschichte:

Als ein 572 m x 724 m großes Rechteck war die römische Stadt von einer wehrhaften Stadtmauer umgeben, die auch heute noch fast vollständig erhalten ist. Vom Stellplatz geht man erst einmal 350 m in nördlicher Richtung bis zum Augustusbogen vor der Stadtmauer, anschließend nach Westen, über die Via Sant'Anselmo, der Hauptflaniermeile, entlang bis zur Porta Praetoria dem ›Eingang‹ zum Zentrum Aostas. Im nahen Parco Archeologico liegen die Reste des **römischen Theaters**, das bis zu 3.500 Zuschauer aufnahm. Im benachbarten Kloster Santa Caterina finden sich noch einige Bögen des riesigen Amphitheaters, das bis zu 20.000 Plätze hatte. Der Hauptachse durch das Porta Praetoria nach Westen folgend, kommt man auf die große **Piazza Chanoux** mit dem Rathaus. Etwas nördlich davon liegt die Kathedrale Santa Maria Assunta aus dem 11. Jh. mit ihrem Kirchenschatz und dem imposanten römischen Kryptoportikus (Gewölbewandelgang), dessen Verwendungszweck auch heute noch unklar ist. Die Kirche St. Orso, als wichtigstes Mittelalterzeugnis, liegt dann wieder auf dem Weg zurück zum Augustusbogen.

Mitten im Zentrum liegt die **Osteria Nando**, die einen gemütlichen Speiseraum mit familiärem Service und guter lokaler, traditioneller Küche bietet. Am Ende der Fußgängerzone liegt die **Trattoria degli Artisti**. Die ehemalige Künstlerkneipe, mit alpenländischem Flair kocht Valdostaner Traditionsküche. Etwas weiter weg vom Zentrum befindet sich das **Vecchio Ristoro Rustikal**, ein sehr elegantes Restaurant mit modernen Interpretationen der lokalen Küche, worauf man beim Anblick der rustikalen Holzfassade nicht unbedingt kommt.

Oben:
Die Porta Praetoria liegt mitten in der Fußgängerzone, hier ist auch gleich der leckere Pasta-Laden zu finden

Feste:

Im ganzen Tal gibt es über das Jahr ›Bataille de Reines‹, bei denen die mutigste und schlaueste Kuh des Tales gesucht wird. Bei den unblutigen Kämpfen stehen sich die Kühe so lange Horn an Horn gegenüber, bis eine das Feld räumt.

Am 3. Sonntag im Oktober wird das große Finale in Aostas **Arena Croix Noire** ausgetragen, natürlich ein richtiges Volksfest mit lokalen Spezialitäten und Wein. Im August gibt es die **Foire d'Eté**, bei der alte und neue Handwerkskunst zur Schau gestellt wird.

AO 09 Stellplatz Aosta** XL

GPS: 45.736051 , 7.330465

Der Stellplatz mitten im Zentrum liegt ideal zur Besichtigung Aostas. Da direkt an der Hauptstraße und vis-à-vis der Industrieanlagen, nicht optimal zum Übernachten geeignet.

Übernachtungsplätze in der Nähe:
AO 10 CP International Touring** C
AO 22 Stellplatz Aymavilles* XL

4 Courmayeur: Fahrt zum höchsten europäischen Gipfel – dem Mont Blanc

Rechts:
Blick von der alten Seilbahn in das Aostatal mit seinen hohen Gipfeln

Unten:
Die typischen, hoch gebauten Berghäuser haben im Winter weniger Dach-Schneelast zu tragen

AO 12 P Seilbahn* Monte Bianco XXL

GPS: 45.814092 , 6.957455

Courmayeur ist die Alpinistenstadt am Fuße des Mont Blanc. Am Talgrund des höchsten Berges in Europa war Courmayeur schon immer ein wichtiger Ort, aber seit der über 11 km lange Mont Blanc Tunnel im Juli 1965 eröffnet wurde, ist der Ort auch die Tunneleinfahrt auf der italienischen Seite. Hier treffen sich Wintersportler, Alpinisten und im Sommer die Wanderer und Mountainbiker. Unter dem Massiv des Mont Blanc beginnt das Aostatal und die ersten beiden sehr malerischen Seitentäler öffnen sich hier.

Abstecher ins Val Vény und ins Val Ferret

Das Val Vény im Südwesten liegt unterhalb des Mont Blanc Gletschers, aus dem auch die Dora Baltea entspringt. Hier, am Fuße des Gletschers auf 1.510 m, liegt der besonders schöne Campingplatz Monte Bianco La Sorgente, eine gute Übernachtungsmöglichkeit, da im ganzen Tal ein Nachtparkverbot existiert. Und auch das Val Ferret im Nordosten, an dessen Flusslauf unterhalb des Mont Dolent und der Grandes Jorasses sich herrliche Picknickplätze bieten, öffnet sich hier. Der Golf Club Courmayeur et Grandes Jorasses breitet sich in dem wunderschönen Tal aus, leider ist es auch hier verboten zu übernachten. Alternativ kann man den einfachen Campingplatz Grandes Jorasses anfahren.

Oben:
Aussichtsterrasse auf der Mittelstation

110 Millionen € für die neue Seilbahn zum Mont Blanc

Doch der Höhepunkt ist zweifelsohne die neue **Mont Blanc Seilbahn**. Sie gehört der Region Aosta und zählt zu den größten Seilbahnen der Welt. Die Firma Doppelmayr realisierte hier in ca. vier Jahren (Bauzeit bis 2015) ein geradezu futuristisches Design, um dem höchsten Berg Europas ganz nahe zu kommen. Die neue Talstation liegt in Pontal d'Entreves gleich neben der Autobahn, am Eingang des Mont Blanc Tunnels, mit einem riesigen Parkplatz, auf dem schon immer die Reisemobile stehen.
Von hier auf 1.200 m gehen die Panorama-Kabinen, in die bis zu 80 Personen passen, über die Mittelstation Mont Frety auf 2.300 m Höhe und anschließend zur Bergstation Helbronner-Spitze auf knapp 3.500 m Höhe.
Wem dies noch nicht ausreicht, kann mit der französischen Kabinenbahn den Gletscher Glacier du Géant überqueren, bis zur Zwischenstation Plan de l'Aiguille auf 2.310 m Höhe und weiter bis zum französischen Chamonix auf 1.035 m schweben, und wieder mit dem Bus zurück zum Ausgangspunkt nach Italien fahren.

Oben:
Die alte Seilbahn gehört 2015 der Vergangenheit an. So futuristisch sieht die Neue aus (links)

AO 11 Camping Monte Bianco La Sorgente*** C

GPS: 45.805339 , 6.924063

Sehr schöner Campingplatz am Fuße des Mont Blanc Gletschers im sonnigen Hochtal auf 1.510 m. Eine kleine Bar und ein Kiosk sind am Platz.

Übernachtungsplätze in der Nähe:
AO 13 CP Grand Jorasses* C
AO 14 Stellplatz La Thuile**

5 Pré-Saint-Didier: Höchster Wander- und Wellnessgenuss

Oben:
Der Blick vom Skyview auf das Mont Blanc-Massiv ist sensationell

Oben & rechts:
Brücke über Dora di Verney

Das kleine Städtchen liegt am Zusammenfluss der Dora di Verney und der Dora Baltea in etwa 1.000 m Höhe, nur etwa 6 km von Courmayeur entfernt. Die Dora di Verney hat hier ein ganz besonderes Naturspektakel entstehen lassen, die ›Orrido‹ eine tiefe und sehr enge Schlucht, die der reißende Gebirgsbach in den Fels geschnitten hat.

Aufstieg zum Skyview

Seit neuestem gibt es einen Skyview, der weitausladend direkt über diese Schlucht ragt. Ein wirkliches Spektakel, das man nicht versäumen sollte. Ein nicht zu steiler Wanderweg führt von der Therme in einer etwa einstündigen Wanderung hinauf.

Wellness mit Blick auf den Mont Blanc

Therme ist das Stichwort: Hier entspringen zwei Thermal Quellen mit 22° und 36° aus dem Fels, das warme Wasser war schon den Römern ein Quell der Er-

holung. In dem schönen Villengebäude befindet sich eine ganz außergewöhnliche Wellnessoase - die **Terme di Pré Saint Didier**. In vielen Innenbecken mit unterschiedlichen Thermen, einem wunderschönen Erholungspavillon in Jugendstilarchitektur und zahlreichen Außenbecken und -Saunen, ist für jeden etwas dabei. Hier ist für alles gesorgt: Bademantel, Handtücher etc. und es gibt Kleinigkeiten zu essen und zu trinken. Das Einzige was man braucht, ist Badekleidung. Im Villengarten hat man vom Liegestuhl aus einen sagenhaften Blick auf das gesamte Mont Blanc Massiv.

Aber vor der Erholung kommt aktive Betätigung. Hier hat Pré-Saint-Didier auch einiges zu bieten. Von hier gehen viele Wanderwege aus, in der Dora Baltea kann man raften und in der Nähe zum Skywalk gibt es einen anspruchsvollen Kletterpark mitten im Wald.

Wer danach hungrig ist, findet im Ort einige einfache, aber gute Restaurants. Besonders zu empfehlen ist die **Locanda Bellevue** mit ihren rustikal-alpinen Stuben und einer schönen Terrasse. Hier gibt es eine gute Pizza und typische Valdostanische Gerichte.

Einen großen Platz mit freier Stellmöglichkeit gibt es am zentralen Schwimmbad, direkt am Fluß Dora di Verney.

Oben: Entspannung nach der Wanderung findet man in der Therme

Mitte und unten: Im abendlichen Ort gibt es gute Restaurants

AO 15 SP Pré-Saint-Didier** XL

GPS: 45.762101 , 6.986719

Auf dem großen Parkplatz beim Schwimmbad unterhalb der Therme steht man ruhig am Fluss. Von hier gehen auch Wanderwege aus.

Übernachtungsplätze in der Nähe:
AO 16 Campingplatz Art en Ciel*
AO 14 Stellplatz La Thuile**

6 **Valsavarenche:** Eroberung des Nationalparks Gran Paradiso

Oben:
Blick vom Campingplatz zum Gran Paradiso

Oben:
Hirschgulasch ›Cervo‹ im Rifugio Tetras Lyre

Rechts:
Überall gehen spektakuläre Wasserfälle hinab

AO 21 P Pont * XL nur bis 2,8 m Breite

GPS: 45.525089 , 7.200614

Von Pré-Saint-Didier talabwärts, immer entlang der Dora Baltea, kommt man an den Weißweinanbaugebieten Morgex und La Salle vorbei.

Ein Besuch beim Weingut **Cave du Vin Blanc de Morgex et de La Salle** an der Landstraße in Morgex ist hier sehr zu empfehlen um dann bei Villeneuve nach Süden, Richtung Introd abzuzweigen.

In Introd befindet sich der **Parc Animalier d' Introd** in dem Wildtiere aus der Region heimisch sind.

Natur pur zum Wandern

Hinter Introd verzweigen sich die beiden Täler Valsavarenche und Rhêmes. Das Valsavarenche liegt mitten im Herzen des Nationalparks Gran Paradiso. Hier herrscht durch die ursprüngliche und unberührte Gebirgswelt mit kleinen Seen, Gebirgsbächen, Kiefern und Lärchen, schroffen Felswänden und ewigem Eis und Schnee, eine ganz besondere Stimmung.

Das Massiv des Gran Paradiso (4.061 m) ist der einzige Viertausender, der ganz auf italienischem Gebiet liegt und das 26 km lange Tal Valsavarenche, das vom wilden Torrente Savara durchflossen wird, ist ein wahres Paradies für Naturliebhaber. Das Besondere ist, dass diese Gegend keine Massen von Touristen (wie das bekanntere Cogne Tal) anzieht und auch im Hochsommer angenehme Temperaturen herrschen.

Der letzte Ort im Tal ist Pont auf 2.000 m

Höhe. Hier ist man mittendrin im Nationalpark und hier beginnt auch der Aufstieg der Profi-Bergsteiger, die unschwer an Seil und Pickel zu erkennen sind, um den Gipfel des Gran Paradiso zu besteigen.
Aber auch für weniger Geübte gibt es viele interessante Routen, da das Haus Savoyen hier viele Wege und Befestigungen für die Jagd anlegen ließ, die heute noch begehbar sind. Im Winter ist das Tal ein Mekka für den Skilanglauf, Skitouren und Schneeschuhwanderungen. In Degioz gibt es einen kleinen Stellplatz mit V&E und weiter talaufwärts liegt der einfache, lauschige Camping Paradiso im Wald ungefähr 3 km vor Pont. In Pont liegt der am höchsten gelegene Campingplatz Europas. Camping Pont Breuil liegt schon im Naturschutzgebiet und die Lage ist traumhaft schön. Von hier aus ist ein Aufstieg zum **Rifugio Vittorio Emanuele II**. (2.735 m) besonders zu empfehlen. Der Aufstieg geht weit über die Baumgrenze und für die 800 Höhenmeter benötigt man 2,5 - 3 Stunden. Eine lohnenswerte Wanderung, denn der Blick von hier oben ist wahrlich paradiesisch. Die Anfahrt durch das Tal ist problemlos, aber in Pont befindet sich eine Engstelle. Hier passt nur ein Mobil mit max. 2,8 m Breite zwischen den Natursteinhütten hindurch. Leider sind Hunde im Naturschutzgebiet nicht erlaubt, aber auch am Rand des Gebietes gibt es viel zu entdecken. Für das leibliche Wohl gibt es eine gute Pizzeria am Camping Pont Breuil und etwa 2 km flussaufwärts, kommt man zu dem sehr empfehlenswerten urigen **Rifugio Tetras Lyre**, das beste Valdostaner Gerichte und Weine anbietet.

Links: Bergblumen blühen am Wegesrand

Oben: Das Rifugio Vittorio Emanuele II liegt in 2.735 m Höhe

Links: Die gemütliche Pizzeria ist direkt am Campingplatz

AO 20 Camping Pont Breuil*** C / XL 2,8 m br.

GPS: 45.524022 , 7.200667

Mitten im Naturschutzgebiet liegt dieser riesige Campingplatz, die Sanitäranlagen sind sehr einfach, aber die Lage ist einmalig.

Übernachtungsplätze in der Nähe:
AO 19 Campingplatz Gran Paradiso** C
AO 18 Stellplatz Degioz * XL

7 **Val di Cogne:** Beste Weinkeller und ein imposantes Hochtal

Rechts:
Blick auf den Gran Paradiso über die gigantische Sant'Orso Wiese

Oben:
Das Maison Gerard Dayné zeigt eine kleine Architekturausstellung in Cogne

Unten:
Die Burg Aymavilles ist noch in Privatbesitz

AO 22 Stellplatz Aymavilles*XL bis 7,5 t

GPS: 45.701315 , 7.239561

Bevor man ins Cogne Tal abbiegt, findet man auf einer kleinen Anhöhe das Dorf Lalex. Hier liegt die **Burg von Sarre**, die das Jagdschloss des Königs von Italien Vittoria Emanuelle II war. Dieser nutzte das Schloss, um in den Tälern von Cogne, Valsavarenche und Rhêmes im Gebiet des Gran Paradiso zu jagen. Das Schloss mit Königswohnung kann besichtigt werden.

Weinverkostung im Tal

Weiter in Richtung Cogne kommt man durch Aymavilles. Die Landschaft wird von Weinreben dominiert, denn von hier stammen gute Weiß- und Rotweine wie der Petite Arvine und der Torrette, welche man in der **Cave des Onze Communes** (siehe Seite 85 im Weinspecial) verkosten kann.

Die Winzergenossenschaft liegt in Sichtweite der Burg Aymavilles, mit ihren vier markanten runden Ecktürmen. Sie befindet sich immer noch in Privatbesitz der Adelsfamilie Challant (eine der über 200 Adelsfamilien im Aostatal) und ist nicht zu besichtigen.

In der Ortsmitte von Aymavilles gibt es einen Stellplatz (bis 7,5 t) gegenüber der Eisdiele und Post. Die kleine Weinbar **Bar a Vins** an der Straßenkreuzung ist sehr zu empfehlen.

Alpines Dorf auf der Hochebene

Die 19 km nach Cogne sind sehr gut ausgebaut, da Cogne als der Hauptort des Nationalparks Grand Paradiso gilt und entsprechend touristische Infrastruktur bietet. Trotzdem hat sich der Ort in 1.534 m Höhe einen alpinen Dorfcharakter erhalten und ist hübsch anzuschauen. Cogne liegt auf einer Art Hochebene, welche die hier zusammenlaufenden Täler Valnontey und Valeille bilden. Es ist deshalb sehr weitläufig und sonnig. Ein besonderer Augenschmaus ist die riesige Wiese von Sant'Orso, die direkt in Sichtrichtung des Valnontey Tals fast genau nach Süden ausgerichtet ist und zu den höchsten Gipeln des Gran Paradiso blicken lässt. Im Sommer ist Cogne mit unzähligen Blumen und saftigem Grün geschmückt und im Winter von einer nicht endenwollenden Schneedecke bedeckt. Von hier gehen die Wander-, Nordic-Walking-Routen und Skiloipen aus. Vom Ortsteil Valnontey kommt man zum Rifugio Vittorio Sella und von Lilaz aus zum Rifugio Sogno di Berdzé al Péradzà. Ebenso von Lilaz kommt man

nach einem kurzen ebenen Spaziergang von 10 Minuten zu den berühmten **Wasserfällen** des Wildbaches ›**Urtier**‹ mit einer Gesamthöhe von 150 Metern. Die **Funvie Gran Paradiso**, die direkt aus Cogne auf 2.300 m führt, bringt einen zum Wandern um den Montseuc oder ins Skigebiet. Die historische Besonderheit des Ortes sind die Eisenerzminen, deren Geschichte im **Museo Mineraio Alpino** gezeigt wird. Die größte Stahlfirma im Aostatal, in Aosta unschwer zu übersehen, heißt daher auch passend Cogne. Weitere Informationen: www.cogneturismo.it

In Cogne gibt es sehr gute Delikatessläden, deren Wurst und Käse sowie Backwerk unbedingt probiert werden sollten. Von den zahlreichen guten Restaurants sei hier die gemütliche **Bar à Fromage** im Hotel Bellevue genannt. Hier kommen typische lokale Gerichte auf den Tisch, und dass Käse die Spezialität ist, riecht man gleich beim Betreten.

Links: Gemütliche Stube in der Bar à Fromage

Unten: Leckere ›Golosita del Gran Pardiso‹ bekommt man in den Feinkostläden

AO 23 Stellplatz Cogne** XL

GPS: 45.608746 , 7.357824

Ein sehr großer Stellplatz liegt in Cogne direkt am Fluss. V&E sowie Strom sind vorhanden. Kurzer Fußweg mit Anstieg in das Dorfzentrum.

Übernachtungsplätze in der Nähe:
AO 24 Stellplatz Lilaz** XL
AO 22 Stellplatz Aymavilles* XL

8 **Fenis:** Mächtige Ritterburg und prestigeträchtiger Wohnsitz

Oben: Mächtig thront die Burg in der Mitte des Aostatals

Unten: Der Künstlergarten von Carlo Tassi lässt einen Staunen

Auf dem Weg nach Fenis kommt man auf der Bundesstraße 26, am Eingang in das Dorf Nus, an einer besonderen Kuriosität vorbei.

Der Künstlergarten von Carlo Tassi

In einem kleinen Garten befindet sich ein Großteil der Arbeiten des autodidaktischen Künstlers und Erfinders aus dem Aostatal. Aus Recycling-Materialien, Stahl, Stein und Holz hat er kuriose mechanische Erfindungen gemacht wie Roboter, Gadgets, Dioramen von Fantasiewelten mit elektrischen Zügen, Feen- & Trollwelten und vieles mehr.

Carlo Tassi war ein neugieriger Freigeist, mit Phantasie, manchmal brillant, aber nie naiv. Der Künstler verstarb am 23. Dez. 2013 im Alter von 85 Jahren. Seine Tochter Ada und die Enkel versuchen jetzt, sein Erbe zu pflegen und instand zu halten. Parken kann man in einer Seitenstraße, hier befindet sich auch eine der billigsten Tankstellen der Region.

Trutzburg in der Talmitte

Weiter geht es nach Fenis zur berühmtesten Burg des Aostatals. Das **Castello di Fénis** wurde Mitte des 14. Jh. von Aimone di Challant als repräsentativen

Familiensitz erbaut, es scheint aus unzähligen Türmen zu bestehen. Dies rührt daher, dass die Burg auf Grundfesten einer älteren erbaut wurde, die schon einen großen Turm hatte, der ergänzt werden musste. Die Burg ist von oben gesehen ein Fünfeck, an dessen Ecken sich die runden Türme befinden, Richtung Südwesten liegt ein massiver Rechteckturm sowie ein viereckiger im Süden.

Das Castello ist vollständig umfriedet mit einem doppelten Sperrgürtel mit kleinen Wachtürmen und einem Wehrgang. Hinein geht es durch einen quadratischen Torturm, der durch ein Fallgitter abgesichert war.

Der Innenhof ist mit schönen Fresken verziert und hinauf geht es auf einer halbrunden Freitreppe.

Im Erdgeschoss kann man den Waffensaal, den Speisesaal, die Vorratskammer, die Küche, das Arbeitszimmer und die Zahlstelle besichtigen. Im ersten Obergeschoss sind die Kapelle mit dem angrenzenden Empfangssaal und die Gemächer der Grafen zu sehen.

Links: Radweg vom Stellplatz aus entlang der Dora Baltea

AO 25 Parkplatz Hotel Compte de Challant* XL

GPS: 45.738312 , 7.488802

Parken kann man auch mit großen Mobilen auf dem Parkplatz vor dem Hotel Compte de Challant oder mit kleinen Mobilen direkt am Park des Gemeindezentrums, mit kleiner Bar anbei (über die Dorfmitte anfahren).

Die Restaurants in Fenis

Die Bar **Pizzeria Le Châtelain** an der Hauptstraße beim Kastell und das einfache **Restaurant** im Hotel **Comtes de Challant** können in Fenis empfohlen werden.

Unten: Pinocchio ganz aus Stahl im Tassigarten

AO 26 Stellplatz Park Fenis**

GPS: 45.738767 , 7.491691

Großer Parkplatz am Gemeindepark mit kleinem Bistro. Ruhige Lage, ca. 300 m vom Castello di Fenis entfernt. Anfahrt über Dorfhauptstraße.

Übernachtungsplätze in der Nähe:
AO 29 SP Antey-Saint-André*
AO 30 CP Dalai Lama Village*** C

9 **Valtournenche:** Zum Matterhorn und in das entlegenste Dorf Italiens

Rechts:
Im Valtournenche gibt es schöne Ausblicke

Die Reise ins Valtournenche, an dessen Ende das Matterhorn liegt, beginnt in Châtillon. Hier mündet der Wildbach Marmone, der direkt aus dem Matterhorngebiet kommt, in die Dora Baltea.

Kunstmuseum im Castello Gamba

Bevor man jedoch in das Tal aufbricht, sollte man sich das **Castello Gamba** in Châtillon anschauen. Das Kastell wurde erst zu Beginn des 20. Jh. erbaut und ist von einem großen Park mit Mammutbäumen umgeben.

Rechts:
Kunstmuseum im alten Castello

AO 28 Parkplatz Castello Gamba*

GPS: 45.746739 , 7.601943

Heute ist im Schloss eine sehenswerte Kunstausstellung untergebracht, die 150 Gemälde, Skulpturen, Installationen sowie grafische und fotografische Kollektionen und wechselnde Themen zeigt. Hier sind Künstler des 20. Jh. ausgestellt und besonders auch die lokalen Künstler des Aostatals vertreten. Von Châtillon geht es nördlich in das Valtournenche, es zieht sich nun immer bergan bis zu den Hängen des Matterhorns, ist aber dennoch einfach zu befahren.

Wanderbasis Antey-St.-André

Einen ersten Stopp kann man in der kleinen Gemeinde Antey-Saint-André machen. Es gibt einen schönen Stellplatz am Sport- und Kletterzentrum. Von hier kann man das wuchtige Matterhorn sehen, das wie eingeklemmt zwischen den

Felswänden des Tales wirkt. Von Antey-St.-André aus kann man schöne Wanderungen oder Mountainbiketouren unternehmen. Auch Technikliebhaber von Bulli und Käfer kommen einmal im Jahr hier ganz auf ihre Kosten.

Im Juni oder Juli findet das größte Boxertreffen ›VOLKS'N'ROLL‹ im weiten Umkreis statt, dass schon einem richtigen Volksfest gleicht. Informationen unter: http://volksnroll.blogspot.it

Oben: Der Welness-Bereich im Camping Dalai Lama

Links: Das Matterhorn oder Monte Cervino ist sommers wie winters der Anziehungspunkt im Valtournenche

Von Antey-Saint-André sind es nur 6 km bis zum besonders schönen Camping Dalai Lama Village in 1.500 m Höhe. Die Strecke hat es aber in sich und ist nur für Mobile bis 7,5 m zu empfehlen.

Aber angekommen entschädigt ein überragendes Panorama Richtung Süden über das ganze Aostatal. Ein außergewöhnlich schöner Wellnessbereich und das gute Restaurant laden zum längeren Verweilen ein.

Dorf Chamois - nur mit Seilbahn zu erreichbar

Etwas weiter talaufwärts wartet eine Besonderheit auf den Besuch:

Chamois ist das einzige italienische Dorf, das nur zu Fuß, per Seilbahn oder

AO 29 Stellplatz Antey-Saint-André** XL

GPS: 45.811762 , 7.589034

Der Stellplatz liegt schön im Grünen unweit der Sportanlagen, der Klettereinrichtungen und dem Supermarkt.

Übernachtungsplätze in der Nähe:
AO 31 Stellplatz Torgnon**
AO 30 CP Dalai Lama Village*** C

Oben:
Die Seilbahn Buisson-Chamois

Unten: Leckereien in der Pasticceria Flamini

Unten:
Zugang zur Grotte des Busserailles

AO 32 Parkplatz Seilbahn Buisson* XL

GPS: 45.833179 , 7.602021

Altiport (Höhenflugfeld) erreicht werden kann.

Das Dorf liegt auf über 1.800 m Höhe und hat einen wirklich authentischen Charme mit wunderschönen Beispielen der hiesigen Bergarchitektur.

Die wenigen Gebäude des Dorfes scharen sich um die Seilbahnstation, die Kirche, die Bar, den Gemischwarenladen und das hölzerne Rathaus. Mittendrin ist der Sessellift, der bis auf 2.500 m Höhe hinaufführt. Von hier aus kann man schöne Wanderungen starten z.B. zum Bergsee Lod, bei dem man eine urige Stube zum Einkehren **La Baita da Bruna** findet. Wieder zurück in Chamois geht es ins beste Restaurant des Dorfes, dem **Maison Cly**.

Winters gibt es hier sonnige Pisten für alle Könnensstufen und fantastische Wege für alle Schneeschuh- und Langlauf-Liebhaber. Chamois kann nur mit der **Seilbahn-Buisson-Chamois** erreicht werden und dadurch, dass die Bahn eine lebenswichtige Infrastruktur ist, ist die Fahrt so billig wie sonst nirgends. An der Station kann man auch mit größeren Mobilen gut stehen.

Besuch der Wasser-Grotte

Nächster Punkt im Tal ist die **Grotte des Busserailles**, die eigentlich keine Grotte ist, sondern ein tief in den Fels eingeschnittener Flussdurchbruch des Marmone, der in Jahrtausenden den Stein ausgewaschen hat.

Der Eintritt ist nicht ganz preiswert, aber dennoch ist es lohnenswert, die unbändigen Naturkräfte des Wildbaches so unmittelbar zu erleben. Das dazugehörige Restaurant ist eher durchschnittlich zu bewerten. Ein Stopp bei der Slow Food-Bäckerei **Pasticceria Artigianale Flamini** ist ein absolutes Muss, denn sie ist die Beste weit und breit. Ein Parkplatz liegt direkt gegenüber der Bäckerei.

Fahrt zur Königin des Schnees

Weiter geht es nach Breuil-Cervinia. Es liegt auf 2.003 m Höhe und wird wegen der Lage auch ›Königin des Schnees‹ genannt. Die Liftanlagen führen bis auf 3.480 m, auf das Plateau Rosà hinauf, wo ganzjährig Ski gefahren werden kann.

Das Skigebiet Breuil-Cervinia bildet mit den Teilgebieten Matterhorn Glacier Paradise, Gornergrat und Rothorn Paradise den Skiverbund Matterhorn Ski Paradise mit 156 Pistenkilometern.

1936 wurde hier der erste Skilift gebaut

und in den 1950er Jahren zog der exklusive Wintersportort viele Prominente an. So ist der Ort bis heute immer weiter gewachsen und ohne Schnee sind die Betonbauten deshalb nicht besonders schön anzuschauen, dafür ist die Natur hier unterhalb des Matterhorns umso imposanter. Im Sommer locken hier auch schöne Wanderungen, anspruchsvolleres Trekking oder geführte Bergtouren. Eine kleine Wanderung am **Lago Blu** zeigt ein kleines Juwel in Türkis: Inmitten eines leuchtend grünen Tals, das mit Heidekraut und Rhododendron bedeckt ist und zwischen den Tannen, spiegelt sich die Spitze des Matterhorns im Wasser des Lago ganz in blau. Zu Füßen des Matterhorns kann man auf einem der höchsten 18-Loch-Golfplätze der Welt, dem **Cervino Golf Club** in 2.050 m Höhe golfen. Als besondere Restaurant Empfehlung sei das **La Luge** hervorgehoben, direkt gegenüber der Pasticceria Flamini am Lago Perrières. In einem sehr schönen rustikalen Ambiente aus Holz und Stein wird der Gast familiar empfangen und die hervorragenden Gerichte stehen ganz in der Tradition des Tales Valtournenche.

Oben:
Der Lago Blu liegt vor Breuil-Cervinia

Links:
Dorfstraße in Breuil-Cervinia

AO 33 Stellplatz Breuil-Cervinia** XXL

GPS: 45.925849 , 7.620111

Riesiger Stellplatz mit direktem Blick auf das Matterhorn, unweit der Einkaufsmöglichkeiten im Ort. Gratisbus in der Hochsaison. V+E.

Übernachtungsplätze in der Nähe:
AO 29 SP Antey-Saint-André* XL
AO 31 Stellplatz Torgnon**

10 Bard & Pont-Saint-Martin: Der gut gesicherte Eingang zum ›Val d'Aoste‹

Oben und unten: Die engste Stelle des Aostatals wurde in Bard gesichert

Unten: Das gute Restaurant Ad Gallias

Das Dorf Bard liegt an einer strategisch einzigartigen Lage, denn schon immer war es das Nadelöhr zwischen dem Berg und der Dora Baltea und als einziger Zugang zum Aostatal bestens geeignet, um Wegegeld zu erheben.

Imposante Festung Bard

Und so entstand eine der imposantesten Festungen, nicht nur des Aostatales. Die in den Fels gehauene Straße stammt schon aus der Zeit der Römer, der Durchgang war jedoch auch schon in vorrömischer Zeit befestigt. Später ist erstmals der Ostgoten-König Theoderich erwähnt, der hier im 6. Jh. einen befestigten Posten (clusurae augustanae) errichtet hat. Darauf ging es in den Besitz der Visconte bis ins 13. Jh., danach folgten die Savoyer und Bard wurde der Hauptstützpunkt der Streitkräfte Savoyens im Aostatal. Im 17. und 18. Jh. wurden dann zahlreiche Erweiterungen der Verteidigungsstrukturen vorgenommen. Am 14. Mai 1800 zog im Morgengrauen Napoleon Bonaparte mit einer Armee von 40.000 Soldaten über den großen St. Bernhard, um gegen das österrei-

AO 36 Parkplatz Bard Landstraße*

GPS: 45.615805 , 7.742094

chisch-piemontesische Heer in der Po-Ebene zu kämpfen. In der Nacht des 21. Mai kapitulierte das Dorf Bard, doch die Festung konnte sich noch bis zum 1. Juni verteidigen. Napoleon schleifte deshalb die Befestigungsanlagen, die erst von 1830 bis 1837 wieder zum Schutz gegen die Franzosen aufgebaut wurden. Die neue Festung besteht aus Verteidigungsringen in unterschiedlichen Höhen: der untere erhielt den Namen Ferdinando, der mittlere Vittorio und der obere Carlo Alberto.

Im 19. Jh. verfiel die Festung zusehends und erst ab 1993 begann die Restaurierung. 2006 wurde die Anlage für die Besucher geöffnet. Der Eintritt in die Festung mit den drei Schrägaufzügen ist kostenlos. Kostenpflichtig sind die Ausstellung zur Geschichte und Bräuchen des Aostatales, das **Alpen-Museum** und die Gemäldeausstellung.

Das Alpen-Museum ist sehenswert und beinhaltet das Leben, Geschichte, Geologie, Flora und Fauna des Alpenraumes. Im oberen Bereich der Festung befindet sich eine kleine Cafeteria.

In Bard, direkt am Anfang der Gasse zum Fort, ist das **Restaurant** im Hotel **Ad Gallias** mit sehr guter Küche und gemütlich kleinen Gastraum sehr zu empfehlen. Parken kann man an der Hauptstraße etwa 1,5 km vor Bard direkt am Ufer. Besser ist es jedoch auf den besonders schönen Stellplatz nach Hone zu fahren und von dort einen Kilometer bis zur Festung zu gehen.

Pont-Saint-Martin

Etwa fünf Kilometer entfernt, schon am Ausgang des Aostatals, wo sich die Berge öffnen und das flache Piemont beginnt, liegt Pont-Saint-Martin.

Bekannt ist es durch seine eindrucksvolle römische Brücke aus dem 1. Jh. v. Chr. über die die antike Konsularstraße nach Gallien lief. Die Konsularstraßen waren die römischen Autobahnen und bildeten den Kern des Transportwesens vor 2000 Jahren. Sie führten weit bis nach Spanien, Frankreich oder Griechenland. Bis 1831 war die Brücke der einzige Zugang zum Aostatal.

AO 37 P Friedhof Pont St. Martin* bis 7 m

GPS: 45.597247 , 7.794531

Der Legende nach soll der heilige Sankt Martin von Tours den Teufel mit einer List zum Bau der Brücke gebracht haben und so wird am Karnevalsdienstag am Rundbogen der Brücke ein Bildnis des Teufels aufgehängt und am Aschermittwoch verbrannt. Pont-Saint-Martins Silhouette wird durch die **Burgruine Bard** aus dem 12. Jh. bestimmt, von hier oben hat man einen herrlichen Blick in das Gressoney Tal. Pont-Saint-Martin gehörte einst zum Besitz der Freiherren von Saint-Martin aus dem Geschlecht der Bard, dessen Name später an das Haus Savoyen fiel.

Von Pont gibt es zahlreiche Wandermöglichkeiten z. B. in das Naturschutzgebiet **Riserva Naturale Stagno di Holey** oder entlang des Gebirgsbaches Lys. In Pont liegt die **Osteria Lon Ch'a-l E**, diese wartet mit original piemontesischen Gerichten auf. In Pont-Saint-Martin gibt es keinen richtigen Stellplatz, der ausgeschilderte vor den Sportanlagen, eignet sich nur für Mobile bis 6 m.

Oben: Die berühmte römische Brücke von Pont-Saint-Martin

AO 35 Stellplatz Hone***

GPS: 45.611557 , 7.733028

Der sehr schöne Stellplatz liegt ruhig direkt am Fluss. Grillplätze, V+E, Strom vorhanden, Tickets in nahen Läden.

Übernachtungsplätze in der Nähe:
PI 03 Stellplatz Piazza Croce Rossa*
PI 02 SP Santuario di Graglia* 40 km

11 **Gressoney-Tal:** Auf zum Monte-Rosa-Massiv ins Tal der Walser

Rechts: Der kleine Lago Gover liegt in Gressoney-Saint-Jean

Oben: Flaggen im Tal der Walser

Oben: Kastanien aus Lillianes

Das Gressoney Tal, durch das die Lys fließt, ist zuerst ein enges Tal, das sich erst ab Issime wieder weitet. Dadurch ist die Anfahrt von Pont-Saint-Martin (345 m Höhe) durch die engen Ortschaften nicht ganz einfach, aber auch Busse kommen hier durch.

Deutsche Sprachinsel am Grenzberg Monte Rosa

Das Monte-Rosa-Massiv, das die Grenze zur Schweiz markiert, ist der Besucher-Magnet mit seinen 28 Spitzen, die alle über 4.000 m hoch sind.

Das Tal wurde ursprünglich auch das Krämertal genannt, da die hier ansässigen Walser schon immer Handel mit der Schweiz getrieben haben, aus der sie im 11. und 12 Jh. ursprünglich auch kamen. Die Walser sind ein Volk germanischen Ursprungs und so hielt sich hier auch lange eine deutsche Sprachinsel oder besser gesagt eine Enklave des Walserdeutsches, eine Form des alemannischen Dialektes.

Die Älteren in Gressoney, Issime und Niel sprechen noch die Mundart, aber im Alltäglichen spielt sie kaum noch eine Rolle. Trotzdem hat sich die Walser-Tradition bis heute erhalten und die schönen Frauentrachten mit Goldhaube werden weiter zu den wichtigen Anlässen im Jahr getragen.

Die erste Ortschaft, die man erreicht, ist Lillianes (665 m Höhe), hier gibt es am letzten Oktober-Sonntag ein großes Kastanienfest, denn die dichten Kastanienwälder rund um den Ort sind der größte Kastanienproduzent im ganzen Aostatal.

Weiter talaufwärts kommt man nach Issime »Eischeme« im Waliser Dialekt.

AO 38 Parkplatz Gaby*

GPS: 45.704475 , 7.877384

Im Ort liegt die Pfarrkirche **San Giacomo Maggiore** (16 Jh.), deren Fassade mit dem Fresko ›Das Weltengericht‹ bemalt ist. Ganz weltlich, aber dennoch sehr besuchenswert ist der lokale Käseladen **Walser Delikatesse** - der Name sagt schon, wie die lokalen Käsespezialitäten hier schmecken. Diese gibt es auch im empfehlenswerten Restaurant der **Albergo Posta** und natürlich noch viele andere lokale Gerichte.
Der nächste Ort ist Gaby (1.047 m Höhe), eine französisch-provenzalische Sprachinsel im Walsergebiet.
An den Sportanlagen gibt es eine **Sport-Bar-Pizzeria** mit urigem Ambiente und hervorragender Schinkenplatte. Etwas davor befindet sich auch ein Parkplatz, auf dem man mit einem kleinen Mobil stehen kann.

Wandern und Skifahren in Gressoney-Saint-Jean

Weiter talaufwärts liegt der Touristenort Gressoney-Saint-Jean. Umgeben von weiten grünen Hochebenen und dichten Wäldern liegt der Ort wunderschön vor dem Monte-Rosa-Massiv.
Das Tal gilt als eines der schönsten im gesamten Aostatal und bietet im Winter alpinen Sport und im Sommer beste Wandermöglichkeiten entlang der Lys oder durch die Bergwälder. (Wandertouren www.wikiloc.com dort gressoney-saint-jean suchen)
Besonders zu empfehlen ist die etwa einstündige Wanderung zum **Rifugio Alpenzu** mit wunderbarer Aussicht und besten Speisen.(www.rifugioalpenzu.it)
Das Rifugio ist von der dritten Juniwoche bis zum ersten Sonntag in September und an allen Wochenenden im Frühling und im Herbst bewirtschaftet.
Mitten im Dorf sind noch einige typische Walserhäuser zu sehen und der smaragdgrüne See **Lago Gover** lockt zu einem Spaziergang.

Oben: Fassadenbild der Pfarrkirche San Giacomo Maggiore

Links: Leckere Schinkenspezialitäten bekommt man in der Sportbar in Gaby

Links: Das Rifugio Alpenzu ist ein beliebter Ausflugspunkt

Oben und unten: Sommerresidenz der Königin Margarethe von Savoyen

Lieblingsort der Königin

Gressoney-Saint-Jean war auch der Lieblingsort der Königin Magarethe von Savyoen, der Ehefrau des italienischen Königs Umberto I., der 1878 den Thron bestieg. Deshalb baute der König auch 1904 das **Schloss Savoia**, das auf dem Belvedere, am Fuße des Ranzola Hügels errichtet wurde. Hier residierte die Königin jeden Sommer bis 1925.

Das Schloss mit seinen Spitztürmchen sieht aus wie ein neobarockes Märchenschloss, der dazugehörige **botanische Garten** zeigt die alpine Flora. Hier blühen im Sommer Türkenbundlilie, Alpenrose, Edelweiß, Berg-Arnika und vieles mehr und die vielen Farben und Düfte betören die Sinne.

Am 23. Juni werden traditionell Bergfeuer angezündet und am nächsten Tag sind bei der Prozession die schmuckvollen Walsertrachten zu sehen.

Im Ort gibt es zahlreiche gute Restaurants. **Il Braciere** bietet eine typisch lokale Küche im rustikalen Ambiente mit interessanten Menüs.

Eine besondere Spezialität ist der Käse Toma di Gressoney, den man nicht verpassen sollte. Übernachten kann man hier auf dem Campingplatz Margherita. Ganz am Ende des Tales am Fuße des Monte Rosa und des Lys-Gletschers liegt Gressoney-la Trinite in 1.627 m Höhe. Der Ort ist das Zentrum des Wintersports und Bergsteigens in der Monte-Rosa-Gruppe. Aber auch der Wande-

Mitte: Käsespezialität Toma di Gressoney

Rechts: Traumhafte Skiabfahrten warten im Gressoney-Tal

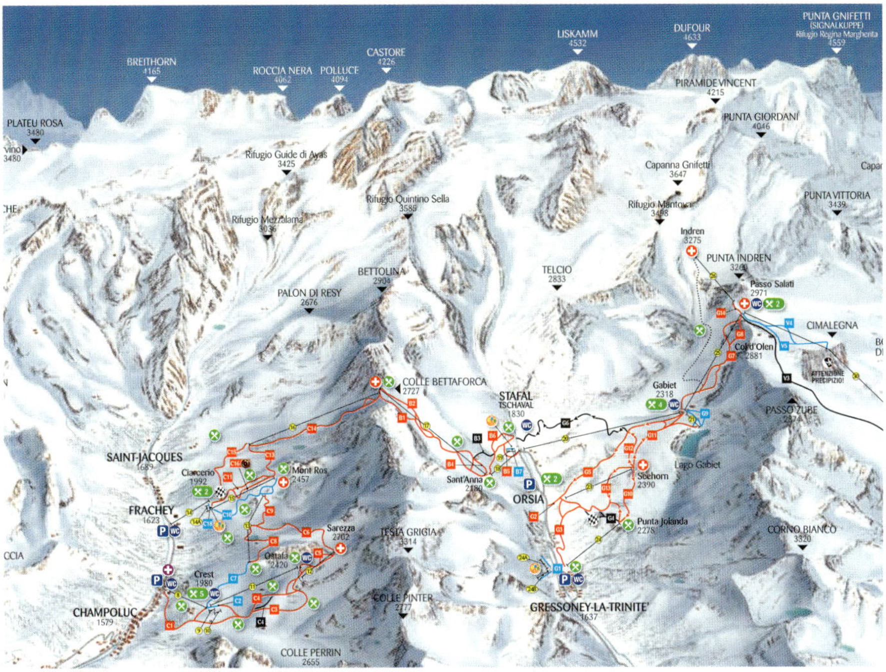

rer findet hier seine Herausforderungen, neben einfacheren Tagestouren geht es hier auch zur Hütte Regina Magherita, die auf 4.554 m die höchste Schutzhütte Europas ist. Alternativ geht es auf den Höhenweg Nr. 1, genannt auch **Der Höhenweg der Riesen**, der Gressoney in 17 Tagesetappen mit Courmayeur verbindet und immer entlang der höchsten Berge Europas führt.
Infos unter: www.wikiloc.com oder www.lovevda.it mit ›hoehenweg‹ suchen

Stellplatz direkt am Skilift

Ein besonders schön gelegener Stellplatz ist der Area Sosta Camper Tschaval in 1.825 m Höhe. Von hier sind es nur ein paar Schritte zu den Skiliften oder im Sommer zu den Wanderwegen.
Nur 2 km talabwärts liegt das empfehlenswerte **Restaurant Capanna Carla** im Hotel Lysjoch. Susanna Tarello in der Küche und ihr Mann Gigi Barozzi im Service servieren hier Walser-Speisen ganz im Sinne des Slow Food Gedankens.

Oben:
Die Skigebiete vor dem Monte-Rosa-Massiv

AO 41 Stellplatz Tschaval** XL

GPS: 45.856625 , 7.813634

Ganz am Ende des Gressoney-Tals liegt der Stellplatz direkt in der Nähe zu den Liften oder Wandermöglichkeiten. V+E, Strom vorhanden.

Übernachtungsplätze in der Nähe:
AO 40 SP Weissmatten* XL
AO 35 Stellplatz Hone***

1 Großer St. Bernhard

Fondation Barry
46.114629 , 7.085115
1920 Martigny
Route des Chantons 52
Tel. +41 (0)27 722 65 42
www.fondation-barry.ch/de

Hospiz Großer St. Bernhard
45.869117 , 7.170499
CH - 1946 Bourg-Saint-Pierre
Tel. +41 (0)27 7871236
www.gsbernard.net

2 Étroubles

Tourist-Information
45.820082 , 7.229838
11014 Ètroubles / E27
Tel. +39 0165 78559
Öffnungszeiten:
9.00-12.00, 14.00-18.00.

Trattoria Le Vieux Bourg
45.820654 , 7.231048
11014 Ètroubles
Via Deffeyes 22
Tel. +39 0165 789642
Preiskategorie: €

Restaurant de la Croix Blanche
45.820009 , 7.229972
11014 Ètroubles
Strada Nazionale Del Gran San Bernardo 10
Tel. +39 0165 78238
www.croixblanche.it
Preiskategorie: €€€

3 Aosta

Tourist-Information
45.738043 , 7.323555
11100 Aosta
Piazza Porta Praetoria
Tel. +39 0165 236627
www.lovevda.it
Öffnungszeiten:
Tägl. 9.00-19.00 Uhr.

Porta Praetoria
45.737970, 7.323562
11100 Aosta
Piazza Porte Pretoriane

Stiftskirche St. Orso
45.739405 , 7.325869
11100 Aosta
Via Sant'Orso 14
Tel. +39 0165 262026
www.diocesiaosta.it

Römisches Theater
45.738524 , 7.322302
11100 Aosta / Via Baillage
Tel. +39 0165 231665
Öffnungszeiten:
April bis Sep von 9.00-19.00 Uhr, Okt von 9.00-18.30 Uhr, Nov bis Feb von 9.00-17.00 Uhr, März von 9.00 -8.00 Uhr.

Piazza Chanoux
45.737393 , 7.320289
11100 Aosta
Piazza Emile Chanoux

Arena Croix Noire
45.737556 , 7.346358
11100 Aosta
Via della Croix Noire

Foire d'Eté
45.735224 , 7.313209
11100 Aosta
Piazza della Repubblica 15

Ristorante Vecchio Ristoro Rustikal
45.738589 , 7.315337
11100 Aosta
Via Tourneuve 4
Tel. +39 0165 33238
www.ristorantevecchioristoro.it
Preiskategorie: €€

Osteria Nando
45.738709 , 7.325969
11100 Aosta
Via S. Anselmo 99
Tel. +39 0165 44455
www.osterianando.it
Preiskategorie: €€

Trattoria degli Artisti
45.736319 , 7.316387
11100 Aosta
Via Maillet 5-7
Tel. +39 0165 40960
www.trattoriadegliartisti.it
Preiskategorie: €€

4 Courmayeur

Mont Blanc Seilbahn
45.813756 , 6.958267
11013 Courmayeur / SS26 Dir
Tel. +39 0165 846658
nuovefuniviemontebianco.com
Preiskategorie: €€€

5 Pré-Saint-Didier

Terme di Pré Saint Didier
45.762258 , 6.985648
Allee Des Thermes
11010 Pré Saint Didier
Tel. +39 0165 867272
www.termedipre.it
Öffnungszeiten: Mo bis Do von 9.30-21.00 Uhr, Fr von 8.30-23.00 Uhr, Sa von 8.00-23.00 Uhr und So von 8.00-21.00 Uhr.
Preiskategorie: €€€

Locanda Bellvue
45.764564 , 6.985977
11010 Aosta
Avenue du Mont Blanc 52
Tel. +39 0165 87074
www.locandabellevue.com
Preiskategorie: €€

6 Valsavarenche

Cave du Vin Blanc de Morgex et de La Salle
45.751737 , 7.048597
11017 Morgex
Chemin des Iles 31
Tel. +39 0165 800331
www.caveduvinblanc.com
Öffnungszeiten:
Sonntag geschlossen,
Mo bis Sa von 10.00-12.00 und 15.30-18.30 Uhr.

Parc Animalier d' Introd
45.693213 , 7.178495
11010 Introd
Fraz. Villes Dessus
Tel. +39 0165 95982
www.parc-animalier-introd.it
Preiskategorie: €

Rifugio Vittorio Emanuele II
45.512554 , 7.22962
11010 Valsavarenche
Località Moncorvè
Tel. +39 0165 95920
rifugiovittorioemanuele.com
Preiskategorie: €€

Rifugio Tetras Lyre
45.515655 , 7.205866
11010 Valsavarenche
Le Pont
Tel. +39 0335 600 1921
www.rifugiotetraslyre.it
Preiskategorie: €€

7 Val di Cogne:

Burg von Sarre
45.71287 , 7.251361
11010 Sarre Valle d'Aosta
Loc. Lalex
Tel. +39 0165 257539
www.regione.vda.it
Öffnungszeiten: Montag geschlossen. Di-So von 10.00-12.30 und von 13.15-17.00 Uhr.
Preiskategorie: €

Cave des Onze Communes
45.703538 , 7.249999
11010 Aymavilles
Frazione Micheley 39
Tel. +39 0165 923833

Ba a Vins
45.701702 , 7.241186
11010 Aymavilles
Fraz. Capoluogo 8
Preiskategorie: €

Wasserfälle Urtier
45.590993 , 7.389784
11012 Cogne
Frazione Lillaz 129

Funvie Gran Paradiso
45.605414 , 7.357673
11020 Cogne
Via Laydetre 29
Tel. +39 0165 74008
www.funiviegranparadiso.it
Preiskategorie: €€

Museo Mineraio Alpino
45.610119 , 7.361933
11012 Cogne
Villaggio dei Minatori 85
Tel. +39 0165 749264
Preiskategorie: €

Bar à Fromage (Hotel Bellevue)
45.60665 , 7.355826
11012 Cogne
Rue Grand Paradis 22
Tel. +39 0165 74825
www.hotelbellevue.it
Preiskategorie: €€€

8 Fenis

Künstlergarten von Carlo Tassi
45.738619 , 7.461635
11020 Nus
SS26, 51

Castello di Fénis
45.737070 , 7.489031
11020 Fénis
Frazione Chez Sapin
Tel. +39 0165 764263
www.comune.fenis.ao.it
Preiskategorie: €€

Pizzeria Le Châtelain
45.737344 , 7.489905
11020 Fénis
Frazione Chez Sapin 105
Tel. +39 0165 764264
Preiskategorie: €

Restaurant Comtes de Challant
45.738743 , 7.489167
11020 Fénis
Frazione Chez Sapin 95
Tel. +39 0165 764353
www.reservation-hotel.logishotels.com
Preiskategorie: €€

9 Valtournenche

Castello Gamba
45.74577 , 7.602399
1473 Châtillon
Via Martiri della Libertà
Tel. +39 0166 563252
castellogamba.vda.it
Öffnungszeiten: Montag und Dienstag geschlossen. Mi-So 10.00 bis 18.00 Uhr.
Preiskategorie: €

Seilbahn-Buisson-Chamois
45.763878 , 7.712264
11022 Brusson
Località Nuarsaz 12
Tel. +39 0166 519890
www.lovevda.it
Fahrzeiten: Von 7.00 Uhr alle 30 min. bis 20.00 Uhr.
Preiskategorie: €

Ristorante La Baita da Bruna
45.844721 , 7.623929
11020 CHAMOIS
Loc. Lago Lod
Tel. +39 3335448267
Preiskategorie: €€

Ristorante Maison Cly
45.837829 , 7.619557
11020 CHAMOIS
Loc. Corgnolaz 6
Tel. +39 0166 47139
www.maisoncly.it
Preiskategorie: €€€

Grotte des Busserailles
45.899656 , 7.616768
11028 Valtournenche
SR46
Preiskategorie: €€€

Pasticceria Flamini
45.90857 , 7.615884
11028 Valtournenche
Frazione Perreres 3 A
Tel. +39 0166 949071
Dienstag Ruhetag.
Preiskategorie: €€

Lago Blu
45.922707 , 7.618340
11021 Breuil-Cervinia / Lago Blu

Cervino Golf Club
45.935089 , 7.628203
11021 Valtournenche
Via Circonvallazione 18
Tel. +39 0166 949131
www.golfcervino.com
Preiskategorie: €€€

Ristorante La Luge
45.907293 , 7.613842
11028 Cervinia Valtournenche
Località Varvoyes
Tel. +39 0339 6222216
www.luge.it
Preiskategorie: €€“

10 Bard & Pont-Saint-Martin

Alpen-Museum
45.609013 , 7.744584
11020 Bard
Tel. +39 0125 833811
www.fortedibard.it
Öffnungszeiten: Mo bis Fr von 10.00-13.00 Uhr und von 14.00 -16.00 Uhr.
Preiskategorie: €€

Hotel Ad Gallias
45.611890 , 7.745028;
11020 Bard
Via Vittorio Emanuele II, 5/7
Tel. +39 0125 809878
www.hoteladgallias.com
Preiskategorie: €€€

Riserva Naturale Stagno di Holey
45.596981 , 7.809725
11026 Pont-Saint-Martin
Via Circonvallazione 30
Tel. +39 0125 804843

Osteria Lon Ch'a-I E
45.601512 , 7.794743
11026 Pont-Saint-Martin
Via nazionale per carema 47
Tel. +39 01251969316
Öffnungszeiten: So bis Sa von 12.00-14.00 Uhr Fr bis So von 19.00-21.00 Uhr.
Preiskategorie: €€

11 Gressoney-Tal

San Giacomo Maggiore
44.495561 , 11.349331
Località Plane 50
11020 Issime

Walser Delikatesse
45.683383 , 7.855600;
11020 Issime
Località Tontinel 80
Tel. +39 0125 344162
www.walserdelikatesse.it
Öffnungszeiten: Montag geschlossen, Di bis Fr. 9.00-18.00 Uhr. Samstag und Sonntag Ruhetag.
Preiskategorie: €€

Restaurant Albergo Posta
45.685849 , 7.85385
11020 Issime
Strada regionale del Lys
Localita Cappoluogo 29
Tel. +39 0125 344204
www.hotelpostaissime.com
Preiskategorie: €€

Sport-Bar-Pizzeria In pineta da Mania
45.703754 , 7.878251
11020 Gaby
Frazione Tzendelabò 6
Tel. +39 0347 7564040
Facebook: In pineta da Mania
Öffnungszeiten: Dienstag Ruhetag, Mi-So von 10.00-23.45 Uhr.
Preiskategorie: €

Lago Gover
45.776346 , 7.824078
11025 Gressoney-Saint-Jean
Via Deffeyes 18

Schloss Savoia
45.763975, 7.826756
11025 Gressoney-Saint-Jean
Castello dei Savoia
Tel. +39 0125 355398
www.lovevda.it
Öffnungszeiten: Januar bis März, 10.00-16.00, Donnerstag Ruhetaf, April bis Mai: Tägl. von 10.00-16.00 Uhr.
Preiskategorie: €

Ristorante Il Braciere
45.771514 , 7.830323
11020 Aosta
Località Ondro Verdebio 2
Tel. +39 0125 355526
Preiskategorie: €€

Rifugio Alpenzu
45.799410 , 7.816337
11025 Aosta
Alpenzu Grande
Tel. +39 338 256 2229
www.rifugioalpenzu.it
Preiskategorie: €€

Ristorante Capanna Carla
45.840372 , 7.816370
11020 Aosta
Localita' Fohre 4
Tel. +39 0125 366130
Preiskategorie: €

Blick auf die ligurische Küste von der Terrasse des Hanbury Gartens

Ligurische Riviera & Cinque Terre

Highlights
Ligurische Küste & Cinque Terre

1 **Sanremo**
Lebendige Stadt im Zentrum der ›Riviera dei Fiori‹

2 **Lac des Mesches**
Wandern, wo Ligurien schon französisch ist

3 **Dolceacqua**
Monets malerisches Städtchen im Nervia-Tal

4 **Bordighera & Giardini Hanbury**
Die Briten entdeckten die Riviera

5 **Santo Stefano al Mare**
›Ankern‹ zum Sonnenbaden am Yachthafen

6 **Imperia**
Mittelalterliche Altstadt und edler Yachthafen

7 **Cervo**
Besuch in einem der schönsten Dörfer Italiens

8 **Albenga & Toirano**
Mittelalterliche Turmstadt & Ausflug zur Riesengrotte

9 **Finale Ligure & Noli**
Strandvergnügen, Kultur & Fischerdörfchen

10 **Spotorno**
Strandstädtchen für Sonnenanbeter & Feinschmecker

11 **Genua**
Kulturhauptstadt Liguriens und Bankenzentrum mit Tradition

12 **Rapallo**
Ausflug zum berühmten Portofino und zum sonnigen Camogli

13 **Levanto & Deiva Marina**
Ausgangspunkt zur Cinque Terre

14 **Cinque Terre**
Die 5 magischen Dörfer

15 **Potovenere**
Venustempel & Verteidigungsanlage im Golf der Poeten

Portofino
Weltberühmter Fischerhafen

Genua
Kulturhauptstadt Liguriens

Renzo Pianos neuer ›Alter Hafen - Porto Antico‹ ist glanzvolles Zentrum der Stadt

Cinque Terre
Besuch der 5 magischen Dörfer

Blick auf Riomaggiore und die Weinbergterrassen des Naturschutzgebietes

Portovenere
Magische Küste

Blick auf die Steilküste der Cinque Terre vor Portovenere

1 **Sanremo:** Lebendige Stadt im Zentrum der Riviera dei Fiori

Rechts:
Das Casino im Zentrum der Stadt

Oben:
Der neue Radweg führt direkt am alten Bahnhof vorbei

Mitte:
Die ligurische Küche verwöhnt den Gaumen mit frischem Fisch

Wer von der Autobahn zur Bucht von Sanremo hinunterfährt, entdeckt als Erstes die unzähligen Gewächshäuser, die überall am Hang liegen und in denen früher die Blumen gezüchtet wurden, die der Rviera ihren Namen gaben. Die ›Riviera dei Fiori‹ war gerühmt für ihre Hyazinthen, Narzissen, Anemonen, Nelken, Ranunkeln und natürlich für Millionen von Rosen. Das besonders milde Winterklima, das Sanremo dem Schutz der hohen Berge im Rücken verdankt, führte zur einzigartigen Blumenpracht. Heute nutzen viele Reisemobil-Besucher das milde Klima, um dem deutschen Winter zu entkommen. Die sonnenverwöhnte Stadt bietet selbst zu Silvester frühlingshafte Temperaturen.

Ein junger Deutscher kam auf die Idee, Blumen zu züchten

Anfang des 20. Jh. war der Blumenexport der wichtigste Wirtschaftsfaktor der Stadt. Erfunden hat die Blumenzucht ein junger Deutscher aus Heidelberg, der einige Jahre im berühmten Hanbury Garden mitgearbeitet hat. Im Jahre 1873 begann er, Rosen zu züchten und über die neugebaute Bahnlinie nach München zu transportieren. Später folgten Zimmerpalmen, die schon bald in vielen bürgerlichen Salons der Deutschen standen. Die ligurischen Bauern folgten seinem Beispiel und es entstand ein riesiges Blumenmeer an der Riviera, teilweise unter großen Strohdächern zum Schutz gegen die Sonne. Ihnen folgten die Ge-

wächshäuser, die vor allem den Rosen auch bei kühleren Temperaturen Schutz bieten, die aber lange nicht so schön anzusehen sind.
Heute dienen die meisten Gewächshäuser dem Gemüseanbau, der aufgrund der globalen Konkurrenz lukrativer geworden ist. Trotzdem ist der Blumenmarkt von Sanremo der größte in ganz Italien geblieben.

Beliebtes Shoppingzentrum für nah und fern

Wer Samstags in die Innenstadt möchte, muss sich auf längere Staus gefasst machen. Sanremo mit seiner schönen Fußgängerzone ist auch bei den nur knapp 20 km entfernten französischen Nachbarn sehr beliebt. Ganz entspannt kommt man von den empfohlenen Stellplätzen mit dem Rad ins ca. 3 km entfernte Zentrum. Der neue, gut ausgebaute Radweg verläuft auf der alten Bahnlinie entlang der Strände mit Blick aufs Meer. Von hier aus kann man auch einen Blick auf die Russisch Orthodoxe **Kirche San Basilio**, werfen, die von der russischen Zarin Maria Alexandrowna gestiftet wurde.
Etwas weiter kommt man zum bekanntesten Wahrzeichen der Stadt, dem **Spielcasino**. Der im Jugendstil erbaute Prachtbau bietet neben dem Glücksspiel auch Musik- und Theateraufführungen.

Oben:
Blick über die vielen Gewächshäuser der Riviera dei Fiori Richtung Bucht von Sanremo

Links:
Wunderschöne Ladengeschäfte finden sich in der Via Matteotti - auch viele Franzosen kommen gerne zum Shopping hierher

LI 01 CP Villaggio dei Fiori***XL /C

GPS: 43.802418 , 7.74524

Die Lage dieses Platzes an der Riviera ist einzigartig. Direkt am Meer gelegen, mit Privatstrand und Swimmingpool. Sehr gutes Ristorante am Platz. 5 km vom Zentrum.

Übernachtungsplätze in der Nähe:
LI 02 SP Pian di Poma** XXL
LI 12 SP Santo Stefano al Mare**

Oben:
Der Yachthafen von Sanremo

Rechts:
Die Belle-Epoque-Villa von Alfred Nobel

Oben:
Das Altstadtviertel ›La Pigna‹ beginnt gleich bei der Kirche Santo Stefano

Für einen Besuch sollte man elegant mit Jackett und Krawatte ausgestattet sein. Direkt beim bekannten Casino geht es in die Fußgängerzone Corso Giacomo Matteotti, in der sich edle traditionelle Modegeschäfte mit schicken Markenboutiquen mischen.

Hier kann man bummeln, einen Aperitif nehmen oder in der Seitenstraße Via Francesco Corradi in einem der vielen kleinen Restaurants zu mittag essen. Auch ligurische Leckereien findet man hier in der **Enoteca il Forletto**, die eine große Auswahl an regionalen Spezialitäten und Weinen bietet.

Der ›Orient‹ beginnt gleich hinter der Porta Santo Stefano

Bei der **Kirche Santo Stefano** geht es durch das gotische Stadttor steil hinauf in fast orientalisch anmutende dunkle Gassen, die nachts nichts für ängstliche Gemüter sind. Ein Gassenlabyrinth, unterbrochen von kleinen Plätzen, zieht sich die Altstadthügel der ›La Pigna‹ hinauf und bildet das eigentliche Centro Storico von Sanremo. Der Name Pigna bedeutet Tannenzapfen - so eng wie Zapfen hängen die Häuser neben und übereinander an den Hügeln der Altstadt. Wer es bis nach ganz oben geschafft hat, findet am Gipfel des Altstadthügels die barocke **Wallfahrtskirche Madonna della Costa**. Mit ihren zwei beeindruckenden Türmen war das weithin sichtbare Gebäude aus dem 17. Jh. auch Orientierungspunkt für die Seefahrer. Von hier aus hat man einen wunderbaren Blick über die Stadt und die Bucht.

Besuch der Villa Ormond und Villa Nobel

Vorbei am Yachthafen kommt man nach ca. 2,5 km zu zwei wunderschönen Belle-Epoche-Villen und ihren Parkanlagen. Der ansteigende Park der **Villa Ormond** wurde erst kürzlich renoviert und für Besucher geöffnet. Inmitten des üppigen Palmenbewuchses befindet sich auch ein japanischer Garten, der von der Zen-Philosophie inspiriert ist. In der noch bekannteren Villa verbrachte der

schwedische Dynamit-Erfinder **Alfred Nobel** seine letzten Jahre. Der kinderlose Wissenschaftler verfügte nach seinem Tod die berühmte Stiftung, die jedes Jahr an seinem Todestag den Nobelpreis vergibt. In der Villa befindet sich ein kleines Museum über sein Leben und Werk, im Park finden im Sommer Theatervorstellungen und Konzerte statt.

Die Mutter aller Schlager-wettbewerbe

In Italien ist Sanremo natürlich für seinen Schlagerwettbewerb bekannt, der Vorbild für fast alle Talentwettbewerbe war und der älteste Wettbewerb in Europa ist. »Il Festival della canzone italiana« hat viele berühmte Stars hervorgebracht - Eros Ramazotti, Umberto Tozzi und Adriano Celentano sind auch hierzulande bekannt geworden.
Das Festival findet Ende Februar / Anfang März statt. Mehr unter: www.sanremo.rai.it

Ausflüge nach Monaco, Frankreich und ins ligurische Gebirge

Das Fürstentum Monaco ist nur knapp 40 km von Sanremo entfernt und am Besten und bequemsten mit der Bahnlinie zu erreichen. Viele Gäste nutzen die gute Anbindung, um von hier zum Formel 1 Rennen nach Monte Carlo zu gelangen, wenn die Stadt komplett überfüllt ist.
Auch Nizza ist nur 57 km entfernt, es besteht ebenfalls eine Direktverbindung. Der neue **Bahnhof Stazione Ferroviaria** di Sanremo ist 4 km von dem empfohlenen Stellplatz und dem Campingplatz entfernt. Wer es gerne noch einfacher hätte, bekommt auf dem Campingplatz Villaggio dei Fiori ein tolles Ausflugspaket angeboten. Die deutschsprachige

Oben:
Monte Carlo ist mit dem Zug einfach und schnell zu erreichen

Links:
Das Matisse-Museum in Nizza

LI 02 Stellplatz Pian di Poma** XXL

GPS: 43.803012 , 7.746406

Riesiger Stellplatz mit Blick aufs Meer, 3 km vom Zentrum entfernt. Ein Radweg führt direkt ins Zentrum, immer am Meer entlang. Ebener Kiesgrund, wenig Schatten, mit Kassenhäuschen, Schranke, Bodenablass, Wasser.

Übernachtungsplätze in der Nähe:
LI 01 CP Villaggio dei Fiori***XL/C
LI 13 Hafen Camper Village** XXL

Oben:
Molini di Triora von oben

Oben:
Feststimmung in Molini di Triora

Rechts:
Der Argentina-Fluss mit malerischem Dorf Montalto Ligure

Gästebetreuerin des Platzes Silvia Morano fährt ihre Gäste mit dem Minibus an die interessantesten Orte an der italienischen und französischen Riviera.

Eine Fahrt zur Côte d'Azur mit ihren Künstlervillen und Museen von Renoir, Picasso und Matisse mit den Geschichten dahinter ist ein wunderbares Erlebnis, das man sich nicht entgehen lassen sollte.

Natürlich darf auch ein Ausflug ins ligurische Gebirge nicht fehlen. Über Taggia, Badalucco und Molini di Triora führt hier die Tour bis ins Hexendorf Triora auf 780 m, das in seinem kleinen Museum Unterlagen über die berühmte Hexenjagd anno 1588 ausstellt.

Der kleine Ort thront an den Südhängen des Sacarellomassivs und von hier aus hat man einen wunderbaren Panoramablick über die Hügel bis hinunter zum Meer. Überall auf dem Weg sieht man die bunten Dörfer malerisch an den steilen Hängen kleben. Diese Bauweise diente dem Schutz vor den Überfällen der Piraten, die die Fischer ins Hinterland vertrieben hatten. Aber selbst hier waren sie nicht sicher und versuchten durch die Bauweise etwas Schutz zu gewinnen.

Für Wohnmobile ist diese Tour leider ungeeignet, da die Straße sehr kurvig und eng sind.

Ausflug nach Badalucco mit dem Wohnmobil

Wer im Spätsommer in der Gegend ist, sollte sich das kleine mittelalterliche Örtchen Badalucco anschauen. Der Ort ist bekannt für den Anbau der weißen Bohnen und für die Zubereitung des Stockfisches. Deshalb findet hier jedes Jahr am dritten September-Wochenende das Stockfischfest statt, das tausende Besucher anzieht. Zwei Brücken aus dem Spätmittelalter und verwinkelte Gassen, die mit zeitgenössischen Keramiken und Wandbildern geschmückt sind, machen das kleine Dörfchen am Fluss Argentina aber auch ohne Fest zu einem beliebten Ausflugsziel.

Eine kleine Rundwanderung mit schönem Blick auf das Bergdorf beginnt direkt hinter der alten Brücke am Ristorante Il Ponte. Von hier aus geht ein Stufenweg (Wegweiser Santuario dell Aquasanta/Monte Grande) durch Terrassengärten den Hügel hinauf und windet sich dann nach links, umrundet Badalucco und bietet schöne Aussichtspunkte über das Bergdorf. Der Weg führt weiter auf eine kleine Straße, die immer leicht links in den neueren Ortsteil hinunterführt. Kurz vor dem alten Ortsteil kann man an heißen Tagen ein kühlendes Bad im Fluss Argentina nehmen und ein Picknick am kieseligen Ufer machen.

Auch ein lohnenswertes Ziel ist die bekannte **Ölmühle ROI-Öl**.

Sie wird von Franco Boerie in vierter Generation geführt. Seine Öle, allen voran das Tropföl Carte Noire, wurden mit zahlreichen Auszeichnungen prämiert. Ein Mitbringsel, das Kenner zu schätzen wissen.

Woher das Argentina-Tal seinen Namen hat

Das milde Olivenöl aus dem Argentina-Tal zählt zu den Besten in der Region Ligurien. Früher wurde das einzigartige Öl der Gegend auch bevorzugt für Öllampen verwendet, da es fast Rußfrei verbrennt.

Über fünf Millionen silberblättrige Oliven -und Eukalyptusbäume wurden im Argentina-Tal früher gezählt und von dieser silbernen Landschaft kommt auch der Name Argentina - abgeleitet vom lateinischen Argentum für Silber.

Oben:
Die Bruecke von Santa Lucia

Links:
bunte Gassen in Badalucco

Die Olivenbäume des Argentina-Tals ergeben hervorragendes Öl

Li 03 Parkplatz Badalucco* bis 6,5 m

GPS: 43.913574 , 7.845997

Großer Parkplatz direkt am Zentrum und kurz vor der Ölmühle. Ebene Fläche, nur für kleine Mobile bis 6,5 m.

Übernachtungsplätze in der Nähe:
LI 13 Hafen Camper Village** XXL
LI 12 Stellplatz Santo Stefano al Mare**

2 Lac des Mesches: Wandern, wo Ligurien schon französisch ist

Der Stausee zieht Franzosen und Italiener am Wochenende zum Wandern an

Oben & rechts: Das Hotel Chamois d'Or mit seinen lokalen Spezialitäten ist ein beliebter Treffpunkt im Sommer wie auch im Winter

LI 05 Parkplatz Lac des Mesches*

GPS: 44.071953 , 7.521565

Bevor Charles de Gaulle die Grenze nach dem Friedensvertrag 1947 festsetzte, gehörte das Gebiet des heutigen Mercantour-Nationalparks um den Lac des Mesches zu Ligurien und somit zu Italien.

Erst im Jahr 1979 wurde das insgesamt 146.500 ha große grenzübergreifende

Gebiet zum Nationalpark ernannt, dessen höchster Gipfe,l der ›Cime du Gélas‹, 3.143 Meter hoch in den Himmel ragt.

In dem riesigen Gebiet kann man Murmeltiere, Steinböcke und Lämmergeier entdecken. So gut wie nie begegnet man auf den Wanderungen dem sehr scheuen Bewohner des Parks - dem Wolf. Aufgrund der vielen Wildtiere sind Hunde - auch angeleint - im Nationalpark leider verboten.

Casterino - Ausgangspunkt für Wanderungen

Das breite Gebirgstal über dem schönen Stausee ist beliebtes Ausflugs- und Wanderziel beider Nationalitäten.

Ob kurzer Spaziergang am tosenden Fluss Vallon de Casterino oder ausgiebige Wanderung in den Nationalpark, am Schluss treffen sich alle in der gemütlichen Stube des schönen **Hotels Chamois d'Or**.

In dem sehr guten Restaurant geht es meistens hoch her, da es einem Familientreffen gleicht, wenn sich Stammgäste und der Wirt herzlich begrüßen. Serviert wird selbstverständlich ligurische und französische Küche. Eine piemontesisch-ligurische Spezialität - die Bagna Cauda - sollte man hier nicht versäumen. (s. Kulinarik-Kapitel).

Oben:
Viele Wege führen in den Nationalpark

Steinalte Felsgravuren entdecken im Tal der Wunder

Im ›Vallée des Merveilles‹, auch Tal der Wunder genannt, finden sich ca. 39.000 bronzezeitliche Felsgravuren, die damit die zweitgrößte Fundstelle prähistorischer Gravuren im gesamten Alpenraum ist. Zwei Wanderwege führen zu den berühmtesten Einzelfunden:

Die Fundstelle ›Le Christ‹ kann in einer ca. 3-stündigen einfachen Wanderung vom Lac des Mesches erreicht werden. Die Fundstelle ›La Voice Sacrée‹ ist ca. 2 Stunden von Casterino entfernt.

Weitergehende Wanderungen können auch geführt unternommen werden. Tour-Guide Buchungen und mehr Informationen über das Tal der Wunder unter: www.tendemerveilles.com

Oben:
Felsbild ›Le Christ‹ im Tal der Wunder

LI 04 SP Hotel Chamois d´Or* XL

GPS: 44.097267 , 7.506901

Großer Parkplatz für Mobile im Nationalpark Mercantour in Casterino beim Hotel und gegenüber auf der anderen Seite des Flusses.

Alternative Übernachtungsplätze:
PI 25 Limonetto* 40 km
LI 01 CP Villaggio dei Fiori***XL / C 70 km

3 Dolceacqua: Monets malerisches Städtchen im Nervia-Tal

LI 07 Parkplatz P1
Kirche* XL

GPS: 43.845635 , 7.624578

Das Castello dei Doria überragt zwar das ganze Dorf, berühmt ist es aber für die elegante und 33 m lange Brücke, die über den Nervia-Fluss führt. Seit Claude Monet sie bei seinem Mittelmeeraufenthalt im Jahre 1884 gemalt hat, zieht sie die Besucher in das hübsche Städtchen. Der französische Maler des Impressionismus war so begeistert von der Region um Bordighera, dass er hier über 50 Gemälde malte, die er dann größtenteils in seinem Pariser Atelier vollendete. Auf der Terrasse des **Ristorante Casa e Bottega** sollte man mit Blick auf die schöne Brücke den DOC-Rotwein Rossese di Dolceacqua verkosten. Er gilt als einer der besten Rotweine Liguriens und wird aus einer eigenen Rebsorte mit limitierter Flaschenauflage erzeugt. Wenn sein Alkoholgehalt 13% erreicht, erhält der Wein das Prädikat ›Superiore‹. Nach diesem Ausflug in die Weinwelt geht es zu einem kleinen Rundgang in die schlachtengeplagte kleine Stadt.

Rechts: Das Kastell und die berühmte Ponte Vecchio ziehen schon seit Jahrhunderten die Besucher an

Rechts: Claude Monet malte 1884 die Brücke von Dolceacqua, die er ›Juwel der Leichtigkeit‹ nannte

Rundgang durch den vielumkämpften Grenzort

Denn weniger malerisch ging es in früheren Zeiten zu. Als Grenzort spielte Dolceacqua eine wichtige Rolle.
1260 kaufte der genuesische Heerführer Oberto Doria das Lehen und die im 12.

Jh. gebaute Burg den Grafen von Ventemiglia ab. Das Kastell wurde über die Jahrhunderte auf dem befestigten Felsen weiter ausgebaut, um sie vor Überfällen zu schützen.

Die Stadt war jahrhundertelang umkämpft von Welfen (Guelfi), den laizistischen Gibellinen (Ghibellini) und den Grimaldi aus Monaco. 1524 wurde Dolceacqua unter den Schutz der Savoyer ge-

stellt und im Jahr 1652 zur Markgrafschaft erklärt - danach 1815 vom Königreich Sardinien annektiert.

Heute noch weisen die extrem schmalen Gassen mit ihren hohen Häusern auf diese Kämpfe hin.

Sie waren durch die Enge besser gegen Feinde zu verteidigen und im Sommer schützten sie vor der Hitze. Auf dem Weg nach oben findet man kleine Handwerksstuben und Künstlerateliers.

Außerdem sehenswert im alten Stadtteil Terra ist die im 14. Jh. gebaute **Kirche San Antonio Abate**, in der ein kostbarer Flügelaltar aus dem Jahre 1515 vom Renaissancemaler Ludovico Brea zu finden ist. Der Ortsteil Borgo wurde später gebaut, nachdem Terra an seine natürliche Grenze am Fluss Nervia gestoßen war. Um diese zwei Teile zu verbinden, wurde die berühmte Brücke gebaut.

Links:
Im Restaurant Casa E Bottega gibt es ligurische Speisen mit Blick auf die Brücke

Oben:
Der nennenswerte DOC-Rotwein Rossese di Dolceacqua wird hier angebaut

Links:
Hausfassade des ehemaligen Kinos

LI 06 Parkplatz Dolceacqua*

GPS: 43.846067 , 7.624222

Großer Parkplatz 600 m vom Zentrum entfernt. Sehr enge Einfahrt, deshalb nur für Mobile bis 7,50 m geeignet. Ebene Fläche unterhalb der Hauptstraße.

Übernachtungsplätze in der Nähe:
LI 09 CP Por la Mer C* C
LI 02 SP Sanremo** XXL 18 km

4 Bordighera & Giardini Hanbury: Die Briten entdeckten die Riviera

Traumhafter Blick auf die ›britische Riviera‹ vom Hanbury Garden

Die Riviera um Bordighera war Anfang des 19. Jh. fest in britischer Hand

Das ehemals kleine Fischer- und Bauerndörfchen Bordighera wurde Anfang des 20. Jh. von den Briten entdeckt, die vom 1857 in London veröffentlichten Roman »Il Dottore Antonio« inspiriert, nach Bordighera pilgerten. Hier spielte die romantische Geschichte von zwei englischen Touristen, deren Kutschenrad in Bordighera brach und die verletzte Miss Lucy vom Dottore gerettet wurde.

Der Bestseller beschrieb die Gegend dermaßen anschaulich, dass bis zu 3.000 Briten hierher zogen. Bei 2.000 ursprünglichen Einwohnern war der Einfluss der Briten überall zu spüren. Der erste Tennisclub Italiens entstand hier, Grand Hotels und Jugendstilvillen wurden gebaut, eine englische Bibliothek, und englische Ärzte kümmerten sich um die Exil-Briten. Als die Regierung aber das Glücksspiel im nahen Sanremo einschränkte, wanderte die Gesellschaft langsam in die damals noch unbedeutenden Städte Nizza und Monte Carlo ab. Heute sieht man von den damaligen Prachtbauten nur noch wenig. Wer auf Spurensuche gehen möchte, wird in der Via Romana, zwei Parallelstraßen von der Hauptstraße, bei der **Fondazione Villa Regina Margherita** fündig. Hier sieht man noch alte Hotelbauten und schöne Villengärten aneinander aufgereiht. Das riesige, verfallene **Hotel Angst**, in dem alle Prominenten abstiegen, wird im Moment restauriert.

LI 08 P Bordighera Bahnhof* 7 m

GPS: 43.779056 , 7.661904

Trotzdem ist dem Städtchen das geblieben, was die Engländer schon damals anlockte: ein wunderbarer langer und breiter Kiesstrand, türkisfarbenes Wasser, die breite Strandpromenade ›Lungomare Argentina‹ und natürlich das milde Klima. Hier kann man sich einen schönen Strandtag machen oder zum Sundowner in eine der vielen Strandbars einkehren. An klaren Tagen reicht der Blick bis zum Esterel Massiv an der Côte d'Azur.

Die Entstehung des berühmten Hanbury Gartens

Auch der durch Exportgeschäfte in Shanghai reich gewordene Engländer Thomas Hanbury langweilte sich im englischen Winter und schaute sich, wie viele seiner Landsleute, an der Riviera nach einem Domizil um. 1867 erwarb er den heruntergekommenen Palazzo Orengo und das dazugehörige Hanggelände zum Meer hinunter. Mit Hilfe des deutschen Gärtners Ludwig Winter, der schon einige Gärten an der Riviera angelegt hatte, entstand einer der bedeutendsten botanischen Anlagen der Welt.
Die tief eingeschnittene Schlucht des Parks ist perfekt gegen Nordwinde geschützt, so dass sich hier eine unvergleichliche Vegetation entfalten konnte.

Oben:
Im loungigen Beach Club Paloma 11 trifft man sich heute

Links:
In der Nebensaison finden auch längere Mobile auf dem Parkplatz einen Platz

LI 09 Camping Por la Mar* C

GPS: 43.792916 , 7.564057

1,5 km vom Hanbury Garden liegt der einfache Campingplatz, nur 200 m vom Meer entfernt. Stehen auf Kiesgrund unter schattigen Bäumen.

Alternative Übernachtungsplätze:
LI 02 SP Sanremo** XXL 18 km
LI 01 CP Villaggio dei Fiori***XL /C
18 km

Rechts:
Unter dem Mausoleum fand Thomas Hanbury seine letzte Ruhestätte

Oben:
Sir Thomas Hanbury
Rechts: Palazzo Orengo

Unten:
Traumhafter Blick von den Giardini

Von den ehemals 5.000 Pflanzenarten sind heute immer noch 2.000 übrig. Der Besuch des Gartens lohnt sich gleich mehrfach.

Vom Eingang hat man einen fantastischen Blick über das türkisfarbene Meer der Riviera. Wundervolle schattige Wege und märchenhafte Brunnen ziehen sich terrassenförmig den Hang hinab, immer wieder finden sich schöne Plätze zum Verweilen und die Villa mit ihrer Terrasse ist einfach traumhaft. Für die Besichtigung sollte man mindestens einen halben Tag einplanen. Unten am Meer gibt es schöne Picknickplätze und ein kleines Café, in dem man sich für den Aufstieg zum Ausgang stärken kann.

Der traumhafte Garten brachte Thomas Hanbury den Adelsstand ein. Die 1882

LI 10 Parkbucht Hanbury G.* (2 Plätze)

GPS: 43.789062 , 7.558705

eigens angereiste Queen Victoria erhob ihn zum ›Sir‹ und auch Ludwig Winter brachte der Garten Glück: Er züchtete und exportierte Rosen, die er im Winter nach Deutschland schickte.

Ein Besuch der Villa ist allerdings nicht so einfach, da selbst für Pkws kaum Parkplätze vorhanden sind. Ca. 700 m vor der Villa ist eine große Haltebucht, auf der auch Mobile Platz finden können.

Als andere Möglichkeit bietet sich an, auf dem 1,5 km entfernten Campingplatz Por la Mar zu übernachten und dann von dort aus den Ausflug, zu starten.

5 Santo Stefano al Mare: ›Ankern‹ zum Sonnenbaden am Yachthafen

Santo Stefano al Mare ist ein unaufgeregtes kleines Küstenstädtchen, das sich am Meeresufer bis zum neuen Yachthafen Marina degli Aregai entlangzieht. In dem 1992 gebauten Hafen liegen knapp 1.000 Boote und Yachten vor Anker.

Direkt am Yachthafen befinden sich Stellplätze mit Traumaussicht auf Strand und Meer.
Auch am Platz liegt das moderne und loungige **Restaurant Il Sandolino** mit seinem schönen gepflegten Beach Club. Hier kann man sonnenbaden, einen kleinen Snack zu sich nehmen und das Leben genießen. Unter dem großen Sonnensegel des Restaurants lässt es sich auch an sehr heißen Tagen gut aushalten. Wer lieber an einem öffentlichen Strand baden möchte, findet ein paar Meter vor dem Ortskern auch einen Strand. Gleich hier bei der Kirche liegt auch das einfache aber leckere **Restaurant Il Cucina**, das sehr gute Fischgerichte serviert. Auf der kleinen Terrasse im Ortskern kann man einen schönen Abend verbringen.

Oben:
Das moderne Restaurant mit Beachclub und Terrasse liegt direkt am Stellplatz

LI 12 SP Santo Stefano al Mare**

GPS: 43.836934 , 7.905429

Schöner ebener Platz ohne Schatten direkt am Yachthafen mit Blick aufs Meer ca. 1 km vom Zentrum entfernt.

Übernachtungsplätze in der Nähe:
LI 13 Hafen Camper Village** bis 11 m
LI 22 Campingplatz Marino*** XL / C

6 Imperia: Mittelalterliche Altstadt trifft auf modernen Hafen

Oben: Der malerische Stadtteil von Imperia: Porto Maurizio

Rechts: Die imposante Basilika von Porto Maurizio ist die größte Kirche Liguriens

Rechts: An der Hafenpromenade speist man sehr gut in der ›Osteria dal Pescatore‹

Die große Provinzhauptstadt besteht aus zwei Städten, die 1923 zusammengelegt wurden. Das malerische alte Stadtviertel Porto Maurizio zieht sich im Westen den Hügel Parasio hinauf, während der moderne Stadtteil Oneglia mit seinem großen Hafen sich ostwärts wendet. Geteilt werden diese Stadtteile durch den Fluss Imperio, der auch der Namensgeber der Stadt ist.

Bummel durch Porto Maurizio

Vom Wohnmobil-Stellplatz hinauf zum Dom sind es zu Fuß zwar nur 1,4 km, aber die haben es in sich. Steil ziehen sich die engen Gassen und Treppen den Hügel hinauf, aber dafür wird der Besucher mit schönsten Fotomotiven an jeder Weggabelung belohnt. Wunderbare Ausblicke auf das Meer und die vielen

pittoresken Häuser machen einem die Motivwahl schwer. Auf der Piazza vor dem Dom angekommen, staunt man über die schiere Größe der Kirche in dieser kleinen Stadt.

Die **Basilika San Maurizio** wurde 1781 bis

1832 vom Architekten Gaetano Cantone im klassizistischen Stil errichtet und ist die größte Kirche Liguriens. Winzig klein erscheinen die Menschen auf ihrem Vorplatz, wenn man weiter zum höchsten Punkt des Hügels aufsteigt, der Piazza Parasio. Von hier oben hat man auch einen guten Blick hinunter auf den riesigen Yachthafen und die umliegenden Strände. Zur kleinen Stärkung vor dem Abstieg sollte man in der **Enoteca ENOONE** haltmachen. Hier gibt es im kühlen modernen Ambiente beste Weine und leckere Kleinigkeiten. Wer lieber unten am alten Hafen den Blick auf das Meer und fangfrischen Fisch genießen möchte, sollte die **Osteria dal Pescatore** besuchen. Auf der Terrasse des Restaurants direkt an der Promenade kann man wunderbar die Zeit vergessen.

Pulsierendes Zentrum Oneglia

Das Zentrum von Oneglia ist die Piazza Dante. Rund um den großen Springbrunnen im Zentrum des Verkehrsknotenpunktes pulsiert das Leben durch Vespas und Straßencafés. Direkt unter den angrenzenden Arkaden findet sich auch das **Belle-Epoche-Café Piccardo**, in dem sich seit 1906 alle Schleckermäuler treffen. Die Sachertorte und auch die heiße Schokolade sind sehr zu empfehlen. 1946, während des Rennens Mailand-Sanremo, lag der Radrennfahrer Fausto Coppi zehn Minuten in Führung, hielt vor dem Caffè, genehmigte sich einen belebenden Espresso, radelte weiter und gewann mit vierzehn Minuten Vorsprung. Von hier sind es nur wenige Meter zum Hafen und der schönen Pro-

menade mit vielen Bars und Restaurants. Auch nur 500 m sind es zum empfehlenswerten **Museo dell'Olivo**, das sich in einer Villa aus den 20er Jahren, dem Firmensitz der Öl-Fabrik Fratelli Carli befindet. In den schönen Ausstellungsräumen lernt man von der Geschichte des Olivenbaums bis zur Ölherstellung alles, was wichtig ist.

Die historische Regatta

Alle zwei Jahre Anfang September findet vor der Küste Imperias ein besonderer Event statt, der tausende von Menschen anlockt: der Wettbewerb ›Vele d'Epoca di Imperia‹. Historische Segelschiffe und deren Crews versuchen die Regatta zu gewinnen und man sieht wunderschöne Großsegler wie das italienische Schulschiff Amerigo Vespucci und die deutsche Gorch Fock. Termine unter:
www.veledepoca.com

Oben:
Der große Hafen von Imperia

Oben:
Das Caffè Pasticceria Piccardo gibt es schon seit 1906

LI 15 Stellplatz Imperia Porto Maurizio*

GPS: 43.869190 , 7.999872

Ebenes Stehen auf Asphalt ohne Schatten im Wohngebiet unweit der Hauptstraße und dem Strand.

Übernachtungsplätze in der Nähe:
LI 13 Hafen Camper Village** bis 11 m
LI 22 Campingplatz Marino*** XL / C

7 Cervo: Besuch in einem der schönsten Dörfer Italiens

Oben:
Das malerische Cervo bietet schöne Gassen auf dem Weg nach oben

Rechts:
Schattiger Hof vor dem Castello und dem Feinschmeckerrestaurant San Giorgio

Vom schönen Kiesstrand hat man einen wunderbaren Blick auf das hübsche Dörfchen am Hügel, das wie auch Noli und Vernazza zu »I Borghi più belli d'Italia« gewählt wurde.

Ein Spaziergang durch die autofreie Innenstadt die engen Altstadtgassen hinauf ist ein Vergnügen. Überall in den engen Gassen, finden sich Blumenranken und malerische Winkel.

Ganz oben auf einem Felsen befindet sich das **Castello dei Clavesana**, das ein Heimatmuseum und die **Tourist-Information** beherbergt.

Auf dem schattigen Platz vor dem Castell befindet sich auch das **Feinschmeckerrestaurant San Giorgio**, das nicht nur eine fantastische Küche zu bieten hat, sondern auch eine sensationelle Aussicht.

Chopin, Puccini und eine sensationelle Aussicht

Auf halber Höhe liegt die sehenswerte **San Giovanni Battista Kirche**, die 1720 im barocken Stil erbaut wurde.

Auf ihrem großen Vorplatz findet seit 40 Jahren, von Mitte Juli bis August, das internationale Festival der Kammerkonzerte statt. Eine traumhafte Kulisse für

LI 16 Parkplatz Cervo Zentrum* 7 m

GPS: 43.927925 , 8.115505

LI 17 P Sportplatz* XL

GPS: 43.925223 , 8.104675

Musikliebhaber. Alle Termine und Informationen unter www.cervo.com.
Wer lieber entspannt Lounge-Musik hören möchte, findet im **Porteghetto** seine zweite Heimat. Das stylische Restaurant mit Bar und Beach-Club bietet durch seine verschiedenen Terrassen einen Traumblick über den Strand aufs Meer.

Oben:
Blick von oben auf die Bucht

Wer gerne wandert, findet in den Olivenhainen oberhalb des Ortes schöne Wege bis hinauf zum Pizzo d'Evigno auf 989 m. Die Wanderkarte von Cervo bekommt man im Tourismusbüro.

Camping direkt am Meer oder doch lieber auf dem Stellplatz?

Für Mobil-Reisende hat die Stadt noch etwas Besonderes anzubieten:
Gleich drei einfache, aber schöne Campingplätze liegen nebeneinander direkt am Strand.
Beim Camping Miramare können Wohnmobile unter schattigen und hohen Bäumen stehen, während die anderen Plätze durch ihre schattige Überdachung nur für wirklich kleine Mobile geeignet sind. Von hier aus ist man in 650 Metern in der Stadt. Vom Stellplatz ist man gut 1 km unterwegs.

Oben:
Wohnmobile auf dem Camping Miramare

Links:
Die Restaurantterrasse Il Porteghetto

LI 18 Stellplatz Camper Cervo* XL

GPS: 43.929718 , 8.105525
Der große Platz auf Kies liegt direkt an der Straße, ca. 1 km vom Zentrum entfernt (Foto). Umspannwerk gegenüber.

LI 20 Camping Miramare*

GPS: 43.923795 , 8.111206
Der kleine familiengeführte Platz liegt direkt am Strand.

8 Albenga & Toirano: Mittelalterliche Turmstadt & Ausflug zur Riesengrotte

Die Piazza San Michele ist das Zentrum der Stadt

Die Stadt Albenga mit ihren weithin sichtbaren Geschlechtertürmen ist etwas Besonderes an der ligurischen Küste. Die hohen Verteidigungstürme der einflussreichsten Familien prägen das mittelalterliche Stadtbild und zeugen von ihrem früheren Wohlstand.

Schon im 5. Jh. v. Chr. war Albenga von ligurischen Stämmen bewohnt und wurde später als römisches Castrum Hafen- und Nachschublager für die römischen Provinzen. Im Jahre 1098 nahm Albenga mit eigener Flotte zusammen mit Genua und anderen am ersten Kreuzzug teil. Zu dieser Zeit ragten 50 Geschlechtertürme bis zu 60 m hoch in den Himmel. Heute sind noch 12 vorhanden. Im Zentrum an der Piazza San Michele kann man sich dem Eindruck der mittelalterlichen Stadt kaum erwehren. Vor allem in den Abendstunden fühlt man sich in die Vergangenheit versetzt.

Der Besuch der **Galeria Arte Moderna**, die im Palazzo Veccia / Torre Civica gleich neben der Kirche untergebracht ist, lohnt sich wegen der schönen Arbeiten von Picasso bis zu Depero, aber auch, um die mittelalterlichen Säle und den Turm zu erkunden. Von ganz oben kann man den alten Stadtkern am Fluss Centa sehr gut erkennen.

Kultur & Kulinarik entdecken

Unten gibt es in den Gassen im Zentrum noch viel zu entdecken. Neben weiteren Museen (**Museo Navale Romano & Civico Museo Ingauno**) gibt es auch viele schöne Boutiquen, nette Cafés und jede Menge guter Restaurants. Das Slow Food **Restaurant Cantina Vino Libero** bietet hervorragenden Wein und riesige Steaks. Gleich gegenüber empfiehlt es sich, in der **Osteria Pizzeria Rosetta** das Fritti Misto zu bestellen. Die beiden Restaurants sind nur 50 m weit von der

Piazza San Michele entfernt. Etwas weiter weg ist das Mailänder **Sushi Restaurant SUSHIONE**. Hier kann man den frischen Fisch zur Abwechslung mal als Sushi- oder Sashimi-Platte genießen. Auf dem Weg dorthin findet sich auch die **Traditionsweinhandlung Malandrone Vini**, die seit 1918 Weine, Champagner und frischen Trüffel anbietet. In dem kleinen prallvollen Laden kann man Stunden mit der Weinauswahl verbringen.

Ausflug zur Grotte di Toirano

Nur 3 km von Albenga entfernt finden sich zwei miteinander verbundene Höhlen, in denen schon Steinzeitmenschen gelebt haben. 1200 m weit geht es in

LI 31 Parkplatz Grotte di Toirano* XL

GPS: 44.136009 , 8.199875

den Höhlen Bàsura und Santa Lucia in den Berg hinein. Hier zeigt sich eine wunderbare Welt aus Stalagmiten und Stalaktiten, besonders sehenswert ist der Saal der Abdrücke, in dem erste Spuren prähistorischer Menschen zu finden sind.

Für den Ausflug in die 16° kalte Unterwelt sollte man sich unbedingt warm anziehen und eine Taschenlampe dabei haben, um vom Führer unabhängig zu sein. Für Wohnmobile ist der Anfahrtsweg zwar eng, aber vor der Höhle gibt es Parkplätze auch für große Mobile.

Links:
Das Museum für moderne Kunst ist im Torre Civica untergebracht

Oben:
Das Slow Food Restaurant Cantina Vino Libero im alten Gewölbekeller

Links:
Die riesige Grotte di Toirano ist sehenswert

LI 28 Agricampeggio Ca de Miché*** XL

GPS: 44.052274 , 8.221745

In der Gärtnerei steht man ruhig und sicher im Grünen, ca. 750 m vom historischen Ortskern entfernt und kann das hier gewachsene Gemüse kaufen.

Übernachtungsplätze in der Nähe:
LI 27 CP P. V. Monti e Mare***
LI 30 CP Residence Sole** C

9 Finale Ligure & Noli: Strandvergnügen, Kultur & Fischerdörfchen

Rechts:
Der Triumpfbogen an der Piazza Vittorio Emanuele II

Unten:
Der prächtige Innenraum der Basilika San Giovanni Battista

Finale Ligure besteht aus den vier Ortschaften Finale Marina, Finalpia, Finalborgo und Varigotti, die 1927 zusammengeschlossen wurden. Finale Marina ist der größte und bekannteste Ortsteil, da sein breiter Sandstrand natürlich jede Menge Besucher anlockt. Für Sportkletterer und Mountainbike-Fans bietet das Hinterland von Finale Ligure erstklassige Trails und über 2.500 Kletterrouten. Das Ganze immer mit Blick über die Hügel zum Meer. Kein Wunder, dass das 24 Hour MTB race of Finale Ligure immer mehr Beachtung findet. Mehr Infos unter: www.24hfinale.com

Rundgang durch Marina Ligure

Vom Stellplatz gelangt man nach 900 m zur großen Piazza Vittorio Emanuele II und seinem riesigen Triumphbogen. Hier ist nicht nur das Zentrum von Finale Marina, sondern auch der Treffpunkt aller Eisliebhaber, denn die leckere **Gelateria Caffè Giovanacci** liegt an der Ecke des Platzes. Von hier aus sind es nur wenige Schritte zur **Basilika San Giovanni Battista**, die zu einer der interessantesten Barockkirchen in der Provinz Savona gehört. Weiter geht es hinauf zur 1365 errichteten **Burg Fortezza di Castelfranco**, von der man eine wunderbare Aussicht über die Stadt und das Meer hat.

Besuch im schönen Finalborgo

Wer vom Stellplatz ca. 1,6 km flussaufwärts radelt, kommt zum mittelalterlichen Dörfchen Finalborgo, das auch zu einem der schönsten Dörfer Italiens gewählt wurde.

Umgeben von einer alten hohen Stadtmauer mit vier Stadttoren findet man in den Gassen schöne Kunsthandwerk-

Rechts:
das Castello San Giovanni thront über Finalborgo

läden und viele kleine Bars & Cafés. Hier lässt es sich gut bummeln oder auf dem historischen Pflastersteinpfad hinauf zum **Castello San Giovanni** wandern. Von hier aus hat man einen schönen Blick über das schöne Dorf.

Ausflug zum Fischerdorf Noli

Da es in dem kleinen Dörfchen kaum Parkmöglichkeiten für Mobile gibt, lohnt es sich mit dem Bus hinzufahren. Die knapp 10 km lange Strecke führt auch an den wunderbaren Stränden von Varigotti vorbei. Das schöne Fischerdörfchen betrieb früher einen regen Seehandel, da das Ufer sehr schnell abfällt und daher große Schiffe vor Anker gehen konnten. Einen Vorteil, den auch Piraten und Sarazenen immer wieder für Überfälle ausnutzten. Was früher zur Verteidigung diente, macht heute den Charme von Noli aus: die mittelalterlichen Wehr- und Befestigungsanlagen mit den drei Stadttoren, die Geschlechtertürme und die Ruine des Castello de Monte Ursino aus dem 12. Jahrhundert. Nach 1239 war das Dorf sogar Bischofssitz und die **Kirche San Paragorio** hatte sogar den Status eines Doms. Heute befindet sich im alten Bischofssitz das **Hotel Palazzo Vescovile**, das ein Sterne-Restaurant mit wunderbarer Panoramaterrasse beherbergt. Das alles findet man auf engstem Raum und ein Bummel durch die engen Gassen und zum Fischerplatz an der Strandpromenade sollte man nicht versäumen. Hier verkaufen die Fischer frühmorgens den Fang der vergangenen Nacht, wie sie es schon hunderte Jahre vorher getan haben.

Oben: Wunderbarer Sandstrand von Varigotti

Oben: Schönes Mosaik in Noli in der Loggia della Repubblica

Links: Hier wird noch jeden Tag gefischt wie in vergangenen Zeiten

LI 36 Stellplatz Finale Ligure* XL

GPS: 44.166041 , 8.337662

Großer Stellplatz auf Schotterfläche ohne Schatten direkt am Meer, ca. 700 m vom Zentrum. Enge Einfahrt, daher aus Richtung Noli einfahren. Vorgeschriebene Parkrichtung: Heck zum Meer.

Übernachtungsplätze in der Nähe:
LI 38 CP Eurocamping Calvisio*** C
LI 39 SP Spotorno**

10 **Spotorno:** Strandstädtchen für Sonnenanbeter & Feinschmecker

Oben:
Ibiza-Feeling am Sirio Beach Club & Bar

Mitte:
Wein im Ristorante Cambio

Rechts: Gepflegte Strandpromenade

Strandvergnügen pur findet man in Spotorno, einem eher unbekannten Küstenstädtchen, dessen lange Sandstrände auch die Mailänder schätzen. Am Wochenende gibt es deshalb auf den zwei Stellplätzen lange Wartelisten, aber unter der Woche ist es beschaulich ruhig und am **Lounge Bar Beach Club Sirio** breitet sich eine entspannte Ibiza-Atmosphäre aus. Deshalb sollte man auch den Sundowner unbedingt auf der Terrasse des Clubs mit Blick auf die Isola di Bergeggi zu sich nehmen.

Große Auswahl für Kulinarik-Freunde

Wohl aufgrund der vielen Mailänder Besucher bietet Spotorno ungewöhnlich viele und gute Restaurants, die sich in der kleinen Fußgängerzone aneinanderreihen. Empfohlen sei ein Besuch des ausgezeichneten **Ristorante Al Cambio**, das raffinierte mediterrane Küche bietet und das **Ristorante El Carnicero**, das für Fleischliebhaber ein El Dorado ist. Im Restaurant hängen die Fleischhälften vor der edlen Marmorwand, um gleich gegrillt zu werden. Nach dem Essen geht es zur Bar Gigi, von der man wunderbar das Treiben der gegenüberliegenden Bar und das Nachtleben beobachten kann. Hier trifft sich alles auf einen Drink und ein Schwätzchen.

Strandvergnügen ganz nah

Im Zentrum an der 2 km langen Strandpromenade finden sich viele kleine Parks, Palmen und Springbrunnen, die einem die Suche nach dem schönsten Strandabschnitt angenehm machen. Ob öffentlicher Strand oder Beach Club - hier findet jeder das Passende.

Vom schattigen Wohnmobilstellplatz Parcheggio Camper im Grünen sind es nur 150 m zum Strand.

Ein weiterer Stellplatz ›Parcheggio Autocaravan‹ liegt direkt neben der Hauptstraße beim Strand, etwas vom Ortskern entfernt. Letzterer ist dadurch nicht so empfehlenswert, bietet aber viel Platz auch für große Mobile.

Tagesausflug nach Genua

Mit der Bahn kommt man von Spotorno in einer Stunde nach Genua. Ohne Parkplatzstress kann man die Sehenswürdigkeiten der Stadt entspannt erkunden. Am Bahnhof halten auch die Touristik-Busse Citysightseeing Genova, mit denen man jederzeit an interessanten Punkten aus- und einsteigen kann. Mehr unter: www.genova.city-sightseeing.it

Oben:
2 km lange Sandstrände ziehen sich die Promenade entlang

Mitte:
Carpaccio im El Carnicero

Links:
Der Wohnmobilstellplatz Autocaravan bietet Platz auch für große Mobile

LI 39 SP Parcheggio Camper Spotorno**

GPS: 44.22302 , 8.41321

Der einfache und ruhige Platz ist von den beiden Stellplätzen Spotornos der Einzige mit Schatten und liegt nur 150 m vom öffentlichen Strand entfernt.

Übernachtungsplätze in der Nähe:
LI 40 SP Parcheggio Autocaravan* XL

11 Genua: Kulturhauptstadt Liguriens und Bankenzentrum mit Tradition

Oben:
Der alte Hafen ist der Anziehungspunkt der Stadt

Mitte: Das einst gefürchtete Wappen der Stadt

Oben:
Der Besuch im Aquario di Genova ist ein Muss

Rechts:
Genua genießt man auf der Terrasse des Ristorante Il Gozzo

Die an der ligurischen Küste gefürchteten Piraten nahmen es zu Lande und zu See fast mit allen auf, aber vor der weißen Fahne mit dem roten Kreuz hatten sie Respekt.

Zu mächtig war die Genueser Flotte geworden, nachdem sie die Pisaner Flotte 1284 vernichtend geschlagen hatte und sich fortan mit Venedig die Seeherrschaft im Mittelmeer teilte. Der Seehandel blühte und die großen Familien der Stadt häuften unermeßliche Reichtümer an. Vor allem der erste Kreuzzug brachte der Stadt Gewinn und kostbare Reliquien. Die Asche Johannes des Täufers und der ›Sacro Catino‹, der Kelch, aus dem Jesus beim letzten Abendmahl getrunken haben soll, werden heute noch in der Kathedrale San Lorenzo geehrt und ziehen seit Jahrhunderten Pilger und Besucher an. Genuas Seefahrer entdeckten neue Länder und Christoph Kolumbus, der um 1446 in Genua geboren wurde, entdeckte schließlich Amerika. Den Höhepunkt der Macht erreichte Genua unter dem Herrscher Andrea Doria, der von 1466 bis 1560 gelebt hat.

Alter Hafen in neuer Pracht

Der Hafen, von dem früher alle Macht ausging, ist der optimale Startpunkt für jede Stadtbesichtigung. Dank der Neugestaltung des weltbekannten Architek-

ten Renzo Piano, der in Genua geboren wurde, ist der Hafen die Freizeitattraktion der Stadt. Auf breiten Flanierstraßen und großen Plätzen tummelt sich das Leben und eine Attraktion reiht sich an

die andere. Hier findet sich das Filmschiff von Roman Polanskis ›Piraten‹ und das zweitgrößte Aquarium Europas. Im 430 m langen Aquario di Genova findet man auf 5 Stockwerken vom Hai bis zum ›Nemo‹ alle Fische der Weltmeere. Knapp 3 Stunden sollte man mindestens für den Rundgang einplanen.

Perfekten Überblick über das ganze Gebiet bekommt man vom **Bigo** - ein Aussichtsfahrstuhl, der die Besucher zum 360° Panoramablick nach oben bringt. Auch starten vom Hafen Rundfahrten und Boote zum Whale-Watching sowie die Touristenbusse, von denen man an jedem Haltepunkt aus- und wieder einsteigen kann. (www.battellierigenova.it und www genova-city-sightseeing.it). Wer von den Sehenswürdigkeiten am Hafen schon etwas müde geworden ist, kann sich im **Hotel NH Collection Genova Marina** mit einer Pasta Genovese stärken. Auf der gepflegten Terrasse mit Blick auf elegante Yachten und Polanskis Filmschiff kann man in Ruhe die weitere Eroberung der Stadt planen. Wer lieber abends im alten Hafen speisen möchte, braucht teilweise starke Nerven, da die angesagtesten Lokale in den dunkelsten Ecken zu finden sind. Es schadet nicht, eine Taschenlampe dabei zu haben. Wer dann die schicken Adressen gefunden hat, findet sich inmitten der Genueser Gesellschaft wieder. In der **Osteria di Vico Palla** oder im **Ristorante Le Mani in Pasta** kann man vorzüglich essen.

Besten Fisch genießen beim Slow Fish Festival

Alle zwei Jahre lassen sich Italiens beste Köche im alten Hafen in die Töpfe schauen, um mit dem Slow Fish Festival Politik und Besucher für mehr nachhaltige Fischerei zu begeistern. Bei freiem Eintritt kann man Fisch in allen Variationen verkosten: Roh zubereitet als Carpaccio, in hausgemachten Nudeln oder knusprig-braun vom Grill. Mehr dazu unter: www.slowfood.com/slowfish

Linke Seite:
Der Genueser Architekt Renzo Piano hat das ganze alte Hafenareal neu gestaltet

Unten:
In dunklen Hafengassen findet man heute Feinschmeckerrestaurants - hier das Le Mani in Pasta

Mitte:
Roman Polanskis Film-Piratenschiff liegt hier vor Anker

Oben:
Beim Slow Fish Festival kann man Fisch auf jede Art verkosten

Oben: Die schöne Einkaufspassage befindet sich gleich hinter dem Theatro Carlo Felice

Rechts: Der Eingang des Theatro Carlo Felice

Unten: In der Via Garibaldi wurde das moderne Bankwesen erfunden

Das größte Schifffahrtsmuseum des Mittelmeeres

Das **Museo Nazionale del Mare** im Porto Antico dokumentiert auf vier Etagen die ruhmreiche Geschichte der Genueser Seefahrt. Schiffsmodelle und Navigationsinstrumente aus der Zeit des Christoph Kolumbus sowie Waffen, Rüstungen und Galionsfiguren sind zu sehen. Zahlreiche Videos lassen den Besucher im wahrsten Sinne in die Welt der Seefahrt eintauchen.

Ausflug zum Ursprung des modernen Bankwesens

In Genua beginnt zwischen 1407 und 1409 der Sieg des Buchgeldes über das Bargeld und somit die moderne Wirtschaft. Die Bank Casa di San Giorgio in der Via Garibaldi (GPS: 44.410712 , 8.934668) vergibt anfangs vor allem Staatsanleihen und entwickelt ein vorbildliches Buchführungssystem - sie gilt unter Experten als eine der ersten Aktiengesellschaften Europas. Noch heute ist ein Gang durch die berühmte Straße ein Muss in Genua. Auf 250 m reiht sich in prachtvollen Renaissancepalazzi eine wichtige Bank an die andere.

Schwer vergittert und mit uneinnehmbaren Türen findet man hier, unter vielen italienischen auch die Deutsche Bank. In viele Paläste kann man heute auch ohne Bankkonto hineinschauen, da die Museen **Palazzo Rosso** Nr. 18 und **Palazzo Bianco** Nr. 11 sowie die Handelskammer und das Rathaus hier zu finden sind. Im Palazzo Bianco und im Palazzo Rossi sind schöne Bildersammlungen mit Werken von Veronese, Caravaggio, Van Dyck und Dürer zu bewundern. Ein weiteres Highlight in der Prunkstraße befindet sich im **Palazzo Doria Tursi**.

Hier wird die Violine des Geigenvirtuosen Niccolò Paganini ausgestellt, die er seiner Geburtsstadt Genua per Testament vermacht hat. Die Palazzi auf der Via Garibaldi, Via Balbi und Via Cairoli zählen zum UNESCO-Welterbe.

Wer von der Via Garibaldi Richtung Hafen abweicht, gelangt sofort in eine ganz andere Welt. In den engen, verwinkelten Gassen findet sich das Rotlichtgewerbe mit entsprechend zwielichtigen Gestalten. Hier sollte man sich besser nicht in den Abendstunden verirren.

Die Highlights im Zentrum

Rund um die Piazza Raffaele de Ferrari liegen die Prachtbauten und Museen. Im **Palazzo Ducale**, dem einstigen Amtspalast der Dogen (seit 1339) finden große internationale Kunstausstellungen und Events statt.

Im **Theatro Carlo Felice** (44.40793 , 8.934481) trifft sich die internationale Opernbühne - nachdem 1991 der Architekt Aldo Rossi den im 2. Weltkrieg zerstörten Innenraum hochmodern umgebaut hat. Und in der **Cattedrale di San Lorenzo** (GPS: 44.407794 , 8.930876) sind beeindruckende Gemälde und heilige Reliquien zu besichtigen.

Schutzpatron der Stadt und Heiliger Gral

Das große Gotteshaus mit seiner schwarz-weiß, gestreiften Marmorfassade, birgt im linken Seitenschiff die Gebeine Johannes des Täufers (San Giovanni), welche die Kreuzritter im 11. Jh. aus dem heiligen Land mitgebracht haben. Wer in der Zeit um den 24. Juni, dem Fest des Hl. Johannes des Täufer in Genua ist, kann ein beeindruckendes Fest mit Konzerten und kulturellen Veranstaltungen erleben. Am Abend des 23. findet eine feierliche und beeindruckende Prozession vom Dom durch die Altstadt bis zum Porto Antico statt. Die Menge folgt den wunderschönen und riesengroßen, bis zu 180 Kilo schweren mit Silber verzierten Prozessionskruzifixen von der Kirche zum Hafen hinab,

**Oben:
Selbst die beeindruckende Stazione Marittima wirkt gegen die Ozeanriesen winzig klein**

**Links:
Kuppeln der Kathedrale San Lorenzo**

LI 47 SP Marina Park* XXL

GPS: 44.403400 , 8.931170

Neue Stellplätze für Busse und Reisemobile. Kiosk, Kinderspielplatz und WC am Platz. Nur ca. 500 m zum Porto Antico.

Alternative Übernachtungsplätze:
LI 53 Camping Rapallo** C
LI 45 Campeggio Villa Doria** C

Rechts: Prachtvoller Saal der Giganten in Andrea Dorias Palazzo Principe

Unten: Das schlichte Geburtshaus von Christoph Kolumbus

wo der Erzbischof das Meer, die Stadt und die Teilnehmer der Prozession segnet.

Ein weiteres kulturgeschichtliches Highlight ist im Domschatzmuseum (**Museo del Tesoro di San Lorenzo**) versteckt. Hier kann man den sogenannten Heiligen Gral von Genua besichtigen, der das Blut Christi, den Wein des Abendmahls, enthalten haben soll. Die smaragdgrüne, sechseckige Glasschale wurde im Jahre 1101 nach der Eroberung von Caesaerea Maritima (im heutigen Israel) nach Genua gebracht.

Königliche Paläste und Gärten

Die Besichtigung des monumentalen Königspalastes **Palazzo Reale** darf bei einem Genua-Besuch nicht fehlen.

Das Gebäude ist mit 100 m Breite der größte Palastbau der Stadt. Erbaut im XVII. Jahrhundert wurde er später Residenz der Savoyer während ihrer Genua-Aufenthalte. Königlich ist auch seine luxuriöse Ausstattung mit schönen Terrassen und hängenden Gärten.

Auch die **Villa del Principe**, der Palazzo des Andrea Doria ist einen Besuch wert, auch wenn sie mittlerweile eingezwängt zwischen Bahnlinie, Stadtautobahn und dem neuem Kreuzfahrthafen liegt. In dem einst prachtvollen Palast, den Andrea Doria im 16. Jahrhundert erbauen ließ, sind Kunstwerke der wichtigsten Künstler seiner Zeit zu bewundern.

Rechts: Christoph Kolumbus

Werke von Perin del Vaga, Piola, Tavarone, Cambiaso, Tiziano und Castello sowie ein monumentaler Neptunbrunnen von den Brüdern Carlone sind zu sehen.

Das Geburtshaus des Seefahrers Christoph Kolumbus

Nach all den prunkvollen Palästen übersieht man fast eines der wichtigsten Häuser der Stadt - ein winziges Steinhäuschen, das der Familie Kolumbus gehörte.

Heute beherbergt das **Casa di Colombo** auf drei Stockwerken ein kleines Museum

Unten: Steiler Parkaufgang bei der Piazza della Victoria

mit Erinnerungen und Schriften des berühmten Sohnes der Stadt.
Die Marmorbüste des Mannes, der mit 14 Jahren schon zur See fuhr, ist hier zu sehen und auch die Nachbildung der Schiffsglocke des Schiffes Santa Maria, mit dem Amerika entdeckt wurde.

Oben:
Von der Piazza Caricamento im alten Hafen geht es hinauf in die Stadt

Besuch der größten Bootsausstellung der Welt

Natürlich ist die Stadt der Seefahrt besonders verpflichtet und richtet wohl auch deshalb die größte Bootsmesse der Welt aus.
Wer also im Oktober in Genua ist, kann ein Ereignis der Superlative erleben: Auf dem **Salone Nautico Genova** werden über 2500 Boote - vom Segelboot bis zur Superyacht ausgestellt. Da das Messegelände direkt am Meer liegt, kann man über 150 Schiffe im Wasser besichtigen. Mehr Informationen unter: www.genoaboatshow.com
Während der Messe sind allerdings alle normalen Parkplätze für Wohnmobile verboten (Auch der Parkplatz Azzura).

Die Großstadt Genua entspannt ohne das Mobil

Große Hafenstädte mit vielen Touristen üben auch immer einen großen Reiz auf Diebe aus. Zwar sind viele Parkplätze gut sichtbar mit Videoüberwachung ausgerüstet, aber das schreckt die organisierten Banden kaum ab.

Unser Tipp: Mit dem Zug von Spotorno oder Rapallo nach Genua fahren (siehe entsprechendes Städtekapitel) oder wenn doch mit eigenem Mobil - wirklich alle Wertsachen aus dem Mobil mitnehmen oder sicher verwahren.

LI 48 Parkplatz Azzurra* bis 7 m

GPS: 44.397802 , 8.942761

Parkplätze auch für Wohnmobile im Wohngebiet mit Blick über die Stadt. 500 m durch den Park zur Bushaltestelle Piazza della Vittoria.

Übernachtungsplätze in der Nähe:
LI 53 Camping Rapallo** C
LI 45 Campeggio Villa Doria** C

12 **Rapallo:** Ausflug zum berühmten Portofino und zum sonnigen Camogli

Oben: Der Pavillon der Musik an Rapallos Strandpromenade

Edles Stadtwappen auf dem Kanaldeckel

Rechts: Das Castello sul Mare bietet einen Mini-Strand, der schon frühmorgens genutzt wird

Die Stadt Rapallo ist für Mobil-Reisende ein guter Ausgangspunkt, um das autofreie Portofino mit dem Boot zu erkunden. Auch der malerische Ort Camogli ist von hier aus nur 10 min. Zugfahrt entfernt. Der empfohlene Campingplatz liegt ruhig im Grünen etwas außerhalb - das Zentrum mit Bahnhof und Bootsableger ist aber gut mit dem Bus zu erreichen.

Rapallo ist der größte Badeort an der Riviera di Levante und hat in den 70er Jahren den italienischen Begriff »rapallizare« geprägt. Der Begriff steht in Italien für zu viele gebaute Ferienhäuser und Appartments. Aber keine Angst: Im Zentrum sieht man davon kaum etwas und die gepflegte Strandpromenade mit dem Castello sul Mare ist durchaus sehenswert.

Wer dem Weg am Kastell vorbei weiter südöstlich folgt, trifft auf den Parco Tigullio, in dessen schöner Villa das **Spitzenmuseum - Il Museo del Merletto** untergebracht ist. Die Ausstellung zeigt dem Besucher die exquisite Sammlung der Spitzenmanufaktur des Mario Zennaro. Sie bestand von 1908 bis 1968 und beschäftigte Spitzenklöpplerinnen aus den ligurischen Bergdörfern. Wunderschöne Seidenkleider, Hauben und Teppiche werden in den prachtvollen Räumen der Villa gezeigt. Lohnenswert ist auch die 7-minütige Fahrt mit der Bergbahn zur **Wallfahrtskirche Madonna di Montallegro**, von der man einen fantastischen Blick über die Bucht bekommt. Die Seilbahn fährt ganzjährig alle 30 min nach oben.

Mit dem Zug nach Camogli

Das hübsche Städtchen liegt am Golfo Paradiso und genauso paradiesisch ist es. Wenn man vom Bahnhof die steilen Stufen ins Dorf hinuntersteigt, erwartet einen eine prachtvolle Kulisse.

Eine sonnenverwöhnte Bucht mit Kiesstrand und bunten Hausfassaden, die mit illusionistischer Malerei bemalt sind. Hier gibt es falsche Sockel, Simse, Balkone, Blumen und geschlossene Fensterläden, die alle nicht echt sind. Hier läßt man sich gerne auf einer der vielen

Terrassen nieder und kann sich kaum sattsehen an der bewaldeten Felsküste, den vor Anker liegenden Yachten und den sonnenhungrigen Schwimmern.

Übrigens der perfekte Platz für den Sundowner-Aperitif.

Ein kleiner Bummel zur bezaubernden Basilka Minore Santa Maria Assunta aus dem 12. Jh., die direkt am Hafen liegt, sollte man nicht auslassen. Auch von hier hat man einen wunderbaren Blick über die gesamte Bucht und den Hafen. Tipp: Wer am 2. Maisonntag Camogli besucht, sollte das traditionelle Fischfest nicht verpassen. In einer gigantischen Fischpfanne werden zwei Tonnen frisch frittierter Fisch für alle Gäste zubereitet. Die 3.650 kg schwere Edelstahlpfanne mit einem Durchmesser von 3,85 m gilt als größte Bratpfanne der Welt. Hier wird jeder satt. Als das Fest zu Ehren des Schutzpatrons der Fischer San Fortunato 1952 spontan ins Leben gerufen wurde, ging es noch etwas bescheidener zu und man wollte nur Einheimische und ein paar Gäste bewirten. Heute ist das Fest ein Publikumsmagnet an der ligurischen Küste.

Wer im August in der Gegend ist, kann am ersten Sonntag noch etwas ganz Besonderes erleben: Bei der Bootsprozession Stella Maris sieht man nach Einbruch der Dunkelheit tausende Lichter auf dem Meer flackern.

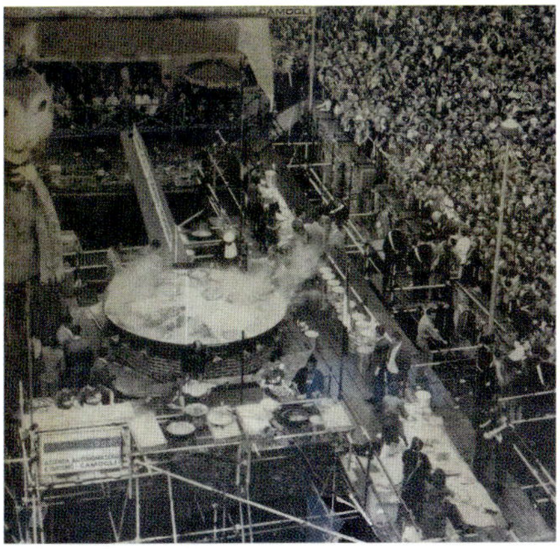

Oben: Blick auf den Strand und die Restaurants von Camogli in der Abendsonne

Links: Wunderbarer Sundowner-Blick

Links: Die Riesenpfanne hat Tradition

Oben:
Das hübsche Fischerdörfchen lockt weltweite Prominenz an

Bootstour nach Portofino

Mit dem Boot geht es mit Stopp in Santa Margherita Ligure in das weltberühmte Fischerdörfchen Portofino. Der Name stammt nicht, wie man vermuten könnte von »porto fino« - also feiner Hafen, sondern, wie man von seinem Gründer Plinius dem Älteren weiß von »portus delphini« Delphinhafen, denn der Ort war eine Station der römischen Flotte. Wo früher nur winzige Fischerboote lagen, gehen jetzt gigantische Luxusyachten vor Anker. Seit Sophia Loren, Brigitte Bardot und Frank Sinatra das Dörfchen in den 50er Jahren zu ihrem Lieblingsort machten, ist es zum Yachthafen des internationalen Jet-Sets geworden. Hier ankern die Segelyachten der italienischen Modeschöpfer und die Schnellboote der Hollywoodstars. Dementsprechend haben sich die Restaurants und Boutiquen aufgestellt.

Mitte:
Edelrestaurants warten auf Gäste

Unten:
Hier sind alle berühmten Luxusmarken vertreten

Hier findet man alle Mode & Juwelier-Luxusmarken einträchtig nebeneinander in den kleinen bunten Fischerhäusern. Trotzdem ist das Dorf traumhaft und in der Nebensaison kann man hier auch ganz entspannt durch die Gassen bummeln und in einem Café die süße Spezialität Portofinos probieren: Paciugo ist ein süßer Mix aus Sahne-, Schoko- und Fruchteis mit Obststücken, der mit eingelegten Kirschen gemischt wird. Neben den Boutiquen gibt es am Hafen aber auch einen interessanten Kunstpark zu entdecken (**Museo Internazionale di Sculptura**), in dem über 50 Werke u.a. von Joseph Beuys, Fortunato Depero, Lucio Fontana zu sehen sind.

Lohnenswert ist auch der Aufstieg zum **Castello Brown**, von dem man einen schönen Blick über den berühmten Hafen hat. Gerade an heißen Tagen bietet der schattige Weg mit seinen Parkbänken einen schönen Platz für ein Picknick

Rechts: Auf dem Weg hinauf zum Castello Brown hat man einen besonders schönen Blick

mit Aussicht. Oben im Castell werden wechselnde Ausstellungen gezeigt und im Sommer finden Events statt. Mehr Informationen: www.castellobrown.com

Oben:
Das Kloster ist End - oder Ausgangspunkt für Wanderungen

Wanderung zum Kloster San Fruttuoso

Am Ortsende von Portofino startet der Wanderweg zum **Kloster San Fruttuoso** (am Ende der Via Roma: 44.305359 , 9.205475, Wegmarkierung 2 rote Punkte). Die Wanderung dauert ca. zwei Stunden und beginnt mit einem steilen Treppenaufstieg. Danach verläuft der Weg fast eben und nahe der Steilküste mit tollen Ausblicken. Es geht vorbei an Terrassen mit Weinanbau, Olivenbäumen, Gemüseanbau und einem kleinen Weiher. 12 verschiedene Wanderrouten durchziehen das Gebiet des Parco Naturale und man muss dem richtigen Wegweiser folgen, um beim Kloster und seinem wunderbaren Badestrand anzukommen. In der sonnigen Bucht kann man sich von der Wanderung erholen oder eine Kleinigkeit essen. Das im 8. Jh. gegründete Kloster wurde zwar im 10. Jh. von den Sarazenen zerstört, später wieder aufgebaut und diente bis in das 15. Jahrhundert Benediktinermönchen als Unterkunft. Zum Schutz des Klosters errichtete die Genueser Familie Doria 1550 einen Wehrturm, den ›Torre dei Doria‹ und nutzte die Abtei als Grabstätte für die Familie. Auch heute kann man das abgeschiedene Kloster nur mit dem Boot oder per Wanderung erreichen.

Links:
Nach den Ausflügen wartet schon der Pool des Campingplatzes Rapallo auf die müden Gäste

LI 53 Camping Rapallo** C

GPS: 44.356916 , 9.199091

Auf dem Platz im Grünen außerhalb Rapallos steht man ruhig und sicher, mit Pool und Schatten. Die Bushaltestelle ins Zentrum zum Bootsanleger und zum Bahnhof ist nur 150 m entfernt.

Übernachtungsplätze in der Nähe:
LI 52 Camping Miraflores* C

13 Levanto & Deiva Marina: Ausgangspunkt zur Cinque Terre

Die berühmten 5 bunten Dörfer ziehen jedes Jahr Besucher aus der ganzen Welt an

Die Wanderwege führen fast immer entlang der Steilküste mit atemberaubenden Panoramen - hier bei Manarola

An der Riviera di Levante findet sich mit der Cinque Terre eine der schönsten Landschaften Italiens, die auch 1997 von der UNESCO zum Weltkulturerbe erwählt wurde. Klares, türkisfarbenes Wasser, die fünf bunten Fischerdörfchen, die sich an die schroffen Felsen zu klammern scheinen und die wundersame Ruhe des Nationalparks machen das 12 km lange Gebiet weltweit zu einem magischen Anziehungspunkt.

Die zauberhafte Naturkulisse mit den fünf Dörfern Monterosso al Mare, Vernazza, Corniglia, Manarola und Riomaggiore kann man sich entweder entspannt vom Boot aus anschauen oder in unterschiedlichsten Etappen erwandern. Wer die traumhafte Natur wirklich in Ruhe erleben möchte, sollte im Spätherbst zur Weinlese, im Winter oder im Frühjahr anreisen. Dann kann man die Strecke gesäumt mit Agaven, Feigenkakteen, Pinien, Palmen, Olivenhainen und natürlich die typischen Weinterrassenfelder in Ruhe genießen.

Für Mobil-Reisende sind die bezaubernden Dörfer natürlich auch ein Traumziel, aber nur sehr schwer zugänglich.

Die fast generell autofreie Zone kann nur mit dem Boot, dem Zug oder per pedes erobert werden. Levanto und Deiva Marina sind dafür der ideale Ausgangspunkt.

LI 56 Stellplatz Bahnhof Levanto*

GPS: 44.174342 , 9.618323

Die wichtigsten Wanderwege:

- Der Küstenweg Nr. 2
(ca. 5 Stunden) verbindet die fünf Dörfer miteinander und geht über die berühmten Via dell'Amore zwischen Manarola und Riomaggiore.
- Der Höhenweg Nr. 1
(Rote Markierung / ca. 12 Stunden / 40 km) beginnt in Levanto und verläuft oben auf dem Küstenkamm. Er führt über mehrere Berggipfel mit atemraubender Aussicht, bis er in Portovenere wieder absteigt. Ihn sollte man gut ausgerüstet in Etappen angehen. Immer wieder führen Wege in die Dörfer hinab, so dass man mit der Bahn oder dem Boot wieder zurückfahren kann. Für die Wanderungen braucht man die Cinque Terre Card, die es an jedem Bahnhof oder bei der Tourist-Information gibt.
Mit der kostenpflichtigen Karte können die Wanderwege und die Bahn in den Abschnitten Levanto - Cinque Terre - La Spezia genutzt werden.
Auch ist die Nutzung der ökologischen Minibusse des Parks eingeschlossen sowie WiFi-Internet-Zugang. Mehr Informationen zur Card und zu den Wanderwegen unter:
www.parconazionale5terre.it
Aufgrund der aktuellen Wetterlage und vergangener Stürme können Teilstrecken der Steilküstenwege gesperrt sein. Hier kann man sich auf oben genannter Seite unter ›Park Trekking Paths‹ kundig machen.

Oben: Levantos langer Sandstrand liegt nur 350 m vom Campingplatz entfernt

Oben: Mit dem Zugticket Cinque Terre kommt man bequem von Ort zu Ort

LI 55 Camping Acquadolce*** 7,5 m/C

GPS: 44.166899 , 9.613454

Direkt beim schattigen und ruhigen Campingplatz beginnen die Wanderwege in die Cinque Terre und auch zum Bootsanleger sind es nur 200 m.

Alternative Übernachtungsplätze:
LI 59 Campingplatz La Sfinge** XL
LI 58 Campingplatz Fornaci al Mare* XL bis 9 m

Rechts:
Die Fußgängerzone von Levanto führt fast direkt zum Bahnhof

Unten:
Die Kirche Sant'Andrea ist nach dem Schutzpatron von Levanto benannt. Sie wurde im 13. Jh. im ligurisch-gotischen Stil mit der typischen schwarz-weißen Steinfassade errichtet

Bootsausflüge in die Cinque Terre

Von Levanto werden die fünf Dörfer im halbstündigen Rhythmus angefahren.
Mit der Tageskarte kann man an jedem Punkt aussteigen und später wieder weiterfahren. Die Karten bekommt man direkt am Bootsanleger oder besser in den Tourist-Informationen.
Von Deiva Marina fahren Linienschiffe zur Cinque Terre und im Juli und August auch nach Portofino.

Levanto - optimaler Startpunkt für kleine Mobile

Der schöne Campingplatz Acquadolce ist für Mobile bis 7,50 m der ideale Hafen, um in die Cinque Terre zu starten. Vom Platz sind es nur 350 m zum Strand und zum Bootsanleger. Der Wanderweg nach Monterosso al Mare und der Höhenweg Nr. 1 starten direkt vor dem Campingplatz. Optimaler geht es nicht. Darum ist der Platz das ganze Jahr sehr begehrt und eine Reservierung ist dringend zu empfehlen.
Der Ort selbst hat einen schönen Sandstrand und eine lebendige Fußgängerzone zu bieten. In den schmalen Gassen gibt es geschmackvolle kleine Ladengeschäfte und Boutiquen und die Wahl un-

LI 57 Stellplatz Deiva Marina* XXL

GPS: 44.225418 , 9.532755

Großer Stellplatz für Busse und Wohnmobile zwischen Wohngebiet und Straße, ca. 2 km vom Strand und 1,5 km vom Bahnhof entfernt.

Übernachtungsplätze in der Nähe:
LI 59 Campingplatz La Sfinge** XL
LI 58 Campingplatz Fornaci al Mare* XL bis 9 m

Oben:
Der Sandstrand
von Deiva Marina

ter den vielen guten Restaurants fällt schwer. Wer ausgezeichnet Fisch speisen möchte, ist im **Ristorante OASI** an der Piazza Cavour richtig.
Im edlen Yachtclub-Ambiente wird man hier mit frischem Fisch, ausgezeichneten Calamari und Fisch in der Salzkruste verwöhnt (hochpreisig, aber wirklich sehr zu empfehlen).
Auch das **Ristorante L'Articiocca** mit seinen hausgemachten lokalen Speisen ist sehr empfehlenswert. Zum Sundowner davor treffen sich alle am **Il Casino di Levanto**, der einzigen Bar, die am Meer liegt.
Sehenswert ist bei einem Bummel auch die gotische **Kirche Sant'Andrea** aus dem 13. Jh., in der eine interessante Ausstellung über die Schifffahrt, die Kunst und das traditionelle Handwerk der Gegend zu finden ist.

Deiva Marina - hier sind auch große Mobile willkommen

Schon die breite Anfahrtsstraße von der Autostrada hinunter ans Meer nach Deiva Marina ist für größere Mobile ein Genuß. Unten angekommen bieten sich drei unterschiedliche Plätze als Basis an. Der Campingplatz La Sfinge liegt ca. 3 km vom Strand entfernt und hat im vorderen Bereich Platz für große Mobile bis 10,5 m. Ein Shuttle-Bus fährt mehrmals täglich zum Strand und zum Bahnhof,

LI 58 CP Fornaci al Mare** bis 9 m/C

GPS: 44.214779 , 9.518757

Einfacher, aber schöner Campingplatz direkt am Strand mit großem Stellplatz auf Kiesgrund.

Übernachtungsplätze in der Nähe:
LI 59 Campingplatz La Sfinge** XL
LI 57 Stellplatz Deiva Marina* XXL

Oben:
Mitten im alten Dorf befindet sich die Pfarrkirche des Heiligen Antonius Abate

von dort geht es entweder mit dem Boot oder dem Zug zu den Dörfern der Cinque Terre. Ein großer Stellplatz findet sich 1,5 km weiter Richtung Stadt. Der Platz auf ebenem Kiesgrund ist für Mobile bis 12 Meter geeignet.
Direkt am Strand liegt der Campingplatz Fornaci al Mare. Auch hier können im vorderen Bereich des Platzes große Mobile bis 9 m stehen.

Deiva Marina selbst ist ein moderner Badeort, mit feinem Sandstrand, Strandpromenade und kleiner Altstadt, die etwas im Hinterland liegt.
Im ältesten Teil der Altstadt befindet sich die **Pfarrkirche des Heiligen Antonius Abate** aus dem 18. Jh. und ein spätmittelalterlicher Turm mit quadratischem Grundriss.
Von Deiva Marina kommt man gut in die Cinque Terre, man kann aber auch von hier aus Richtung Portofino wandern. Den Nationalpark und die Küste zu bewandern ist hier, im Gegensatz zur Cinque Terre, noch kostenlos und die Wege sind nicht ganz so überlaufen. Das dichte Wanderwegnetz geht von Deiva nach Moneglia, Riva Trigoso, Sestri Levante in Richtung Portofino und in der anderen Richtung über Framura, Bonassola sowie Levanto in Richtung Cinque Terre.

Rechts:
Aussichtsturm im alten Zentrum von Deiva Marina

LI 59 Campingplatz La Sfinge** XL/C

GPS: 44.226447 , 9.550149

Einfacher, aber gepflegter Campingplatz unter deutscher Führung. Großes Gelände für XL-Mobile hinter der Einfahrt. Ebenes Gelände auf Kiesgrund, wenig Schatten.

Übernachtungsplätze in der Nähe:
LI 57 Stellplatz Deiva Marina* XXL
LI 58 Campingplatz Fornaci al Mare*

14 **Cinque Terre:** Die 5 magischen Dörfer
1. Monterosso al Mare - das Größte der Fünf

Monterosso ist eher untypisch für die Dörfer der Cinque Terre, da es einen breiten Sandstrand und eine langgezogene Bucht hat. In dem größten Ort der Cinque Terre gibt es daher gleich zwei Stadtteile zu entdecken, die durch einen Felsen mit markantem Wachturm ›Torre Aurora‹ aus dem 16. Jh. und dem Castello geteilt werden. Im neueren Bereich, dem Viertel Fegina, gibt es eine Strandpromenade mit vielen kleinen Shops und Bars sowie netten Restaurants.

Am Ende der Strandpromenade liegt der Wohnmobil-Stellplatz, bei dem sich auch ein riesiges Kunstwerk befindet. (siehe Stellplatzbild) Die 14 m hohe ›Statue des Giganten‹ wurde 1910 von dem französischen Architekten Francesco Levacher entworfen und vom Bildhauer Arrigo Minerbi für die Villa Pastine errichtet, die leider im 2. Weltkrieg zerstört wurde.

Der alte Stadtteil an der Fischerbucht lädt mit den typischen schmalen Gassen - den ›caruggi‹ und der schönen Kirche San Giovanni Battista zum Altstadtbummel ein.

Tipp: Festa del Limone

Am Samstag vor Christi Himmelfahrt duftet die ganze Gemeinde nach Zitronen und das Stadtbild leuchtet zitronengelb. Die größte Zitrone wird prämiert und alles was mit der Zitrone zu tun hat, ist bei dem Fest dabei:

Zitronenlikör Limoncino, Zitronencreme, Zitronenmarmelade oder die Zitronentorte. Es gibt Live-Musik und einen bunten Umzug durch die Gemeinde.

Rechts: Schöne kleine Restaurants und Bars gibt es im Stadtviertel Fegina

Oben: Blick vom Boot auf die erste Stadt der Cinque Terre

LI 61 Stellplatz Monterosso al Mare*

GPS: 44.14447 , 9.646827

Großer Parkplatz im Zentrum direkt am Meer. Hinter hohen Betonwänden, zum Schutz gegen die Wellen.

Übernachtungsplätze in der Nähe:
LI 60 Stellplatz Monterosso Poggio**
LI 55 Campingplatz Acquadolce***
bis 7,5 m / C

14 Cinque Terre
2. Vernazza - die Schöne

Rechts: Von der Terrasse des Ristorante Belforte hat man einen Traumblick

Oben und unten: Das Castello Doria wacht hoch über dem Hafen

Der um das Jahr 1000 gegründete Ort gilt als eines der schönsten Dörfer der Cinque Terre. Das Castello Doria, das hoch oben über ihm wacht, stammt aus dem 11. Jh. Der Weg durch die engen Gassen hinauf ist zwar steil, aber immer wieder trifft man auf kleine versteckte Restaurants mit traumhaftem Panoramablick. So wie die Terrasse des **Ristorante Belforte**, die fast über dem Meer zu schweben scheint. Seit über 45 Jahren kann man hier wunderbar speisen und der Chefkoch Claudio verwöhnt die Gäste mit frischem Fisch oder Scampis und den traditionellen ligurischen Gerichten wie ›Trofie al pesto‹. Oben vom Castell kann man die Küstenlinie entlang blicken.

Unten im Dorf bei der **Pfarrkirche Santa Margherita d'Antiochia**, beginnt eine kleine Fußgängerzone mit schönen Ladengeschäften und Souvenir-Shops.

Im Hafen sieht man die bunten Fischerboote und am Ende der Mole kann man den Badenden oder Wakeboardern im glitzernden Meer zuschauen.

In dieser friedlichen Stimmung ist es kaum vorstellbar, dass die hübschen Häuser schon mehrfach von Schlammlawinen aus dem Gebirge heimgesucht wurden. Bei Starkregen sucht das viele Wasser ausgerechnet durch die Fußgängerzone seinen Weg zum Meer. Aber die Bewohner von Vernazza schaffen es schon seit Jahrhunderten, immer wieder aufzustehen.

14 Cinque Terre

3. Corniglia - Hoch über dem Meer

Links:
Corniglia liegt auf 100 m Höhe und 337 Stufen höher als der Bahnhof

In 100 m Höhe liegt das Bergdorf Corniglia zwischen großen Weinbergflächen und ist damit das einzige der fünf Dörfer, das nicht direkt am Wasser liegt.

Links:
Filigranes Rosettenfenster in Corniglia

Da es touristisch nicht so überlaufen ist, gibt es nur wenige Restaurants und wer zum kleinen Hafenbecken möchte, muss den Berg wieder weit hinabsteigen.
Natürlich wird das wieder wett gemacht, durch den traumhaften Ausblick weit übers Meer. Sehenswert ist auch die **Kirche San Pietro** aus dem 14. Jh., die ein wunderschönes gotisches Rosettenfenster hat. Etwas unterhalb befindet sich ein Gebäude mit einem gotischen Bogen, das die alte Poststelle der Adelsfamilie Fieschi gewesen sein soll, nach denen auch die Hauptstraße benannt ist.
Achtung Zugfahrer: Anders als bei den anderen Dörfern befindet sich der Bahnhof etwas außerhalb und der Weg nach Corniglia geht über eine Treppe steil den Berg hinauf (377 Stufen). Man kann aber auch die Straße nehmen, die nicht so steil ist (20 min). Alternativ gibt es die Möglichkeit mit dem Shuttle-Bus hinaufgefahren zu werden, der ist aber meist übervoll.

Unten:
Weg durch die typischen Terrassen der Weinberge

14 Cinque Terre
4. Manarola - kubistischer Malerort

Wer mit dem Schiff nach Manarola kommt, steigt über einen in Fels gehauenen Weg in das hübsche Dörfchen hinauf. Eng aneinander gedrängt stehen die Häuser fast übereinander an der Felswand. Der Ort ist so malerisch, dass

Rechts: Diesen traumhaften Blick hat man vom Wanderweg von Corniglia kurz vor Manarola auf der Via dei Bambini

hier viele Künstler wirkten, wie Renato Birolli, einer der bedeutenden italienischen Maler des 20. Jahrhunderts. Die wenigen Bewohner lebten schon immer vom Fischfang und vom Weinanbau, von dem schon in römischen Schriften berichtet wurde.

Auch heute wird noch immer gefischt und die bunten Boote liegen dekorativ in der kleinen Hauptstraße des Dorfes. Ins Wasser gelassen werden sie mit Hilfe einer Seilwinde, die die Boote 15 m hinab hieft. Linkerhand vom Platz befindet sich das **Ristorante Piccolo Marina**, das auf seinen zwei Terrassen traditionelle ligurische Küche mit fangfrischem Fisch serviert. Hier sitzt man gleich neben den Fischerbooten mit wunderbarem Blick auf das türkisfarbene Meer.

Im oberen Ortskern befindet sich der Hauptplatz mit der **Kirche San Lorenzo**, die ebenso wie die Kirche in Corniglia ein schönes Rosettenfenster besitzt. San Lorenzo ist auch der Schutzheilige des Dorfes, das ihn jährlich am 10. August mit einem Fest und einer Prozession ehrt. In den Abendstunden wird die Statue des Heiligen Lorenzo vom Boot mit einer Sänfte hinauf in die Kirche getragen. Ein stimmungsvolles und authentisches Bild der Cinque Terre.

Unten: Blick auf Manarola von Corniglia kommend

14 Cinque Terre

5. Riomaggiore - rot, orange, gelb, violett

Links: Riomaggiores steile ›Hauptstraße‹ auf der nur Fischerboote parken

Oben & unten: Im Weinkeller von Dau Cila, sollte man den Desertwein Sciacchetrà probieren

Der letzte Ort der Cinque Terre ist ein wahres Postkartenidyll. Die farbenprächtigen Häuser an den schroffen Felsen schmiegen sich fast um den kleinen Hafen in der Mitte.

Auch hier gibt es die Hauptstraße, die liebevoll herausgeputzt ist. Traditionsreiche Bäckereien locken mit dem Duft frischgebackener Focaccia, Gemüsetarte und süßem Gebäck die Besucher an. Wer richtig speisen möchte, ist im **Ristorante Dau Cila** und seinem Weinkeller sehr gut aufgehoben. Hier kann man aus allen Weinen der Cinque Terre wählen und sollte nach dem Essen unbedingt noch den süßen, nach Aprikose duftenden Desertwein ›Sciacchetrà‹ probieren. Die Trauben dieses DOC-Weines kommen nur aus den Lagen Costa da Posa, Costa de Campu oder Costa de Sera in der Gemeinde Riomaggiore.

Wanderung nach Riomaggiore auf dem Via dell´Amore

Am Bahnhof von Riomaggiore beginnt der kürzeste Wanderweg der Cinque Terre: der 1,5 km lange ›Weg der Liebenden‹ geht von Manarola nach Riomaggiore. Den Namen bekam er, da sich die Jugendlichen der beiden Orte hier früher gerne trafen.

15 Portovenere: Venustempel & Verteidigungsanlage im Golf der Poeten

Oben:
Die bunte Häuserfront am Hafen gehörte auch zur Verteidigungsanlage der Stadt

Rechts:
Der Venustempel, der früher auf der Klippe thronte, war Namensgeber von Portovenere

Wo heute die kleine, schwarzweiss gestreifte Marmorkirche **San Pietro** auf der Klippe steht, stand früher ein Venustempel, der Portovenere seinen Namen gab. Hier soll einst die Venus aus dem Meer aufgetaucht sein, die Sandro Boticelli zu seinem weltbekannten Kunstwerk ›Geburt der Venus‹ inspirierte. Die blonde Schönheit Simonetta Vespucci, die wir vermutlich im Bild sehen, hat wahrscheinlich sogar in dieser Burg gelebt und war die Geliebte des Giuliao de' Medici. Auch wenn der Venustempel Vergangenheit ist, ist ein Spaziergang zur Kirche zu empfehlen, da man von dort einen traumhaften Blick auf die Küste der Cinque Terre hat. An heißen Tagen kann man von den Klippen hinter der Kirche einen Sprung ins kühle Nass wagen.

Bedeutender Hafen in den Norden Liguriens

Bevor es die ligurische Küstenstraße und die Bahnlinie gab, mussten alle Reisenden, die nach Norden Richtung Genua wollten, den Schiffsweg ab Portovenere nutzen. Die fast 7-stöckigen schmalen Häuser ziehen sich den gan-

zen Hafen entlang und bilden einen Verteidigungswall gegen Angreifer aus früheren Zeiten. Über der bunten Häuserfront thront deshalb auch das Castello Doria. Die Seerepublik Genua hat es 1113 zur Verteidigung des strategisch wichtigen Hafens am Golf von La Spezia errichtet. Heute laden die engen schattigen Gassen die Besucher zum Bummeln und Einkaufen ein. Spezialitäten und schicke Modegeschäfte, Restaurants und Weinbars machen den Besuch der hübschen Stadt sehr angenehm. Hier ist die vielfach ausgezeichnete **La Piazetta Bar** in der Mitte der Via Capellini sehr zu empfehlen. Auch die **Eisdiele Gelateria Lamina**, die etwas versteckt hinter dem Eingangstor zur Via Capellini liegt, sollte man hier nicht verpassen.

Der Golf der Poeten

Der Golf von La Spezia wird auch Golf der Poeten genannt, da viele Schriftsteller und Dichter sich hier inspirieren liessen. Noch vor D. H. Lawrence, Virginia Woolf und Gabriele D'Annunzio waren Mary Shelley (1816 Frankenstein) und der britische Dichter Lord Byron (Childe Harold's Pilgrimage) die populärsten Besucher der Gegend. Der schwimmbegeisterte Lord schwamm sogar mehrfach die 7,5 km von Portovenere nach Lerici, eine Leistung, der jährlich im August mit dem Wettschwimmen ›Coppa Byron‹ gedacht wird. Ein Event, bei dem auch schon das Zusehen Spaß macht.

Wander-Kulinarik-Tipp:

Zwischen Riomaggiore und Portovenere liegt die **Lounge-Bar Piccolo Blu**. Auf den stylischen Hängematten im Garten, mit Blick auf das Meer, kann man sich von den Strapazen der Wanderung wunderbar erholen. Die raffiniert-rustikalen Speisen von Lucia und ihrer Schwester ziehen selbst Gourmets aus La Spezia an.

Oben: Das Original der Geburt der Venus ist in den Florentiner Uffizien zu sehen

**Oben:
Die Piazetta Bar ist vielfach ausgezeichnet und auch das Gelati der Eisdiele Lamina ist ganz wunderbar**

LI 62 Stellplatz Parcheggio Il Golfo*

GPS: 44.059462 , 9.848464

Großer langgezogener Parkplatz mit schönem Blick zum Meer, ca. 2,5 km vom Stadtzentrum entfernt. Da die Stadt ein Wohnmobilverbot hat, ist es die einzige Park- und Übernachtungsmöglichkeit. 100 m bis zur Shuttlebus-Haltestelle.

Übernachtungsplätze in der Nähe:
LI 63 CP Alessandra AMEGLIA** 7 m / C

1 Sanremo

Tourist-Information
43.81398 , 7.769914
18038 Sanremo, Largo Nuvoloni 1
Tel. +39 0184 59059
www.visitrivieradeifiori.it

Stazione Ferroviaria di Sanremo
43.822085 , 7.784424
18038 Sanremo
Piazza Don Orione

Spielcasino Sanremo
43.814841 , 7.77206
18038 Sanremo
Corso Inglesi
Tel. +39 0184 5951
www.casinosanremo.it
Öffnungszeiten: So bis Do 14.30-2.30 Uhr und Fr und Sa von 15.00-3.30 Uhr

Porta Santo Stefano
43.818059 , 7.77597
18038 Sanremo
Via Romolo Moreno
www.info-sanremo.com/porta-di-santo-stefano.html

Wallfahrtskirche Madonna della Costa
43.821591 , 7.772837
18038 Sanremo
Strada San Romolo 3

Villa Nobel
43.821524 , 7.792852
18038 Sanremo
Corso Cavallotti 116
Tel. +39 0184 507380
www.info-sanremo.com/villa-nobel.html
Öz: Di bis Sa 10.00-12.30 Uhr Fr Sa 15.00-18.00 Uhr.

Villa Ormond
43.822206 , 7.790628
18038 Sanremo
Corso Felice Cavallotti
Tel. +39 0184 541848
www.comunedisanremo.it

VICTORY MORGANA BAY, Yachting Cafe & Restaurant
43.819224, 7.783383
18038 Sanremo
Lungomare Trento e Trieste 16
Tel. +39 0184 591620
www.victorymorganabay.it
Öffnungszeiten: WE mittags geöffnet, sonst nur abends.
Preiskategorie: €€-€€€

Olio Roi
43.91273 , 7.84442
18010 Badalucco
Via Argentina Sud 1
Tel. +39 0184 408004
www.olioroi.com
Preiskategorie: €€-€€€

2 Lac des Mesches

Hotel Chamois d'Or
44.097267 , 7.506901
6430 Tende Vallée des Merveilles, Hameau de Casterino
Tel. +39 0493 046666
www.hotelchamoisdor.net
Preiskategorie: €€

3 Dolceacqua

Tourist-Information
43.850614 , 7.622875
18035 Dolceacqua
Via Barberis Colomba 3
Tel. +39 0184 206666
www.dolceacqua.it
Öffnungszeiten: 10.00-13.00 und 16.00-19.00 Uhr.

Kirche San Antonio Abate 43.85027 , 7.623862
18035 Dolceacqua
Strada Provinciale 62

Ristorante Casa E Bottega
43.851187 , 7.622934
18035 Dolceacqua
Piazza Giuseppe Garibaldi 2
Tel. +39 0184 205038
facebook.com : Casa-E-Bottega
Preiskategorie: €€

4 Bordighera

Tourist-Information
43.779422 , 7.662726
18012 Bordighera, Via Vittorio Emanuele II, 207
www.bordighera.it

Museum Villa Regina Margherita
43.78235 , 7.668359
18012 Bordighera
Via Romana 34/36
Tel. +39 0184 276111
www.ftvm.it
Öffnungszeiten: Im Winter Sa und So von 10.30-15.30, im Sommer Mi bis So von 10.00-18.00 Uhr.
Preiskategorie: €€

Hotel Angst
43.78417 , 7.66075
18012 Bordighera
Via Romana 117

Giardini Hanbury
43.784681 , 7.55444
18039 Ventimiglia
Corso Montecarlo 43
Tel. +39 0184 229507
www.giardinihanbury.com
Öz: Tägl. ab 9.30, Winter: Mo. zu.
Preiskategorie: €€

Ristorante Paloma 11
43.777392 , 7.66716799
18012 Bordighera
Lungomare Argentina
Tel. +39 0184 265254
www.palomaristorante.it
Preiskategorie: €€

5 Santo Stefano al Mare

I Sandolino, Beach & Restaurant
43.837088 , 7.906792
18011 Santo Stefano al Mare
Via Gianni Cozzi 1
Tel. +39 0184 481078
www.ilsandolino.it
Preiskategorie: €€

Ristorante La Cucina
43.83777 , 7.89712
18010 Santo Stefano al Mare
Piazza Camillo Benso Conte di Cavour , Tel. +39 0184 485040
www.ristorantelacucina.it
Preiskategorie: €€

6 Imperia

Tourist-Information
43.878649 , 8.016473
18100 Imperia
Viale Giacomo Matteotti 37
Tel. +39 0183 660140
www.visitrivieradeifiori.it

Basilika San Maurizio
43.875443 , 8.015215
18100 Imperia
Via Saffi 23
Tel. +39 0183 666727

Museo dell'Olivo
43.893149 , 8.038199
18100 Imperia
Via Garessio 13
Tel. +39 0183 295762
www.museodellolivo.com
Öffnungszeiten: Mo bis Sa von 9.00-12.30 und 15.00-18.30 Uhr. Sonntag geschlossen.

Osteria dal Pescatore
43.872189 , 8.010110
18100 Imperia, Via del Ponte 32
Tel. +39 0183 63805
www.osteriadelpescatore-imperia.it
Öffnungszeiten: von Mo bis Sa von 18.15-24.00 Uhr.
Preiskategorie: €€

Enoone Wine & Food
43.874620 , 8.014692
18100 Imperia
Via Gustavo Strafforello 36
Tel. +39 0320 7086822
www.enooneimperia.com
Öffnungszeiten: Di Ruhetag, Mi bis Mo von 12.00-14.30 und von 17.30-23.30 Uhr.
Preiskategorie: €€

Café Piccardo
43.889697 , 8.039722
18100 Imperia
Corso Dante Alighieri 2
Tel. +39 0183 293696
www.caffepiccardo.wordpress.com
Preiskategorie: €

7 Cervo

Tourist-Information
43.92725 , 8.114885
18010 Cervo
Piazza S. Caterina 2
Tel: +39 0183 408197
www.visitrivieradeifiori.it

San Giovanni Battista Kirche
43.926126, 8.115410
18010 Cervo
Piazza S. Caterina 2
Tel: +39 0183 408197

Castello dei Clavesana
43.927362, 8.115098
18010 Cervo
Piazza S. Caterina 2
Tel. +39 0183 408197

Ristorante San Giorgio
43.927025,8.114864
18010 Cervo
Via Volta, 19
Tel. +39 0183 400175
www.ristorantesangiorgio.net
Öffnungszeiten: Di. Ruhetag
Preiskategorie: €€€

Bar Beach Restaurant Porteghetto
43.925303 , 8.118694
18010 Cervo
Via Aurelia 9/11
Tel. +39 0183 400047
www.porteghetto.com
Öffnungszeiten: Mo bis Fr von 19.00 bis 23.00 Uhr.
Preiskategorie: €€

8 Albenga & Toirano

Tourist-Information
44.049303 , 8.212965
17031 Albenga
Via Bernardo Ricci 20-22

Civico Museo Ingauno
44.049303 , 8.212965
17031 Albenga
Via Bernardo Ricci 20-22
Tel. +39 0182 51215
www.palazzooddo.it
Öffnungszeiten: Mo geschl., Di bis So von 10.30-12.30 und 15.30-18.30 Uhr, Sommer: 9.30-12.30 und 16.30-19.30 Uhr.
Preiskategorie: €

Museo navale Romano
44.048272 , 8.213361
17031 Albenga, Via Roma 58
Tel. +39 0182 571443
www.palazzooddo.it
Öffnungszeiten: Winter: 10.00-12.30/14.30-18.00 Sommer: 9.30-12.30/15.30-19.30, Mo geschlossen. **Preiskategorie: €**

Galeria Arte Moderna
44.049272 , 8.213043

17031 Albenga
Via Bernardo Ricci
Tel. +39 0182 544176
www.gamalbenga.it
Öffnungszeiten: Mo bis Fr
von 9.00-12.00 Uhr und
von 16.00-20.00 Uhr.

RestaurantONE
44.052400 , 8.213059
17031 Albenga
Via Viale Pontelungo 55
Tel: +39 0182 52537
www.restaurantone.eu
Öffnungszeiten: Di bis So von
11.00-14.30 Uhr und von
18.00-23.30 Uhr. Mo geschl.
Preiskategorie: €€

Malandrone Vini
44.050891 , 8.213086
Albenga
Via Viale Pontelungo 6
Tel. +39 0182 559054
Facebook: MalandroneVini
Öffnungszeiten: 10.00-12.30
und 14.30-18.30
Preiskategorie: €€-€€€

Restaurant Cantina Vino Libero
44.049364 , 8.212219
17031 Albenga
Via Cavur 2
Tel. +39 082 559253
Facebook: Cantina Vino Libero
Albenga
Öffnungszeiten: Mo bis So
von 10.00-23.30 Uhr.
Preiskategorie: €€

Osteria Pizzeria Rosetta
44.049247 , 8.212065
17031 Albenga
Via Medaglie D´Oro 49
Tel: +39 0182 50944
Preiskategorie: €€

Grotte di Toirano
44.136009 , 8.199875
17055 Toirano
Via alle Grotte
Tel. +39 0182 98062
www.toiranogrotte.it
Öffnungszeiten: Tägl. von 9.30-
12.30 Uhr und 14.00-17.00 Uhr.
Preiskategorie: €

9 Finale Ligure & Noli

Tourist-Information
44.175117 , 8.32682
17024 Finale Ligure
SP 17
Tel. +39 0196 80954
Mo Ruhetag.

S.Giovanni Battista
44.169881 , 8.345266
17024 Finale Ligure SV
Via Avvocato Emanuele Rossi 2
Tel. +39 019 692551
Öffnungszeiten: 9.30-12.30
und 15.30-19.30 Uhr.

Castel San Giovanni
44.177648 , 8.325061
17024 Finale Ligure SV
Via Strada Berretta,
Tel. +39 0196 8160004

Gelateria Caffé Giovanacci
44.169542 , 8.346696
17024 Finale Ligure
Piazza Vittorio Emanuele 29
Öffnungszeiten: Mittwoch
geschlossen. Tägl. von
7.15-19.00 Uhr 21.00-23.30 Uhr.
Preiskategorie: €

Kirche San Paragorio
44.203812 , 8.414744
17024 Noli
Via Cesare Battisti 11

Hotel Vescovado
44.207358 , 8.416856
17024 Noli
Piazzale Rosselli
Viale Marconi
Tel. +39 0197 499059
www.hotelvescovado.it

Tourist-Information
44.204404 , 8.415964
17024 Noli / Corso Italia 8
Tel. +39 0197 499003

10 Spotorno

Tourist-Information
44.204404 , 8.415964
17024 Spotorno
Piazza G. Matteotti 6
Tel. +39 0197 415008
www.spotornohotels.it

Bar Gigi
44.226464 , 8.417563
17028 Spotorno
Via Garibaldi 18
Tägl. Öffnung.
Preiskategorie: €

Ristorante Al Cambio
44.22792 , 8.419475
17028 Spotorno, XXV Aprile 72
Tel. +39 0197 415537
facebook: Al Cambio - Spotorno
Tägl. Öffnung
Preiskategorie: €€€

Ristorante El Carnicero
44.226062 , 8.416953
17028 Spotorno, Via Garibaldi 86
Tel. +39 019 745174
Preiskategorie: €€

Lounge Bar Beach Club Sirio
44.227773 , 8.420601
17028 Spotorno
Via Aurelia 82
Tel. +39 0197 45050
Preiskategorie: €€

Stazione Ferroviaria di Spotorno
44.226358 , 8.411444
17028 Spotorno
Piazza Camillo Sbarbaro 12

Hundestrand Bagni Levante Pluto Beach
44.230279 , 8.42383
17028 Spotorno
Lungo Mare Marconi
Nahe 2. Mole
Tel. +39 0366 1306706
plutobeachspotorno.it
www.dogadvisor.org

11 Genua

Tourist-Information
44.410392 , 8.928033
16126 Genova
Piazza Repubblica di Genova
Tel. + 39 0108 687452
turismo.provincia.genova.it
Öffnungszeiten: Mo bis Fr von 9.00-18.00 Uhr.

Bahnhof Stazione Brignole
44.406408 , 8.946764
16121 Genova
Piazza Giuseppe Verdi 2

Ristorante Il Gozzo Hotel NH Collection Genova Marina
44.41079 , 8.925383
16124 Genova
Molo Ponte Calvi 5
Tel. +39 0848 390 227
www.nh-collection.com/it/hotel/nh-collection-genova-marina/ristoranti
Preiskategorie: €€

Aussichtsaufzug Bigo
44.40852 , 8.926997
16128 Genova
Via della Mercanzia
www.portoantico.it
Öffnungszeiten: Sommer: Di bis So von 10.00 Uhr bis Sonnenuntergang, Winter: Sa und So von 10.00-17.00 Uhr.
Preiskategorie: €€

Palazzo Ducale
44.407355 , 8.932866
16123 Genova
Piazza Giacomo Matteotti 9
Tel. +39 0108 171600
www.palazzoducale.genova.it
Öffnungszeiten:
Di bis So 9.00-21.00 Uhr.

Theatro Carlo Felice
44.40796 , 8.934496
16100 Genova Passo Eugenio Montale 4
Tel. +39 0105 3811
www.carlofelicegenova.it

Museo Palazzo Reale
44.414967 , 8.926198
16126 Genova
Via Balbi 10
Tel. +39 0102 710236
www.visitgenoa.it/it/palazzo-reale
Öffnungszeiten: Di, Mi von 9.00-13.30, Do bis So von 9.00-19.00 Uhr.

Fiera di Genova
44.396014 , 8.943277
16129 Genova
Piazzale John Fitzgerald Kennedy 1
Tel. + 39 0105 3911
www.fiera.ge.it/en

Cattedrale di San Lorenzo
44.407868 , 8.931470
16123 Genova
Piazza San Lorenzo
Tel. +39 0102 65786

Villa del Principe
44.416417 , 8.91829
16124 Genova
Piazza del Principe 4
Tel. +39 0102 55509
www.dopart.it/genova/en

Museo del Tesoro di San Lorenzo
44.407770 , 8.931483
16124 Genova
Piazza San Lorenzo
Tel. +39 0102 47 1831
www.museidigenova.it
Öffnungszeiten: Mo bis So von 10.00-12.30 Uhr und von 14.00-20.00 Uhr.
Preiskategorie: €

Casa di Colombo
44.405823 , 8.935149
16121 Genova
Piazza Dante
Tel. +39 0102 51 6714
www.associazione-portasoprana.it
Preiskategorie: €

Salone Nautico Genova
44.396014 , 8.943277
16129 Genova
Piazzale John Fitzgerald Kennedy 1
Tel. +39 0105 769811
www.genoaboatshow.com
www.genovainblu.it
Ende Sept - 7 Tage.
Preiskategorie: €

Palazzo Rosso
44.411363 , 8.932095
16124 Genova / Via Garibaldi 18
Tel. +39 0105 574972
Öffnungszeiten:
Mo bis Sa von 9.00-20.00 Uhr.
Preiskategorie: €

Palazzo Bianco
44.411882 , 8.931997
16124 Genova/ Via Garibaldi 11
Tel. +39 0105 572193
www.museidigenova.it
Öffnungszeiten:
Mo. Ruhetag, Di bis Do von 9.00-19.00 Uhr, Fr von 9.00-23.00 Uhr, Sa 10.00 bis 19.00 Uhr, So von 10.00-19.00 Uhr.
Preiskategorie: €

Palazzo Doria Tursi
44.411512 , 8.932587
16124 Genova
Via Garibaldi 9
Tel. +39 0105 572193
Öffnungszeiten: Mo bis Fr von 10.00-18.00 Uhr.
Die Urne mit der Asche von Kolumbus.
Preiskategorie: €

Museo Nazionale del Mare
44.408857 , 8.927179
16128 Genova
Via al Porto Antico
Tel. +39 0102 470653
www.galatamuseodelmare.it
Öffnungszeiten: Di bis So von 10.00-18.00 Uhr.
Preiskategorie: €

Aquario di Genova
44.410443 , 8.926650
16128 Genova / Ponte Spinola
Tel. +39 0102 3451
www.acquariodigenova.it
Öffnungszeiten: Mo bis Fr von 9.00-18.00 Uhr
Sa, So von 8.30-19.00 Uhr
Preiskategorie: €

Osteria di Vico Palla
44.407309 , 8.926022
16128 Genova, Vico Palla 15-r
Tel. +39 0102 466575
Öffnungszeiten: Mo Ruhetag, Di bis So von 12.00-14.30 Uhr und von 19.00-22.45 Uhr
Preiskategorie: €

Ristorante Le Mani in Pasta
41.887998 , 12.477253
16128 Genova
Via del Molo 45r
Tel. +39 0658 16017
www.comune.rapallo.ge.it
Öffnungszeiten:
Mo bis So 12.30-15.00 Uhr und 19.30-23.30 Uhr.
Preiskategorie: €

EATALY
44.408547 , 8.927319
16126 Genova
Calata Cattaneo 15
Tel. +39 0108 698721
www.comune.rapallo.ge.it
Öffnungszeiten:
Mo bis So: 10.00-22.30 Uhr.
Preiskategorie: €€

12 Rapallo

Tourist-Information
44.351988 , 9.231407
16035 Rapallo
Piazza Molfino 10
Tel. +39 0185 64761
http://turismo.provincia.genova.it/en/comuni/rapallo

Wallfahrtskirche Madonna di Montallegro
44.370101 , 9.25553
16035 Nostra Signora di Montallegro
Salita al Santuario 16
www.santuarionsmontallegro.com
Tägl. Öffnung.

Bergbahn La Funivia Rapallo-Montallegro
44.353055 , 9.235631
16035 Rapallo
Piazzale Silvio Solari 2
Tel. +39 0185 52341
www.comune.rapallo.ge.it
Öffnungszeiten: So 9.00-12.30, 14.00-17.30 Winter bis 16.45.
Preiskategorie: €

Il Museo del Merletto Villa Tigullio
44.345836 , 9.238673
16035 Rapallo
Via Aurelia Levante
Tel. +39 0185 63305
www.comune.rapallo.ge.it
Öffnungszeiten: Mo und Di geschlossen, Mi von 15.00-18.00 Uhr, Do von 10.00-12.00 Uhr.
Fr von 15.00-18.00 Uhr,
Sa und So von 15.00-17.00 Uhr.
Preiskategorie: €€

Portofino

Tourist-Information
44.303474 , 9.208741
16034 Portofino
VIA ROMA 35
Tel. +39 0185 269024
www.terrediportofino.eu

Museo Internazionale di Sculptura
44.302267 , 9.210569
16034 Portofino
Strada Statale 227
www.museodiportofino.it
Öffnungszeiten: Juni bis Sept. von 10.00-13.30 und 15.00-20.00 Uhr.
Preiskategorie: €€

Castello Brown
44.301792 , 9.214095
16034 Portofino
Via alla Penisola 1
Tel. +39 0102 518125
www.castellobrown.com
Öffnungszeiten:
Sa und So 10.00-17.00 Uhr.
Preiskategorie: €€

13 Levanto

Tourist-Information
44.168777 , 9.610364
19015 Levanto
Corso Italia 5
Tel. + 39 0187 808125
www.turismoinliguria.it

Kirche Sant'Andrea
44.166759 , 9.611858
19015 Levanto
Via Don E. Toso 19

Bar il Casino
44.168696 , 9.61064
19015 Levanto
Piazza Colombo
Tel. +39 0349 8448424
Facebook: Il Casino Levanto
Öffnungszeiten:
Mo bis So von 7.00-1.00 Uhr
Preiskategorie: €

Ristorante OASI
44.169842 , 9.612121
19015 Levanto
Piazza Camillo Benso Conte di Cavour 18
Tel. +39 0187 800856
www.oasihotel.eu/the-hotel/restaurantoasi
Öffnungszeiten:
12.00-14.00 und 19.00-22.30,
Mi geschlossen außer Juli, Aug.
Preiskategorie: €€€

Ristorante L'Articiocca
44.170535 , 9.609971
19015 Levanto
Via Olivi 8
Tel. +39 36671 77613
Facebook: L'Articiocca
Öffnungszeiten: Mi Ruhetag, Mo und Di und von Do bis So von 19.00-23.00 Uhr.
Preiskategorie: €€

13 Deiva Marina

Pfarrkirche des Heiligen Antonius Abate
44.22144 , 9.522037
19013 Deiva Marina
Via Giuseppe Garibaldi 2

14 Cinque Terre

Vernazza

Pfarrkirche Santa Margherita d'Antiochia
44.135243 , 9.68256
19018 Vernazza
Via G. M. Pensa 1
www.lecinqueterre.org

Ristorante Belforte
44.134954, 9.682578
19018 Vernazza
Via G. Guidoni
Tel. +39 0187 812222
www.ristorantebelforte.it
Preiskategorie: €€€

Corniglia

Kirche San Pietro
44.120058,9.708389
19018 Corniglia
Via Fieschi 100

Manarola

Kirche San Lorenzo
44.107656 , 9.729959
19017 Manarola
Via Antonio Discovolo

Ristorante Piccolo Marina
44.106776 , 9.727116
19010 Manarola
Via Lo Scalo 16
Tel. +39 0187 920923
www.hotelmarinapiccola.com
Preiskategorie: €€

Riomaggiore

Tourist-Information
44.101737 , 9.736299
19017 Riomaggiore
Via Telemaco Signorini
Tel. +39 0187 758235
www.trekguyd.com
Öffnungszeiten:
Mo bis Fr von 7.00-20.00 Uhr.

Ristorante & Weinkeller Dau Cila
44.098562 , 9.73769
19017 Riomaggiore
Via San Giacomo
www.ristorantedaucila.com
Preiskategorie: €€€

15 Portovenere

La Piazetta Bar
44.050786 , 9.834287
19025 Portovenere
Via Capellini 56
Tel. +39 0187 791682
Preiskategorie: €

Eisdiele Gelateria Lamina
44.051582 , 9.83444
19025 Portovenere
Salita Castello 3
Preiskategorie: €

Kirche San Pietro
44.048307 , 9.832401
19025 Portovenere
Lungo Calata Doria
Tel. +39 0187 790684
www.parrocchiaportovenere.it

Piccolo Blu
44.073984 , 9.795604
19132 Campiglia
Via della Castellana 4
Tel. +39 0187 758517
www.piccoloblu.it

Service-Teil
Alles Gute für die Fahrt

Unterwegs durch enge Bergdörfer

Durch das Aostatal hin zum Gran Paradiso

Italienische Verkehrseigenarten

Oben: Die Polizei schaut auch auf Campingplätzen nach dem Rechten

Oben: Videoüberwachungen werden überall angekündigt

Auf Italiens Straßen ist einiges anders: Verkehr, Regeln und Bußen.
Die Diskrepanz zwischen Vorschriften und deren Beachtung im italienischen Straßenverkehr ist sehr hoch, am besten mitschwimmen und aufpassen, denn der schnellere siegt.
Einem Überholer, der einem auf der eigenen Spur begegnet, wird Platz gemacht – man könnte ja demnächst selbst in solch einer misslichen Situation sein. Jedoch sind die Strafen in den letzten Jahren drakonisch geworden – daher sollte man sich besser vorher informieren, denn deren Einhaltung schont das Reisebudget erheblich. Daher im Folgenden eine Auflistung der wichtigsten Punkte.

Regeln und Strafen

Generell sind die Strafen bei Verkehrsregelübertretung sehr hoch bis zu der Enteignung des Fahrzeuges.

- Radarfallen sind sehr häufig geworden, auf Autobahnen, Schnell- und Landstraßen, teilweise fest installiert, z.B. an Schilderbrücken, als Mülltonne oder in Baustellen getarnt oder auch als mobile Anlage. Gerne stehen auch einmal mehrere hintereinander und blitzen in beide Richtungen.

Geschwindigkeitslimits sollten penibel eingehalten werden.

- Neueste Errungenschaft ist das ›Tutor System‹ – eine streckenbezogene Geschwindigkeitskontrolle. Die Messgeräte, zumeist an Metallgerüsten, mit der Kennzeichnung ›TUTOR‹ erheben vollautomatische Geschwindigkeitsbußen.
- Gurt ist in Italien auf allen Sitzplätzen Pflicht.
- Seit Neuestem ist es auch Pflicht an Zebrastreifen zu stoppen, wenn Fußgänger warten.
- Radfahrer müssen in der Dunkelheit eine Warnweste tragen (gilt auch am Tag im Tunnel). Für Kinder unter 14 Jahren gilt Helm-Pflicht.
- Achtung: Linienbusse haben in Italien immer Vorfahrt!

Die Tempolimits sind (km/h):

	Autobahnen	**Schnellstraße**	**Außerorts**	**Innerorts**
Wohnmobil weniger als 3,5 t	130 bzw. 110/130 je nach Beschilderung Nässe/Regen: 110 bzw. jew. 20 km/h weniger	110/90 je nach Beschilderung Nässe/Regen: 90	90 nicht 100!	50
Wohnmobil ab 3,5 t	100	100 Nässe/Regen: 90	80	50

Besonderheit: Ist der Führerschein jünger als 3 Jahre: Autobahn max. 100 km/h.

Warnen und Erkennen

- Für jede Ladung, die über die Rückleuchten ragt, muss eine 50 x 50 cm reflektierende Warntafel angebracht sein. Achtung: Dies gilt auch für einen eingeklappten Fahrradständer. Des Weiteren darf die Ladung nicht nach vorne überstehen.
- Weiterhin ist die orangefarbene Warnweste in Italien für jeden Insassen Pflicht.
- Außerorts besteht die Pflicht mit Abblendlicht zu fahren – nicht nur auf Autobahnen.
- Ein Nationalitätenaufkleber oder ein EU-Kennzeichen ist vorgeschrieben.
- In den Sommermonaten (15. Mai bis 15. Oktober) darf nur dann mit Winter- oder Ganzjahresreifen gefahren werden, wenn diese einen Geschwindigkeitsindex aufweisen, der mindestens dem in der Zulassungsbescheinigung festgesetztem Wert entspricht.

Alkohol am Steuer

Die Alkoholgrenze beträgt 0,5 Promille und wird auch überprüft, die Strafen sind sehr hoch!

- 0,5 und 0,8 g/l – 500 bis 2.000 € Strafe. Drei bis sechs Monate Führerscheinentzug.
- 0,8 und 1,5 g/l – 800 bis 3.200 € und mögliche Gefängnisstrafe bis zu drei Monate sowie sechs bis zwölf Monate Führerscheinentzug.
- Mehr als 1,5 g/l – 1.500 bis 6.000 € Strafe, einem halben Jahr Gefängnisstrafe und ein bis zwei Jahre Führerscheinentzug.

Verwarnungen

Ihnen ist ein weißer Zahlschein angehängt, mit dem der Betrag innerhalb von 5 Tagen bei jedem Postamt eingezahlt werden kann. Danach wird es teuer! Ausländische Bußgelder über 70 € werden seit Oktober 2010 EU-weit eingetrieben. Dabei ist das Ausstellungsdatum des Bußgeldbescheides wichtig. Die Falle hierbei:
Bei Nichtbeachtung des Bußgeldbescheides wird daraus nach 2 Monaten eine verdoppelte Bußgeldhöhe und dann sind meist die 70 € erreicht, die EU-weit eingetrieben werden. Wer nicht zahlt und auch von den einheimischen Behörden nicht benachrichtigt wird, kann mit einer bösen Überraschung beim nächsten Italienaufenthalt rechnen – die meisten Verkehrssünden in Italien verjähren erst nach 5 Jahren.

Spezielles

In Italien sind die Ampelphasen anders geschaltet, der Wechsel von Rot erfolgt direkt auf Grün, ohne Rotgelb-Zwischenphase.

- Eine Besonderheit sind die Einfädelspuren in der Fahrbahnmitte für Linksabbieger. Hier ist es leichter in den fließenden Verkehr nach links einzufädeln.
- In den zahlreichen Kreisverkehren in Italien gilt rechts vor links (falls nicht anders beschildert), also Einfahrende haben Vorfahrt, beim Verlassen des Kreisverkehrs wird geblinkt.
- Bei mehrspurigen Kreiseln ist die rechte Spur für die nächste Ausfahrt gedacht, aber aufpassen: Es werden auch gerne eigene Fahrspuren eröffnet.
- Nord-Italien ist ein gebirgiges Land – bei entsprechenden Bedingungen kann die Winterreifen- oder Kettenpflicht verhängt werden.
- Wenn das Fahrzeug nicht auf den eigenen Namen zugelassen ist, sollten Sie eine Vollmacht (delega) in italienischer Sprache mitführen.
- Ein Reservekanister mit bis zu 10 l Kraftstoff darf mitgeführt werden.

Oben: Fahrradständer müssen mit dieser Tafel gekennzeichnet werden

Oben: Auch in Italien kann man Schneeketten brauchen

Oben:
Aus blau wird grün: Autobahnschild in Italien

Maut & Autobahnen

Straßenschilder in Italien

Die Hintergrundfarbe auf den Schildern ist besonders:

- Grün ist die Hintergrundfarbe für Autobahnschilder, nicht wie sonst blau
- Blaue Schilder betreffen in Italien Land- und Schnellstraßen
- Weiß sind Ortsschilder, Innerortshinweise bzw. untergeordnete Straßen
- Braune Schilder verweisen auf Sehenswürdigkeiten in der Nähe

Die aktuellen Verkehrsinformationen von den italienischen Autobahnen

Auf der Website der ›Autostrade per l'Italia‹ ist die aktuelle Verkehrssituation für die geplante Route abrufbar, und mittels Webcams ist der Verkehr zu beobachten. Die Webseite in Englisch: www.autostrade.it/en

- Roller und Kleinkrafträder mit einem Hubraum über 120 Kubikzentimeter dürfen jetzt auch auf Autobahnen fahren

Maut in Österreich

In Österreich benötigt man für Fahrzeuge bis 3,5 t zulässiges Gesamtgewicht (zGG) eine Vignette für Schnellstraßen und Autobahnen, diese gibt es für 10 Tage, 2 Monate oder Jahresgültigkeit. Schwerere Fahrzeuge benötigen eine GoBox, zur elektronischen Abrechnung der streckenbezogenen Maut.

	10-Tages-Vignette	2-Monats-Vignette	Jahres-Vignette
Auto und Kfz bis einschl. 3,5t zGG	8,70	25,30	84,40

Tarife in €, inkl. 20 % USt.

Go-Box

Kraftfahrzeuge über 3,5 t (zGG), die das Autobahnen- und Schnellstraßennetz in Österreich benutzen, benötigen ein Fahrzeuggerät, die sogenannte GO-Box. Die Mauterhebung erfolgt vollelektronisch mittels Mikrowellentechnologie, entsprechend Gewicht, Achsenanzahl und Schadstoffklasse. Der km für das Wohnmobil kostet zwischen 0,156 € und 0,2955 € + 20% Ust.

Die Korridorvignette auf der A 14 ›Umgehung Bregenz‹, um auf die Schweizer Autobahn zu gelangen, ist abgeschafft.

Der Brenner

Die Brennermaut wird zusätzlich zu den Autobahngebühren erhoben. Sie beträgt für ein Wohnmobil bis 3,5 t (zGG) zur Zeit 9,00 € one-way. Größer als 3,5 t benötigt man die GO-Box.

Maut in der Schweiz

Die Schweizer Autobahnen und Nationalstraßen unterliegen einer Vignettenpflicht. Die Jahresvignette kostet jetzt 40 €. Fahrzeuge und Anhänger über 3.5 t Gesamtgewicht unterliegen der Schwerverkehrsabgabe z.Zt. min. 25 CHF für 10 Tage innerhalb eines Jahres, sie ist an allen Zollstationen zu erhalten.

Es kann auch über eine unbesetzte Zollstelle eingereist werden, dann muß man die dort angegebene Telefonnummer anrufen und wird dann an die nächste Zollzahlstelle verwiesen.

Maut in Italien

In Italien gibt es keine Vignette, hier wird noch per Ticket und Mautstation abgerechnet, Staus an neuralgischen Punkten sind inklusive. Die Mautgebühren sind hoch, für leichte Mobile unterscheiden sie sich allerdings nicht allzu viel von denen des PKWs. Im Internet gibt es Mautkarten und Mautrechner z.B. unter www.oeamtc.at – Maut Italien suchen oder auf www.autostrade.it.

Die Strecke Brenner-Verona kostet etwa 16 €. An der ersten italienischen Mautstelle bei Sterzing – aber nicht nur hier – unbedingt die geforderten 60 km/h einhalten, häufige Kontrollen und saftige Strafen drohen hier.

In den Mautstellen nicht rückwärtsfahren, um in eine andere Spur zu gelangen, denn dies gilt als Rückwärtsfahren auf der Autobahn und wird gern kräftig geahndet. Weiterhin werden mehr und mehr Mautstellen auf Selbstbedienung umgerüstet, also vorher Kleingeld oder Kreditkarte bereithalten, meist gibt es jedoch ganz links noch eine Spur mit Bedienung, erkenntlich an der kleinen schwarzen Hand auf dem Schild.

Bei der Auffahrt auf die Autobahn:
Das Ticket aus dem Ticketautomaten entnehmen. Nicht die gelb gekennzeichneten TELEPASS-Fahrspuren befahren!

Bei der Abfahrt von der Autobahn:
Nur auf den weiß oder blau gekennzeichneten Fahrspuren fahren. Die Telepass Spur ist nur für registrierte Nutzer befahrbar, ansonsten wird man als Mautpreller gefilmt und abgemahnt!

Verschiedene Maut-Spuren

Weiß - CASH mit kleiner schwarzer Hand: Am einfachsten, allerdings immer der längste Stau, hier wird man immer noch bedient.

Weiß - Cash ohne Handsymbol:
Die neuen automatischen Selbstzahl-Terminals akzeptieren Münzen, Scheine und Kreditkarten, sind schlecht zu erreichen und umständlich zu bedienen.

Blau - CARTE: Akzeptiert werden EC und Kreditkarten sowie die Viacard.
Maestro (EC) - Karte: funktioniert leider nicht immer, Kreditkarte und Viacard: meist problemlos.
Die Viacard ist eine Pre-Paid Karte für Autobahnmaut in Italien. Sie muss vorher bei Raststätten, den Kassierern an den Mautstellen, den sogenannten ›PuntoBlu‹ (Verkaufsstellen auf den Autobahnen) oder daheim bei Automobilclubs wie ADAC etc. erworben werden. Bei Restbeträgen auf der Karte etwas umständlich, dann am besten zur Spur mit Bedienung fahren.
Eine Quittung wird mit dem Knopf ›Ricevuta‹ angefordert.

Gelb - TELEPASS: schnell, da eigene Fahrspur ohne Stopp, jedoch teuer und nur für registrierte Nutzer – automatische Verrechnung, daher ist ein italienisches Bankkonto erforderlich.

Oben: Österreichische Vignette

Probleme an der Mautstation

Achtung, die meisten Spuren sind sehr eng und mit scharfen Betonkanten versehen, langsam einfahren! Wichtig ist, dass Sie sich frühzeitig in der richtigen Fahrspur einordnen, farbige Schilder beachten und stur auf dieser Spur bleiben. In einigen Fällen – meist, wenn die Karte

5 Tipps, die auf italienischen Straßen Geld sparen

1. Nicht in ZTL ›Zone a traffico limitato‹ Umweltzonen einfahren, hier wird videoüberwacht und automatisch gestraft
2. Rechtsfahrgebot auf Autobahnen - wird jetzt auch geahndet
3. Schwere Mobile, Wohnwagen und Anhänger (> 750 kg) dürfen auf der Brennerautobahn (A22) - zwischen Brenner und Modena nicht überholen
4. Mautautomaten stellen bei missglückter Zahlung einen Beleg aus ›Mancato Pagamento‹, der der Zahlungsquittung täuschend ähnlich sieht - trotzdem muss im ›Punto Blu‹ oder ›Centro Servizi‹ innerhalb 14 Tagen gezahlt werden
5. Magnetkarte der Mautkarte nicht beschädigen - keinen Magnet oder Handy drauflegen - sonst zahlt man den höchsten Tarif
6. Falls Sie sich beim Einordnen an der Zahlstelle geirrt haben, bleiben Sie unbedingt in der Spur und Hilfe ›assistenza‹ anfordern- Zurücksetzen ist strengstens verboten!

Oben:
Wohin mit dem Wohnmobil? Wir helfen mit den Parkplatztipps weiter

nicht funktioniert - wird das Kennzeichen fotografiert und Sie bekommen einen Bon mit einer Zahlungsfrist. Die Schranke wird geöffnet und Sie müssen dann die Mautgebühr bei dem nächsten Punto Blu (meist an großen Autobahnraststätten) nachbezahlen. Wenn nicht nachgezahlt wird, wird eine Zahlungsaufforderung vom italienischen Autobahnbetreiber ins Haus geschickt. Diese sollte man spätestens dann zahlen, denn sonst wird es teuer. Meist ist die Bedienspur ganz links und die Telepass-Spur ganz rechts, daher muss man nach der Mautstation sehr aufpassen, denn die nahezu ungebremst durchfahrenden Wagen kommen von rechts angebraust. Daher: stur auf der linken Spur bleiben und in den Rückspiegel schauen, bis sich die Verkehrssituation entflochten hat und erst dann nach rechts fahren.

Kraftstoff

Österreich hat seine Kraftstoffsteuer erhöht, so liegt nun der Preis auf dem gleichen Niveau wie in Deutschland. In Italien liegt das Preisniveau deutlich höher als in Deutschland.
Gut zu erreichende Landstraßen-Tankstelle vor dem Brenner ist die Shell Tankstelle an der Brennerautobahn, A13, Aus-/Einfahrt ›Innsbruck Süd‹ an der Brennerlandstraße,
Koordinaten: 47.242051 , 11.3900741.
Günstige Tankstelle in Richtung Süden in Österreich, A93, Aus-/Einfahrt ›Oberaudorf‹ in Richtung Niederndorf, Freie Tankstelle am Kreisverkehr Erler Landesstraße 6342, Österreich,
Koordinaten: 47.648542 , 12.196159.

Hilfe im Notfall

Eine Mitgliedschaft im ADAC, insbesondere eine Plus Mitgliedschaft, kann sehr empfohlen werden. Hilfe bei einer Panne oder bei Notfällen ist damit gegeben.

Telefon Notrufnummern:

Land	Rettung	Polizei	Pannenhilfe	Dt. Botschaft
Deutschland	112	110	ADAC 0180 22 22 22 Mobil 22 22 22	
Österreich	112 oder 144	112 oder 133	ÖAMTC 120	Wien 01711540
Schweiz	144 oder 117 Mobil 112	117 Mobil 112	TCS 140 Mobil 0318505311	Bern 0313594111
Italien	118	112	ACI 800116800	Rom 06492131

Tipps für die Fahrt

Parken und Halten

Parken erfordert eine kleine Farbenlehre, achten Sie auf die farbigen Markierungen am Randstreifen und Schraffierungen. Sie haben folgende Bedeutung:

- Blau steht für gebührenpflichtiger Parkplatz
- Gelb und schwarzgelb für Parkverbot oder Behinderten-Parkplatz (auf Beschilderung achten)
- Grün bedeutet spezielle Einschränkungen laut Beschilderung
- Weiße Linien bedeuten Parken erlaubt - aber trotzdem auf eventuelle Beschilderung achten
- Rosa Parkzone für schwangere Frauen oder Frauen mit kleinen Kindern

Das Schild Halteverbot mit dem Zusatz 0 - 24 h und Abschleppsymbol meint: Immer absolutes Parkverbot.

Parkverbote sollten unbedingt beachtet werden, es lohnt sich, die Schilder intensiv zu suchen und zu verstehen, denn an Markttagen wird abgeschleppt, Parkkrallen werden auch verwendet und die Parkbußen sind erheblich.

Parken / Campen und Innenstädte

- Höhenbeschränkungen und Wohnmobil-Verbotsschilder sind allgegenwärtig, die meisten Ortszentren sind verkehrsberuhigt und einige mit Feinstaubzonen belegt.

Fast alle verkehrsbeschränkten Zonen der Innenstädte sind ›zona a traffico limitato‹ (ZTL)

- ZTL werden mittlerweile kameraüberwacht und die Kennzeichen automatisch abgeglichen, so kommt der Bußgeldbescheid dann automatisch.

Parkmöglichkeiten in den Städten oder um die Seen sind praktisch alle von 9 - 21 Uhr gebührenpflichtig, es wird scharf kontrolliert. Eine Überschreitung der Parkzeit von 15 min wird schon mit 25 € geahndet!

Der Unterschied zwischen Parken als rasten oder campen ist fließend. Wer die Markise ausfährt und Tisch und Stühle aufstellt ›campt‹, manchmal reicht schon das Aufstellen der Außenfenster.

Rechtlich ist ein Rasten zur Wiederherstellung der Fahrtüchtigkeit bis zu 10 h erlaubt.

In vielen Gemeinden findet sich ein generelles Verbotsschild:

›Camping Vietato‹

Aber dies verbietet campen und nicht rasten. Jedoch ist es schon vorgekommen, dass die Polizia Locale persönlich um 6:00 Uhr morgens ihr Bußgeldkonto aufgebessert hat.

Oben: Parkverbotszonen sind fast überall im Stadtbild zu sehen

Wohnmobil-Stellplätze sind meistens mit ›Aera Sosta‹, ›Aera Camper‹ oder ›Aera attrezzata‹ ausgeschildert

Versorgung in Italien

1. Wasser/Abwasser: An den meisten Stellplätzen ›Area Camper‹ und an vielen Autobahnraststätten
2. Stromanschlüsse: meist die blauen CEE Anschlüsse (teilweise noch Schukostecker)
3. Gas: gibt es nur an speziellen Gas-Tauschstationen & Campingplätzen, Autogastankstellen dürfen Flaschen & Einbautanks nicht füllen, Euro Gas-Adapterset ist notwendig

Das Mietmobil

Welchen Anbieter sollte man auswählen? Es bietet sich an, einen Verleiher in der Nähe auszusuchen, damit die Reise ohne großen Aufwand und Logistik starten kann.

Es lohnt sich, Leistung und Preise verschiedener Anbieter miteinander zu vergleichen, es gibt auch Last-Minute-Angebote und Schnäppchen für Buchungslücken - also nachfragen. Es werden auch privat Leihmobile preisgünstig angeboten. Einem Novizen sei jedoch davon abgeraten. Die Fahrzeuge sind meist älter und somit ist die Gefahr, dass etwas Wichtiges nicht funktioniert größer.

Eine Liste von großen Anbietern gibt es auf der LandYachting Internetseite unter Bonus/links.

Damit alles gut läuft, sollte man beim Mietmobil ein paar Sachen beachten

Wie groß soll die Landyacht sein?

Das richtige Fahrzeug aussuchen - hier geht es um Beherrschbarkeit des Fahrzeugs gegenüber Komfort durch viel Platz. Bei großen und schweren Fahrzeugen ist zu überprüfen, ob der Führerschein von allen Fahrern diese Klasse mit beinhaltet. Die Fahrzeuggröße muss an die Anzahl der Reisenden angepasst sein. Der Platz an Bord entscheidet über den Wohlfühlaspekt, denn alles muss seinen Platz finden. Daher sollte die maximale Bettenzahl nicht belegt werden, eher ein oder zwei Schlafplätze mehr einplanen, als man effektiv benötigt. Die Auswahl hängt natürlich auch von der Anzahl und dem Alter der Kinder ab.

Versteckte Kosten

Achten sie im Preisvergleich auf versteckte, aber notwendige Nebenkosten wie etwa für Bettwäsche, Camping- und Küchenausrüstung, Gasflasche oder Versicherungseigenbeteiligung oder notwendige Zusatzversicherungen.

Das ›Beiboot‹

Wichtig ist ein Fahrradträger, denn zur Erkundung fremder Städte oder zur Erholung im Grünen sind Räder ein absolutes Muss auf der Reise. Alternativ geht natürlich auch ein Motorrad, Roller oder E-Bike, dann benötigt man jedoch eine entsprechende Lastplattform oder Heckgarage. Die weiß-rote Warntafel nicht vergessen.

Die Packliste

Um eine stressfreie Reisevorbereitung zu ermöglichen, ist das Packen mit einer Packliste unumgänglich. Die Reise mit

dem Wohnmobil erfordert einfach zu viele unterschiedliche Dinge, welche einem auf der Reise fehlen oder im Zielland nicht oder nur schwer besorgt werden können, z.B Adapter für Gas, Wasser, Strom etc.
Eine ausführliche Packliste findet sich im Internet zum Ausdrucken auf der LandYachting Homepage unter Bonus/Packliste.

Die Technik

Zeit nehmen für die technische Einweisung bei dem Vermieter verhindert so manche unliebsame Überraschung wie eine kalte Heizung oder kaltes Wasser. Die Technik ist einfach zu speziell und meist nicht selbsterklärend. Achten Sie darauf, dass alle Bedienungsanleitungen für den Aufbau (Küche, Warmwasser, Heizung etc...) und für das Basismobil vorhanden sind.
Es hilft auch schon mal eine Nacht Probe zu wohnen, bevor es wirklich losgeht, denn da kommen dann alle Fragen auf und die vergessenen Sachen sind schnell identifiziert.
Lassen sie sich alle Funktionen im Detail - Handgriff für Handgriff - zeigen, ein einfaches »hier kommt Wasser rein und da das Schmutzige wieder raus«, reicht absolut nicht, denn es gibt viele kleine Tipps zu beachten, damit Ver- und Entsorgung mit allen Medien für das Wohnmobil reibungslos klappt.
Darüber hinaus sind die Systeme zwar fast alle ähnlich, aber jeder Hersteller hat doch eigene Lösungen eingebaut. Im Internet gibt es einige allgemeine Videos, die grundlegende Funktionen erklären.

Zubehör

Wichtig ist ein 25 m Stromkabel mit Adapterstecker für die blauen CEE oder lokalen Anschlüsse.
Die Gasflasche sollte gefüllt sein und ein sog. ›Euroset Adapter‹ für die Gasflaschenfüllung vorhanden sein.

Die Papiere

Achten Sie darauf, dass das Fahrzeug auch als Mietfahrzeug versichert ist, dass im Vertrag Name und Anschrift, Mieter und Vermieter stehen, dass weitere Fahrer eingetragen sind, dass Mietzeit und Rückgabe vereinbart sind und dass Sonderausrüstungen und etwaige Vorschäden eingetragen sind.
Achten Sie im Kleingedruckten auf weitere Kosten für Innen- und Außenreinigung oder Instandsetzung.
Bei der Übernahme und der Abgabe sollte ein schriftliches Übernahmeprotokoll den Zustand des Fahrzeuges innen wie außen dokumentieren.

Tipps für die Reise

Vor der Fahrt schreiben Sie sich Höhe, Breite und Gewicht des Fahrzeuges auf, damit Sie an der nächsten Brücke oder Engstelle wissen, ob es passt.
An der Mautstelle versuchen Sie besser nicht, ob das Mobil doch durch die PKW-Spur passt - es geht - ist aber meist sehr, sehr eng. Ein Ausdruck der 10 Punkte Start-Checkliste auf der nächsten Seite hilft.

Links und oben: Beim nächsten Tunnel sollten Sie wissen, wie hoch ihr Wohnmobil ist

Oben: Entsorgungs-Stationen gibt es fast überall und auch auf den Autobahnraststätten

Zwischenstopps und Ankunft

Suchen Sie sich schon vorher attraktive Ziele zur Rast auf der langen Anreise heraus, die Stellplätze auf oder nahe der Autobahn sollten nur Notlösungen sein. Niemals hungrig später als 18.00 in einer fremden Stadt ankommen und sich erst dann auf die Suche nach einem passenden Stellplatz machen – dies artet immer in Stress aus und Enttäuschungen sind vorprogrammiert.

Viel besser ist es, vormittags am vorher ausgesuchten Stellplatz anzukommen und den Tag zu genießen. Vormittags sind die Stellplätze noch frei, denn abends sind alle Anderen auf der Suche. Das Fahrzeug waagerecht stellen, die orangefarbenen Auffahrkeile und der Wagenheber sowie die Fahrzeugstützen leisten gute Dienste, wenn man nicht immer im Bett auf eine Seite rollen will. Spätabends kann man auch Keile oder Decken unter die Matratze schieben, das geht als Notlösung schneller.

10 Punkte Start-Checkliste

Vor jeder Fahrt durchgehen:

1. Gas abgestellt
2. Fahrräder gesichert, abgeschlossen und Warntafel angebracht
3. Alles drinnen und gesichert? Orangefarbene Auffahrkeile eingepackt, keine Stühle etc. unter dem Wagen vergessen? Ist in der Garage alles gesichert?
4. Treppe eingefahren
5. Markise drin und Dachluke zu
6. Schubladen gesichert
7. Kühlschrank sichern und auf 12 V umstellen
8. Küchenartikel alle klapperfest verstaut (Kissen in die Schränke – hilft)
9. Keine Gegenstände mehr auf Tischen, Ablagen und im Bad liegen lassen
10. Ausstellfenster zu oder auf kleiner Stellung arretiert

Sicherheit

Generell ist Diebstahl und Überfall statistisch gesehen nur ein sehr geringes Risiko beim Wohnmobilreisen.

Da Wohnmobile serienmäßig nicht besonders gesichert sind und darüber hinaus anzunehmen ist, dass die gesamte Reisekasse und andere wertvollen Sachen im Mobil unterwegs sind, sollten dennoch einige besondere Verhaltensregeln beachtet werden. In letzter Zeit werden die Einbrecher zudem immer professioneller und haben schon spezielle Werkzeuge zum Öffnen der Seitzfenster.

Vorsicht beim Tankstopp

Der kurze Halt an der Tankstelle oder am Supermarkt sollte nicht unterschätzt werden. Insbesondere auf Autobahnen ist das die Gelegenheit für Langfinger. Also sollte immer einer am Fahrzeug bleiben und die hintere Tür immer verschlossen sein.

Typische Wohnmobil-Schwachstellen:

Die Heckleiter

Dies ist die bequeme Einstiegshilfe übers Dach – daher Leiter in den Stauraum oder fest anschließen.

Schiebe- und Ausstellfenster:

Diese können ganz einfach aufgehebelt werden und dann kann die Tür ganz schnell entriegelt werden. Immer darauf achten, dass das Fenster ganz geschlossen und auch verriegelt ist. Eine weitere mechanische Aufschiebe- und Hebel-

sperre ist von großem Nutzen !!!
Alle Türen und relevanten Stauraumklappen, kann und sollte man mit stabilen **Zusatzsicherungen** nachrüsten, wenn die Reise in eine Region führt, in der man auch einen PKW nur auf überwachten Parkplätzen abstellen würde. Ein Sicherungs-Ei in der Anhängerkupplung verhindert unbefugtes ›Abschleppen des Anhängers‹.

Diebstahlschutz wie bei Autos

Alarmanlage und Zusatzsicherungen, wie Lenkradsperre oder Radkralle sichern das Fahrzeug bei längerer Abwesenheit. Bei der Alarmanlage gibt es mittlerweile viele Systeme: Radar-, Infraschallmelder, Türkontakte, GPS/GSM Ortung und Meldung etc.

Gasdetektor

Ein Gasangriff ist sehr selten, weil sehr umständlich und für den Kriminellen ebenso gefährlich, ein Aufkleber mit ›Vorsicht Alarmanlage‹ hat sicher eine größere Wirkung. Dennoch kommt es tatsächlich vor. Beliebt ist die Öffnung des Kühlschranks zum Einleiten des Gases. Ein kombinierter Gas/Rauchmelder kann hier helfen.

Wohnmobil-Tresor

Die kleinen oder größeren Tresore unter den Fahrersitzen oder zum Einbau in Möbel sind nicht so einbruchssicher wie ein Panzerschrank. Dennoch sind die meisten Diebe auf eine schnelle Beute aus, daher sind sie doch sehr empfehlenswert.

Vorbeugende Maßnahmen

Neben allen technischen Vorkehrungen ist das eigene Verhalten am Wirkungsvollsten. Schauen Sie sich Ihren Stellplatz bei Tageslicht an. Liegt schon Autoglas auf dem Boden? Von Autobahnraststätten als Stellplatz ist generell abzuraten. Ein bewachter Platz ist natürlich am sichersten. Unbeleuchtete Stellen oder Plätze zwischen LKWs sind nicht ideal.
Großstädte und Sehenswürdigkeiten mit vielen Touristen sind immer Hauptarbeitsplätze von Ganoven. Kleinere Orte oder ein Platz beispielsweise vor der Kirche oder in der Nähe einer Polizeiwache sind sicherer.
Der Geldgurt oder Brustbeutel ist immer noch ein einfaches, aber sicheres Mittel. Wertsachen können im Tresor der Rezeption des Campingplatzes deponiert werden. Im Mobil sollten die Wertsachen an verschiedenen Stellen gut versteckt aufbewahrt werden, Konservendosen mit doppeltem Boden (im Zubehörhandel) bieten gute Dienste. Lassen Sie nichts offen sichtbar im Fahrzeug liegen. Für den Fall der Fälle machen Sie sich Kopien von allen wichtigen Dokumenten. Vorbeugung ist generell angeraten, denn der Hausrat im Wohnmobil ist normalerweise über die reguläre Hausratversicherung und Reisegepäckversicherung nicht versichert.

**Oben:
Die meisten Parkplätze sind unbewacht und an Touristenzielen leichte Beute**

**Oben:
In kleinen Dörfern ist die Polizei noch präsent**

Präzise Navigation und das GPS-System

Das Global Positioning System – GPS hat die Welt der Navigation verändert und ist heute aus den Reisemobilen nicht mehr wegzudenken. Es gibt einem die Möglichkeit, wirklich frei zu reisen. Denn nun benötigt man keine langen, ausführlichen Wegbeschreibungen mehr, sondern nur noch die präzisen Koordinaten des gewählten Zieles. Alles was man tun muss, ist die Koordinaten einzugeben – darauf soll hier ausführlich eingegangen werden. Darüber hinaus wird eine Kurzanleitung für die bekanntesten Gerätemarken der GPS – Navigationsgeräte angegeben.

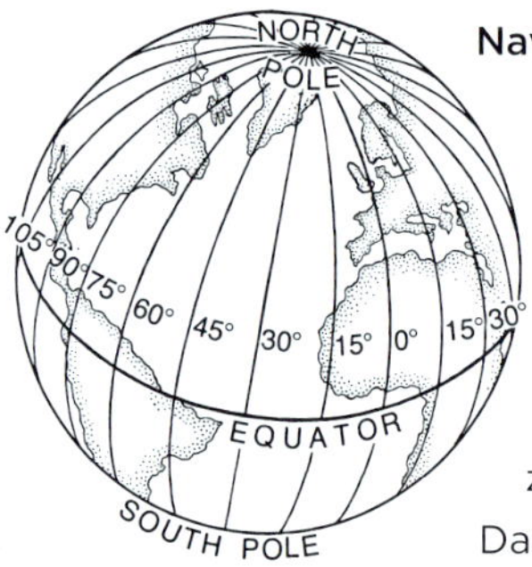

Oben: Unsere Erde und das Koordinatensystem, der 0° Längengrad läuft durch Greenwich, London, der 0° Breitengrad ist der Äquator

Das GPS-System

Das Global Positioning System (GPS) wird durch das US-Militär betrieben und auch für die zivile Nutzung bereitgestellt. Das System besteht aus 30 (24 genutzten) kleinen Satelliten (Gewicht ca. 2000 kg), welche in einer Höhe von 20.200 km die Erde umkreisen. Der kreisrunde Orbit ist gegenüber dem Äquator um 55° geneigt und die Konstellation ist in Gruppen von vier Satelliten in sechs Bahnen aufgeteilt. Damit überfliegt jeder Satellit alle 24 Stunden die gleiche Bahn auf der Erde.

So kann jeder Empfänger auf dem Boden theoretisch zwischen 5 und 8 Satelliten sehen. Jeder Satellit befindet sich in seiner spezifischen bekannten Position: Durch Triangulation mit Hilfe der Laufzeit des GPS-Signals, d.h. einer Entfernungsmessung von mindestens drei Satelliten, ist der Punkt auf der Erde genau bestimmbar, eine vierte Messung bestimmt die Höhe und weitere tragen zur Verbesserung der Genauigkeit bei. Die Entfernung wird mit Hilfe der Radiosignale ermittelt. Hierbei wird mit der Satelliten-Atomuhrzeit die Laufzeit des Signals bis zum Empfänger ermittelt. Die Signalreisezeit wird als Differenz zwischen der Zeit bei der Aussendung und der Zeit beim Empfang gemessen – multipliziert mit der Lichtgeschwindigkeit ergibt sich die Distanz. Die Genauigkeit der Positionsbestimmung liegt im Durchschnitt zwischen 10 und 15 Metern. Das europäische Satellitennavigationssystem Galileo soll bis zum Ende der Dekade voll in Betrieb gehen. Vorteile sind eine etwas verbesserte Genauigkeit sowie eine zivil betriebene und gesicherte Funktion des Systems. Zukünftige Navigationsgeräte werden beide Signale – Global Positioning System und Galileo – empfangen können.

Die Koordinaten

Leider werden die Koordinaten-Angaben auf unterschiedliche Weise dargestellt. Das geographische Koordinatensystem der Erde wird durch rechtwinklig schneidende Längen- und Breitenkreise beschrieben. Die Breitengrade zählen vom Äquator aus, die Längengrade werden vom Nullmeridian in Greenwich, London nach Osten und Westen gezählt. Jeder Ort kann genau durch die Angabe von **Breite und Länge** bestimmt werden

Die Angabe erfolgt in:

Grad°, Minuten' und Sekunden''

Breite: Nördlich (N oder +) sowie
Südlich (S oder –)

Länge: Westlich (W oder –) sowie
Östlich (E oder +)

Links: Das Global-Positioning-System, Navigationssatellit im Weltall

Der Umfang der Erde am Äquator beträgt ca. 40.000 km d.h. ein Grad 1° entsprechen 40.000/360=111 km und eine Minute 1' (111/60) entspricht 1,852 km (= 1 Seemeile).

Die Koordinaten in Grad, Minuten und Sekunden können auf unterschiedliche Art geschrieben werden.

1. Grad° Minuten' Sekunden'':
   GG° MM' SS''
2. Grad° Minuten, Dezimale von Minuten':
   GG° MM,MMM'
3. Grad, Dezimale von Grad°:
   GG,GGGGG°

Präzision der Koordinaten

Die Koordinatenangaben **45° 34' 58'' N** oder **45°34,966' N** oder **45,58276° N** sind identisch und bezeichnen den gleichen Punkt.

Die meisten Navigationsgeräte können Wegpunkte und Zielkoordinaten laden und sind meist auf die Angabe im Format **GG° MM,MMM'** oder **GG,GGGGG°** eingestellt.

Stellen Sie sicher, dass das Eingabeformat des Navigationsgerätes und das angegebene Wegpunkt-Koordinatenformat gleich sind, andernfalls kommt es zu einer erheblichen Abweichung.

Wenn Sie die Koordinaten **45° 34' 58''** z.B. fälschlicherweise in ein Gerät mit dem Format **GG° MM,MMM'** eingeben, kommt es zu einer Abweichung von ca. 714 Metern, dies kann bedeuten: finden oder nicht finden.

(0,1' Fehler entspricht in unseren Breiten 18 m Abweichung).

Umrechnungsbeispiele

GG° MM' SS'' → **GG° MM,MMM'** **45° 34' 58''** → **45°34,966'**	Grad und ganze Minuten bleiben gleich, multipliziere die Sekunden mit 100 und teile durch 6. 58 x 100 = 5800/6 = 966
GG°; MM.MMM' → **GG°; MM'; SS''** **45°34,966'** → **45° 34' 58''**	Grad und ganze Minuten bleiben gleich, multipliziere die Tausendstel mit 6 und teile durch 100. 966 x 6 = 5820/100 = 58,2
GG° MM,MMM' → **GG,GGGGG°** **45°34,966'** → **45,58276°**	Grad bleiben gleich, dividiere die Minuten durch 60 34,966/60 = 0,58276
GG,GGGGG° → **GG°MM.MMM'** **45,58276°** → **45°34,966'**	Grad bleiben gleich, multipliziere die Dezimale von Grad mit 60 0,58276 x 60 = 34,966'

Bedienungshinweise für Navigationsgeräte

Die meisten Geräte arbeiten mit den zwei Formaten: **GG° MM' SS,SS"** oder **GG,GGGGG°.**

Wir bevorzugen die Koordinaten-Angabe in **GG,GGGGG°**, da man hier nicht noch zwischen Minuten und Sekunden unterscheiden muss.

Wichtig:

Südliche Breite (unterhalb des Äquators) wird mit S oder **–** (Minus) eingegeben.

Westliche Länge (westlich von London/Greenwich) wird mit W oder **–** (Minus) eingegeben.

Es sollten immer 5 Nachkommastellen eingegeben werden, denn eine Falscheingabe von 0,0001° entspricht schon einer Abweichung von 11 Metern.

Die meisten Navis sind auf dieses Format voreingestellt oder das Eingabeformat kann leicht umgestellt werden.

Alle Ziele in diesem Buch sind in dem Format **GG.GGGGG**° angegeben (Punkt statt Komma). Dies hat den Vorteil, dass die Koordinaten in diesem Format direkt in Internet-Karten wie www.maps.google.de oder www.bing.com/maps eingegeben werden können. Bei manchen Navis wird an Stelle des Punktes ein Komma geschrieben.

Navi Bedienungs-Schema:

1. wählt man ›Navigieren zu‹ oder ›Zieleingabe‹
2. wählen von ›Koordinaten‹ oder ›Breiten-/Längengrad‹
3. Separate Eingabe von ›Breiten- und Längengrad‹ (hierbei auf das richtige Format **GG.GGGGG°** achten)

Falls das Format der Eingabe geändert werden muss, geht das meist direkt in diesem Eingabe-Menü oder im separaten Menü ›Einstellungen/Formate/Koordinaten‹.

Rechts: Garmin: Einstellung des richtigen Eingabeformats für die GPS-Koordinaten

1. ›Koordinaten-Button‹ suchen

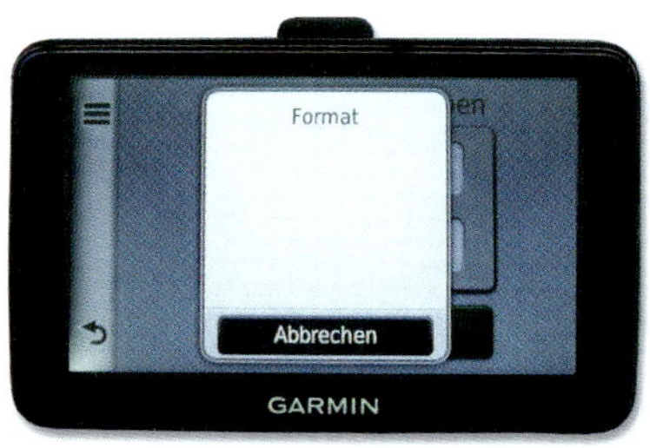

2. Mit ›Format‹ zum Koordinaten-Menü

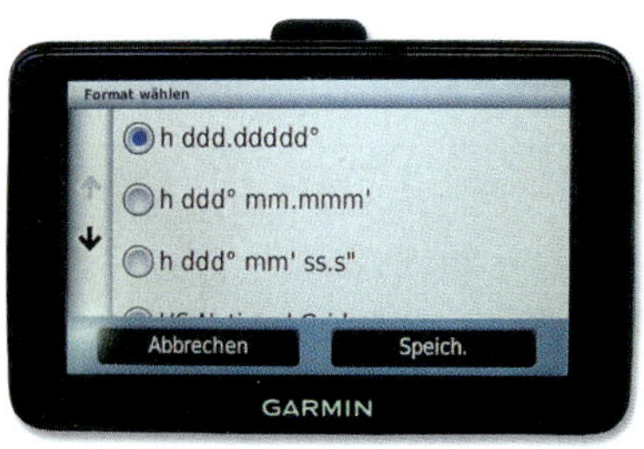

3. Koordinaten-Angabe festlegen

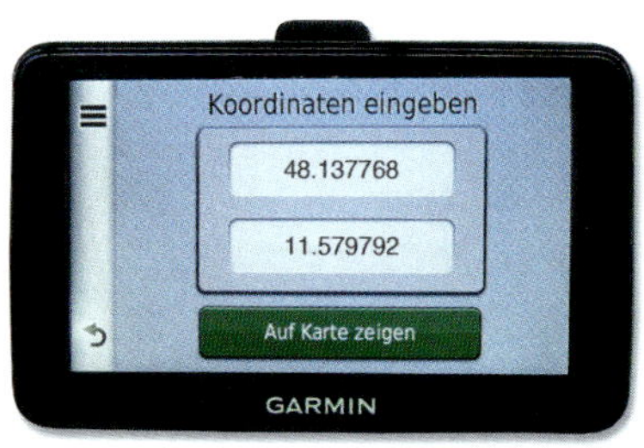

4. Koordinaten eingeben

Bedienungshinweise Smartphone & Pad

Da sich heutzutage Smartphones und Pads immer mehr durchsetzen, hier kurz einige Worte zu ihrer Bedienung in Sachen Navigation.
Auf den Apple-Geräten iPhone/iPad und auf den Android-Geräten läuft die gut funktionierende App ›Google-Maps‹. Das Icon heißt ›Karte‹ oder ›Map‹.
Das Prinzip der Bedienung ist bei Apple- und Android-Geräten das gleiche, nur die Symbole sind etwas unterschiedlich.

Bedienung

▪ 1. Den jetzigen Standort anzeigen:

Auf das kleine Pfeilsymbol tippen und der eigene Standort wird auf der Karte angezeigt.

▪ 2. Den Zielort suchen:

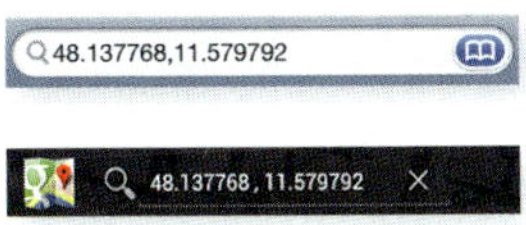

z. B. Das Hofbräuhaus in München hat folgende Koordinaten-Angaben:
48.137768 , 11.579792
In die obere Eingabezeile mit der Lupe gibt man ein:
(auf Punkt und Komma achten)
48.137768,11.579792 dann auf ›Suchen‹ tippen und der Zielort wird angezeigt.

▪ 3. Eine Route vom jetzigen Standort zum Zielort berechnen:

Wenn man nun auf den Button ›Route‹

tippt und dann nochmals mit ›Route‹ bestätigt, wird die Route vom jetzigen Standort zum Zielort berechnet.
Nun kann man noch wählen, ob man per Auto, Bahn oder zu Fuß unterwegs ist. Eventuell werden noch alternative Routen angezeigt, aus denen man auswählen kann. Mit ›Start‹ beginnt man die aktive Routenführung und muss nur noch der blauen Linie bis zum Ziel folgen.

Datenverbindung

Da für die Nutzung von Google Maps eine Datenverbindung erforderlich ist, sollte das Smartphone oder Pad über eine Datenflat oder einen anderen günstigen Datentarif verfügen.
Weiteres Wissenswertes über mobile Datennutzung (auch im Ausland) finden Sie in: LandYachting ›Alpen-Adria‹ Band 1 im Kapitel Multimedia.

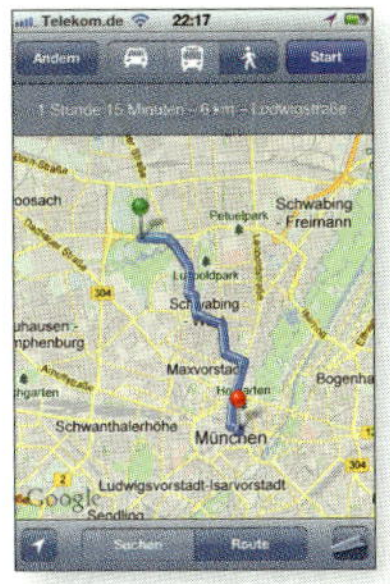

Oben:
Routenführung

Unten:
Dank Smartphone und Pad mobil das Ziel finden

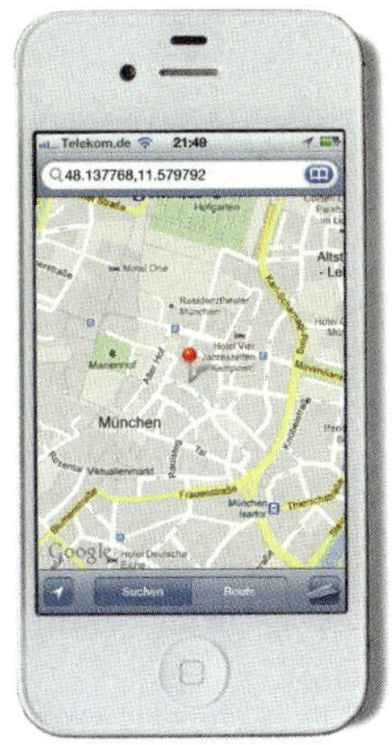

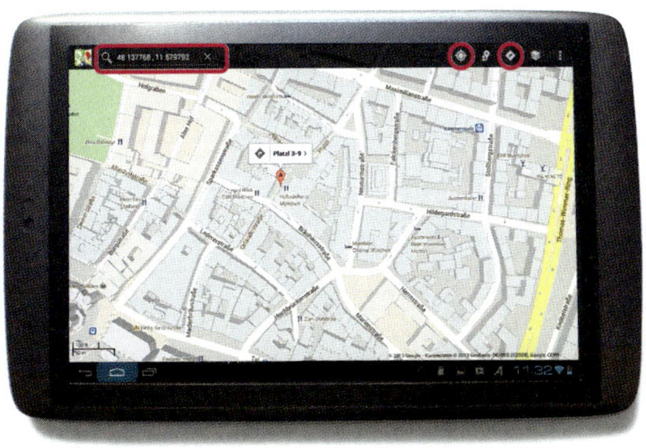

Wörterbuch Verkehr

Accendere i fari/luci = Licht einschalten
accesso a pagamento = Einfahrt kostenpflichtig
allagato = überschwemmt
alt stazione = Halt - Mautstelle/Grenze o.ä.
aperto = geöffnet
aperto 24 ore = rund um die Uhr geöffnet
area attrezzata = Umzäunter, gesicherter Bereich
area cantiere = Baustelle
area pedonale = Fußgängerzone
area (di) servizio = Tankstelle/Rastplatz
area sucessiva = nächste Tankstelle/Rastplatz
attenti al cane = Vorsicht vor dem Hund
attenzione = Achtung
autogrill = Raststätte an der Autobahn
autorizzato = erlaubt/zugelassen/ermächtigt
autostrada = Autobahn

Biglietto = Fahrschein
biglietto prepagato = vorausgezahltes Ticket
bloccato = gesperrt
blocco/blocchi = Sperre/Sperren
blocco sospeso = Sperre aufgehoben

Caduta sassi = Steinschlag
cantiere = Baustelle
carabinieri = Polizei
catene da neve = Schneeketten
causa lavori = wegen Baustelle
centro = Zentrum
centro storico = Altstadt
cintura di sicurezza = Sicherheitsgurt
città = Stadt
città alta = Oberstadt
città bassa = Unterstadt
chiuso = geschlossen
coda/code = Stau/Staus
con filtro = mit Rußfilter
continua = Fortsetzung der Reglung
contravvenzione = Bußbescheid
controllo della velocità = Gesch.w.-überwachung
controllo elettronico = elektr. Überwachung

corsa bus = Busspur/Buszufahrt
croce bianca/rossa = Weißes/Rotes Kreuz

Deviazione = Umleitung
disco orario = Parkscheibe
dissuasore = Bodenwelle
distanza di sicurezza = Sicherheitsabstand
distributore = Tankstelle
diurno = tagsüber, am Tag
divieto di acesso = Zufahrt/Zutritt verboten
divieto di sorpasso = Überholverbot
divieto di sosta = Halt/Parkverbot, z.B. an Einfahrten
divieto di transito = Ein-/Durchfahrt verboten
divieto totale (della circolazione) = vollständiges (Fahr-)Verbot

Eccetto = außer/ausgenommen
entrata solo per ... = Zufahrt/Zugang nur für ...

Fai da te = Selbstbedienung
feriale = werktags
festivo = Sonn- und feiertags
fine area cantiere = Ende des Baustellenbereichs

Galleria = Tunnel
ghiaccio = Eis
giorno di riposo = Ruhetag (geschlossen)
giorno pari/dispari = gerader/ungerader Tag
gomma = Reifen
gommista = Reifendienst

Incidente = Unfall
incrocio = Kreuzung
ingresso = Eingang/Einfahrt/Eintritt (ingresso libero = Eintritt frei)
inizio area cantiere = Beginn der Baustelle

inizio zona tutelata = Beginn der Parkverbotszone
interotto = unterbrochen, gesperrt

Lavaggio = Waschanlage
lavori in corso = Baustelle
limitazione del traffico = Verkehrsbeschränkung
limite = Begrenzung, Beschränkung
limite velocità = Geschwindigkeitsbeschränkung

Medico = Arzt
mezzi controghiaccio operativi = Schnee- und Eisräumdienst ist im Einsatz

Nebbia = Nebel
neve = Schnee
notturno = in der Nacht

Occhio ai segni = Schilder/Anzeigen/Fahrbahnmarkierungen beachten
orario apertura = Öffnungszeiten

Parcheggio = Parkplatz
parcheggio (non) custodito = (un)bewachter Parkplatz
Parchimetro = Parkuhr
Parcometro = Parkuhr
passaggio pedonale = Fußgängerüberweg
passo = Pass, Bergstrecke oder Zufahrt
passo carrabile = Einfahrt freihalten
pedaggio = Maut (a pedaggio = mautpflichtig)
pernottamento vietato = übernachten verboten
per traffico = wegen (starken) Verkehrs
pesanti = veicoli pesanti = Schwerverkehr/LKW
pianta = Stadtplan
pioggia = Regen
pista ciclabile = Radweg
pneumatico = Reifen
polizia stradale = Verkehrspolizei
pompieri = Feuerwehr
posto di rifornimento = Tankstelle
presenza operai = Bauarbeiter auf der Straße
pressione delle gomme = Reifendruck
proprietà privata = Privatbesitz
privato = Privat...

Rallentare = langsam fahren
rimorchio = Anhänger
rotatoria = Kreisverkehr

Sbarrato = gesperrt
scarico = entladen
seguire = folgen
semaforo = Ampel
senso unico = Einbahnstraße
senza filtro = ohne Rußfilter (Diesel)
solo clienti = (Parken) nur für Kunden
sosta a pagamento = gebührenpflichtiges Parken
sosta camper = Wohnmobil - Stellplatz
sosta vietata = Halte- bzw. Parkverbot, z.B. an Einfahrten
sottopassaggio = Unterführung
spazzaneve = Schneeräumer/-pflug
stop del traffico = Sperre
stradario = Straßenverzeichnis
strada privata = Privatweg
strada senza uscita = Sackgasse
superstrada = Mautfreie Schnellstraße

Tabacco = Tabakgeschäft, oft auch Landkarten, (Bus-)Fahrkarten und Parkscheine erhältlich
tangenziale = Umgehungsstraße, oft Autobahn
targa pari/dispari = gerades/ungerades Kennzeichen
tempo di percorrenza = Fahrtzeit für eine Strecke/Wartezeit
targhe alterne = Wechsel zwischen geraden und ungeraden Kennzeichen
tenere la destra = rechts halten
tornante = Kehre/Serpentine
traffico = Verkehr
traffico limitato = hier meist nur Be- und Entladeverkehr erlaubt
traffico rallentato = zähflüssiger Verkehr

traffico regolare = normaler Verkehr (kein Stau)
tratto = Strecke
tutte le direzioni = alle Richtungen
tutti gli veicoli = alle Fahrzeuge

Uscita = Ausfahrt, Autobahnabfahrt
uscita veicoli = Achtung Ausfahrt

Varco = Zufahrt, Einfahrt
veicoli autorizzati = Fahrzeuge mit Genehmigung
veicoli lenti = Langsame Fahrzeuge
veicoli non ecologici = Fahrzeuge ohne Katalysator / schlechter Euroabgasnorm
veicoli pesanti = Schwerverkehr
velocità = Geschwindigkeit
vietato l'accesso / vietato l'ingresso = Einfahrt verboten / kein Zugang

Zona di silenzio = Hupverbot
zona disco = Parken nur mit Parkscheibe
zona pedonale = Fußgängerzone
zona rimorchio = Zone, in der abgeschleppt wird
zona (a) traffico limitato = Zone, in der Autofahren eingeschränkt / verboten ist, z.B. Fußgängerzone. Viele Innenstädte sind ZTL!
Z.T.L. = zona traffico limitato
Z.T.L. notturna = Z.T.L. (nachts)

Himmelsrichtungen

nord = Nord
est = Ost
sud = Süd
ovest = West

Tageszeit

mattina = der Morgen / Vormittag
pomeriggio = Nachmittag
sera = Abend
notte = Nacht
notturno = in der Nacht
domani = morgen (Folgetag)

Wochentage

feriale = Werktag(s)
festivo = Sonn- und Feiertag(s)
lunedì (lun) = Montag
martedì (mar) = Dienstag
mercoledì (mer) = Mittwoch
giovedì (gio) = Donnerstag
venerdì (ven) = Freitag
sabato (sab) = Samstag
domenica (dom) = Sonntag

Wochentage auf italienisch sind für Markttage unentberlich

Buch 2.0
LandYachting online

Auf unserer LandYachting-Homepage finden Sie Informationen, Tipps und News und alles Wissenswerte um das mobile Reisen. Hier kann man sich austauschen, hier gibt es praktische Hilfe für Ihre individuelle Reiseplanung und man bekommt in dem Online-Shop alle Angebote des Verlages. Schauen Sie doch mal bei uns vorbei, es gibt immer etwas Neues auf: www.landyachting.de

Service und interessante Inhalte

- Kontinuierliches Update der Stellplatz-Angaben zum Ausdrucken
- Linklisten für die Reise
- Wettervorhersage für die Reiseplanung
- Aktuelle Reisetipps-Newsticker
- Video- und Magazin-Empfehlungen zu Freizeit, Kulinarik & Kultur
- Buch-Voransichten zum Blättern und Lesen
- Download-Bereich für Checklisten, Specials & News
- Austausch mit anderen Reisenden
- Online-Shop: Alles einfach und direkt nach Hause
- Exklusiver Bonusbereich für Landyachting-Leser

Der Zugangscode für den Leser-Bonus Bereich:
name: sesam
passwort: sesam

LandYachting online für alle: Smartphone, Pad und Computer

Die Internet-Plattform für Mobil-Reisende
www.landyachting.de

Reisemobil - Camping

Der Weg zum Stellplatz

Area attrezzata sosta camper = Reisemobil-Freizeit-Stellplatz (meist mit mehr Service)
Area Camper= Reisemobil-Stellplatz
Dov'è la prossima area camper? = Wo ist der nächste Stellplatz?
Parcheggio Camper = Reisemobil Parkplatz

Am Stellplatz

Acqua = Wasser
Apertura stagionale/annuale = saisonal/ganzjährig geöffnet
Asfaltata = asphaltiert
Bagno / servici / toiletta = Toilette
Barbecue = Grillplatz
Barriera = Schranke
Elettricità = Strom
Essiccatoio = Trockner
Gratuita / a pagamento = gratis / bezahlt
Illuminazione = Beleuchtung
Lavabiancheria = Waschmaschine
Ombra = Schatten
Parco giochi = Kinderspielplatz
Pernottamento = Übernachtung
Pianeggiante = eben
Scarico = Abwasser-Ablass
Servizi igienici / docce = WC / Dusche
Smaltimento = Entsorgung
Sosta custodita / incustodita = Platz bewacht / unbewacht
Spazzatura = Müll
Trasporto pubblico = öffentlicher Nahverkehr

Tankstelle

Vorrei.... litri di ... = ich möchte ... Liter...
Benzina normale / super = Normal / Super Benzin
Gasolio = Diesel
GPL e metano = Autogas und Gasflaschen

Stellplatz-Finder

Thermen-Stellplätze

Weitere ständig aktualisierte Plätze unter: www.landyachting.de unter ›Update‹

Wintergeeignete Plätze

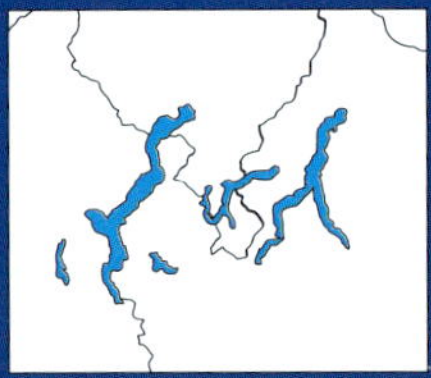

Oberitalienische Seen

Kürzel	Koordinaten	Ausstattung	Beschreibung	Preis
LM 01	Campingplatz Residence Campagna** XL/C 46.071403 , 8.693291 28822 Cannobio (VB) Via Casali Darbedo 20/22 Tel. + 39 0323 70100 www.campingcampagna.it	Mitte März bis Mitte Oktober 100 Stellplätze Ver- und Entsorgung / Strom teilweise Abwasseranschluß am Platz / WLAN beleuchtet / Schranke, eingezäunt	Schöne Plätze auf Rasen, direkt am See mit Badestrand. Hunde nur angeleint, Gassi gehen nicht auf dem Platz.	€€€
LM 02	Campeggio Internazionale Paradis*** XL/C 46.070395 , 8.693714 28822 Cannobio (VB) Casali Darbedo 12a Tel. +39 0323 71227 www.campinglagomaggiore.it	ganzjährig 100 Stellplätze Ver- und Entsorgung / Strom WC / Dusche Schranke / eingezäunt 	Der große und schattige Platz besticht durch seine Lage direkt am See und seine paradiesischen Blumen-rabatten. 600 m ins Zentrum.	€€€
LM 03	Stellplatz Cannobio*** XL 46.06179 , 8.69248 28822 Cannobio (VB) Via alla Cartiera 10 www.procannobio.it	ganzjährig 55 Stellplätze Ver- und Entsorgung (Boden-ablass) / WC beleuchtet 	Der große und ruhige Stellplatz liegt direkt am Fluß 5 min. vom Zentrum entfernt. WC sowie Ver- und Entsor-gung sind vorhanden. Anfahrt für große Mobile nur über die Vicolo Ospedale! (46.05848 , 8.690646)	€€
LM 04	Stellplatz Verbania* 45.931333 , 8.571000 28922 Verbania Ortsteil Pallanza (VB) Via San Bernardino 52	ganzjährig / 25 Stellplätze Ver- und Entsorgung (Boden-ablass) beleuchtet 	Ebener Stellplatz auf Asphalt direkt an der Straße. Nahe zum Seeufer und zum Boots-anleger.	€

Kürzel	Koordinaten	Ausstattung	Beschreibung	Preis
LM 05	Campingplatz Isolino*** XL/C 45.943167 , 8.487021 28924 Fondotoce di Verbania (VB) Via per Feriolo 25 Tel. +39 0323 496080 www.isolino.it	März bis Sep. 500 Stellplätze Ver- und Entsorgung (Bodenablass) Strom WC / Dusche / WLAN beleuchtet / Schranke eingezäunt	Große Anlage direkt am See, Schwimmbad. Hunde nicht erlaubt.	€€€
LM 06	Campingplatz Yolki Palki*** C 46.133888 , 8.194445 28842 Bognanco (VB) Loc. La Gomba Tel. + 39 0324 234 245 http://yolkipalki.it	April bis Nov. und 20.12-06.01 42 Stellplätze Ver- und Entsorgung / Strom WC / Dusche Sauna & Wellnessbereich beleuchtet 	Oberhalb von Domodossola in den Bergen gelegen, in der Nähe der Therme von Bognanco, gutes Restaurant, Anfahrt eng mit Serpentinen, nur bis 7 m.	€€
LM 07	Stellplatz Pineta*** 46.131798 , 8.449795 28857 Santa Maria Maggiore (VB) Val Pineta	April bis Oktober 32 Stellplätze Ver- und Entsorgung / Strom beleuchtet	Stellplatz in der Natur, neben Campingplatz, 350 m bis zu einem Laden.	€€
LM 08	Parkplatz Premia** 46.294138 , 8.361349 28866 Premia (VB) SS659	ganzjährig 10 Stellplätze	Schotterfläche vor der Terme di Premia, Restaurant in der Nähe.	0€
LM 09	Hafen Oggebio** XL 45.99699 , 8.653731 28824 Oggebio (VB) Strada Martiri Oggebbiesi 6 Tel. +39 335 5382931 www.areacamperoggebbio.it	ganzjährig / 22 Stellplätze Ver- und Entsorgung (großer Bodenablass) Strom / WC / Dusche / WLAN beleuchtet / Videoüberwachung / Schranke 	Plätze mit Blick auf den See, Terassenplätze mit eigenem Balkon, beheizte Duschen.	€€
LM 10	Campingplatz delle Fate** C 45.961366 , 8.457498 28802 Mergozzo Verbano-Cusio-Ossola (VB) Via Pallanza, 22 Tel. +39 0323 800916 http://de.lagodellefate.com	April bis Oktober 40 Stellplätze Strom- und Wasseranschluss bei einigen Plätzen. WC / Dusche Tor abgeschlossen eingezäunt 	Der kleine Campingplatz liegt direkt am See mit Badeplatz und Bootsverleih. Hauptstraße liegt davor. Schöner Uferweg ins Dorf. Windsurfen auf dem See erlaubt. Ver- und Entsorgung mit Bodenablass und großer Rangierfläche.	€€€

Kürzel	Koordinaten	Ausstattung	Beschreibung	Preis
LM 11	Campingplatz Village Continental Lido** C 45.950583 , 8.48345 28924 Fondotoce di Verbania (VB) Via 42 Martiri 156 Tel. +39 0323 496300 www.campingcontinental.com	Ende März bis Mitte September 80 Stellplätze Ver- und Entsorgung / Strom	Familiencamping mit großem Sandstrand, ca. 1 km von Mergozzo entfernt. Hunde in der Hauptsaison nur auf Anfrage.	€€€
LM 12	Campingplatz La Quiete** C 45.95388 , 8.477335 28924 Fondotoce Verbania (VB) Via Turati 72 Tel.+39 0323 496013 www.campinglaquiete.it	April bis Sept. / 160 Stellplätze Ver- und Entsorgung (großer Bodenablass) / Strom WC / Dusche / WLAN beleuchtet / Schranke eingezäunt	Kleiner Campingplatz direkt am See. 3 km bis Mergozzo.	€€€
LM 13	Stellplatz Baveno* XL 45.911281 , 8.500639 28831 Baveno (VB) Via Brera 15 www.comune.baveno.vb.it	ganzjährig 20 Stellplätze Ver- und Entsorgung Bodenablass / Strom WC / teilweise beleuchtet	Großer Stellplatz für Wohnmobile, hinter den Bahngleisen unweit des Ortkerns.	€€
LM 14	Campingplatz Parisi** C 45.912121 , 8.505933 28832 Baveno (VB) Via Piave 50 Tel. + 39 0323 924160 www.campingparisi.it	März bis Ende September 60 Stellplätze Ver- und Entsorgung WC / Dusche Tor / eingezäunt beleuchtet	Schöne Lage direkt am See, nahe Bootsanleger zu den Borromäischen Inseln, Restaurant.	€€
LM 15	Campingplatz Conca D´Oro*** XL/C 45.936169 , 8.486121 28831 Baveno (VB) Via 42 Martiri 26 Tel. +39 0323 28116 www.concadoro.it	April bis Oktober 220 Stellplätze Ver- und Entsorgung / Strom WC / Dusche / WLAN beleuchtet / Schranke eingezäunt 	Eine der schönsten Anlagen am Lago Maggiore mit empfehlenswertem Restaurant und Sandstrand direkt am See.	€€€
LM 16	Parkplatz Orta* XXL 45.79763 , 8.41474 28016 Orta San Giulio (NO) Via Panoramica 18	ganzjährig 5 Stellplätze WC	1,5 km vom Zentrum entfernt. Ein Minizug fährt im Sommer ins Zentrum und zu den heiligen Hügeln. (Bus-P)	€
LM 17	Stellplatz Sacro Monte di Orta* bis 7 m 45.796905 , 8.412239 28016 Orta San Giulio (NO) Via Sacro Monte	ganzjährig 8 Stellplätze Ver- und Entsorgung / Strom WC	Schattiger Stellplatz unterhalb des Sacro Monte. Anfahrt extrem enge Kurven, deshalb nur für kleine Mobile.	0€
LM 18	Stellplatz Via Il Riviere** bis 7 m 45.825519 , 8.478154 28011 Armeno (NO) Via Il Riviere	ganzjährig 6 Stellplätze 	Schöner Naturplatz abseits der Straße am Fluß mit Picknickbänken und Grill. Nachts ruhig. Ca. 9 km bis Orta.	0€

Kürzel	Koordinaten	Ausstattung	Beschreibung	Preis
LM 19	Stellplatz Area Camper Lido di Omegna** bis 9 m 45.863555 , 8.399021 28887 Omegna (VB) Via Caduti di Bologna www.camperlagodorta.it	ganzjährig 27 Stellplätze WC / Dusche WLAN kostenlos Videoüberwachung eingezäunt	Ruhiger Stellplatz auf Betonpflaster bei den Sportanlagen am See. Anmeldung an der Kasse des Centro Sportivo. 2 km ins Zentrum an der Uferpromenade entlang. Ermäßigung für Bootsfahrten und beim Eintritt zum Lido.	€€-€€€
LM 20	Campingplatz Solcio** C 45.815879 , 8.549657 28040 Lesa (NO) Via al Campeggio 1 Tel. +3903227497 www.campingsolcio.com	März bis Ende Oktober 124 Stellplätze Ver- und Entsorgung WC / Dusche WLAN	Kleiner schöner Campingplatz direkt am See mit Restaurant und eigenem Strand.	€€€
LM 21	Campingplatz Smeraldo** C 45.721132 , 8.584546 28040 Dormelletto (NO) Corso Cavour 131 Tel. +39 0322 497031 www.camping-smeraldo.com	März bis Ende Oktober 150 Stellplätze Ver- und Entsorgung WC / Dusche Tor / eingezäunt beleuchtet	Kleiner Campingplatz, im Grünen, Stehen unter Bäumen am Südufer des Lago Maggiore.	€€
LM 22	Stellplatz Ternate** 45.780175 , 8.697623 21020 Ternate (VA) Via Roma 83	ganzjährig 10 Stellplätze Ver- und Entsorgung (Bodenablass) Strom	Stellplatz am Lago di Comabbio, Restaurant nebenan – hier muss man auch die Stellplatzgebühr zahlen.	€
LM 23	Parkplatz Ippodrome* XL 45.830489 , 8.826129 21100 Varese (VA) Viale Ippodrom 9	ganzjährig 5 Stellplätze WC / Dusche beleuchtet	Großer Parkplatz, ca. 800 m von der Villa Panza entfernt.	€
LM 24	Stellplatz Lido di Garivate** 45.839818 , 8.720917 21026 Gavirate (VA) Via Cavour 51 www.progavirate.com	ganzjährig / 20 Stellplätze Ver- und Entsorgung (Bodenablass) Strom beleuchtet & Schranke 	Kleiner abgetrennter Bereich auf Parkplatz, direkt am Seeufer, Parkmünzautomat nimmt keine Scheine.	€€
LM 25	Stellplatz Safaripark* 45.64265 , 8.61726 28050 Pombia (NO) Via Larino Tel. +3939 34623340 www.safaricamping.eu	März bis September 31 Stellplätze Ver- und Entsorgung (Bodenablass) WC / Dusche	Stellfläche direkt am Safaripark.	€€
LM 26	Stellplatz Lecco* XXL 45.831229 , 9.408072 23900 Lecco (LC) Viale Giacomo Brodolini I	ganzjährig 10 Stellplätze Ver- und Entsorgung (Bodenablass)	Stellplatz direkt an der Straße. Ebene Asphaltfläche ohne Schatten. Tagsüber sehr laut.	0€
LM 27	Stellplatz Lecco* XL 45.848719 , 9.384934 23864 Malgrate (LC) Viale Italia 40	ganzjährig 2 Stellplätze	2 Stellplätze nur für Reisemobile an der Kennedy Brücke nach Lecco.	€

Kürzel	Koordinaten	Ausstattung	Beschreibung	Preis
LM 28	Stellplatz Colicio** bis 8,5 m 46.142212 , 9.374599 23823 Colico (LC) Via Montecchio Nord www.comune.colico.lc.it	ganzjährig 25 Stellplätze Ver- und Entsorgung (großer Bodenablass) / Strom beleuchtet	Stellplatz am Segelclub, asphaltiert mit Bäumen, Restaurant und Bar nebenan, im Sommer voll. Zahlen im Segelclub.	€€
LM 29	Parkplatz Via Splunga* <7 m 45.818425 , 9.063468 22100 Como (CO) Via Largo Spluga 25	ganzjährig 5 Stellplätze	Parkplatz mit etwas Platz für Mobile <7 m, in der Saison voll.	€€
LM 30	Parkplatz Villa Olmo* bis 6,5 m 45.818153 , 9.066177 22100 Como (CO) Via Simone Cantoni 1	ganzjährig 10 Stellplätze 	Parkplatz vor dem Garten der Villa Olmo nur für Mobile bis 6,5 m. In der Saison voll.	€€
LM 31	Agricampeggio Camping Clarke*** bis 7,5 m 45.970942 , 9.254744 22021 Bellagio (CO) Via Valassina 170/C Tel. +39 0319 51325 www.bellagio-camping.com	April bis Anfang Oktober 20 Stellplätze Ver- und Entsorgung / Strom WC / Dusche / WLAN Tor / eingezäunt beleuchtet 	Schönes Landgut mit Pferdehof auf den Hügeln über Bellagio. Ebenes Gelände mit wunderschönem Panoramablick auf den See. Ca. 20 min Fußweg ins Zentrum. Stühle und Tische am Platz. Hunde in der Hauptsaison verboten, in der Nachsaison nur auf telefonische Anfrage.	€€€
LM 32	Parkplatz Bellagio* bis 7 m 45.976730 , 9.254416 22021 Bellagio (CO) Via Alessandro Volta 51	ganzjährig 2 Stellplätze 	Parkfläche bei den Gewächshäusern, nahe Ristorante alle Darsene, für Mobile < 7 m.	0€
LM 33	Stellplatz Mandello del Lario* XL 45.918289 , 9.315387 23826 Mandello del Lario (LC) Via Giulio Cesare 5	ganzjährig 10 Stellplätze Ver- und Entsorgung (großer Bodenablass) eingezäunt	Gepflasterter Parkplatz unter Bäumen, direkt in der Stadt, 200 m zum See.	€
LM 34	Campingplatz La Riva** C 46.17132 , 9.392725 22010 Sorico (CO) Via Poncione Tel. +39 0344 94571 www.campinglariva.com	Von April bis Ende Oktober 110 Stellplätze Ver- und Entsorgung / Strom WC / Dusche Schwimmbad Tor / eingezäunt beleuchtet	Am Nordende des Sees, schön in der Natur am Fluß Mera gelegen.	€€

Kürzel	Koordinaten	Ausstattung	Beschreibung	Preis
LM 35	Campingplatz Au Lac de Como** C 46.170715 , 9.379244 22011 Sorico (CO) Via C. Battisti 18 Tel. +39 0344 84035 www.aulacdecomo.com	ganzjährig 150 Stellplätze Ver- und Entsorgung Strom / WC / Dusche Schwimmbad Tor / eingezäunt / beleuchtet	Am Nordende des Sees gelegen, eigenes Restaurant.	€€
LM 36	Stellplatz Morbegno** 46.144154 , 9.57533 23017 Morbegno (CO) Via del Foss 115 Tel. +39 0334 3076643	ganzjährig Ver- und Entsorgung / Strom WLAN Tor / eingezäunt / beleuchtet	Bewachter Stellpatz nur 500 m vom historischen Zentrum, Bar-Pizzeria in 100 m.	€
LM 37	Stellplatz Chiavenna* XXL 46.315676 , 9.396464 23022 Chiavenna (SO) Via Falcone e Borsellino 10	ganzjährig 20 Stellplätze teilweise beleuchtet	Großer Parkplatz, teilweise Schatten.	0€
LM 38	Parkplatz Dervio** XL 46.069368 , 9.305611 23824 Dervio (CO) Via Santa Cecilia 1	ganzjährig	Parkplatz neben Yachthafen, schöne Lage.	€
LM 39	Stellplatz Carcoforo** XL 45.906367 , 8.05258 13026 Carcoforo (VC) SP 11	ganzjährig Ver- und Entsorgung / Strom beleuchtet	Idyllischer Platz am Fluss im Wandereldorado, schönes Dorf in 300 m.	€
LM 40	Stellplatz Riva Valdobbia** XXL 45.834331 , 7.954077 13020 Riva Valdobbia (VC) SP 288	ganzjährig Ver- und Entsorgung	Stellplatz am Fluss Sesia, Schotteruntergrund, Restaurant in der Nähe, nur 3 km bis zur Bergbahn Funivia Alagna ins Monte Rosa-Gebiet.	€
LM 41	Campingplatz Campeggio Alagna* C 45.847934 , 7.939636 13021 Riva Valdobbia (VC) Loc. Minere 3 Tel. +39 0163 922947 www.campeggioalagna.it	ganzjährig Ver- und Entsorgung / Strom WC / Dusche beleuchtet	Kleiner Campingplatz direkt am Fluss Sesia gelegen, Restaurant und Kiosk.	€

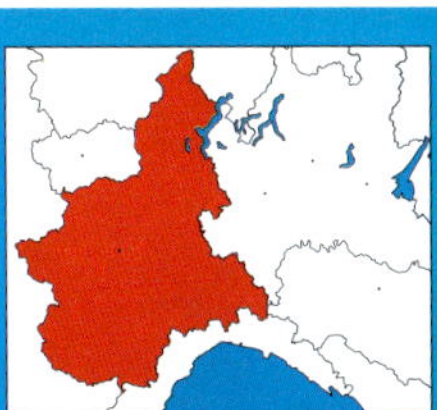

Piemont

PI 01	Stellplatz Biella* bis 6 m 45.555365 , 8.068308 13900 Biella (BI) Piazza Sandro Pertini	ganzjährig 30 Stellplätze beleuchtet	Großer Parkplatz für kleine Mobile. Ebener Asphalt, kaum Schatten. 1 km ins Zentrum.	0€
PI 02	Stellplatz Santuario di Graglia* 45.561724 , 7.957352 13895 Santuario di Graglia (BI) Via Casale Montarì 14 prolocosantuariodigraglia.it	ganzjährig 8 Stellplätze	Ruhiger Platz auf Rasen mit Blick ins Tal bei der Klosteranlage.	0€

Kürzel	Koordinaten	Ausstattung	Beschreibung	Preis
PI 03	Stellplatz Piazza Croce Rossa* 45.463156 , 7.875968 10015 Ivrea (TO) Piazza Croce Rossa	ganzjährig 10 Stellplätze Ver- und Entsorgung beleuchtet eingezäunt	Ebener und eingezäunter Stellplatz, 1,2 km vom historischen Zentrum und nahe des Flusses Dorea Baltea.	€
PI 04	Stellplatz Vercelli* XL 45.334168 , 8.418952 13100 Vercelli (VC) Via Trento 44A	ganzjährig 3 Stellplätze Entsorgung beleuchtet	Großer Parkplatz, 1,9 km vom Zentrum entfernt.	0€
PI 05	Stellplatz Certosa di Pavia**XL 45.256944 , 9.141667 27012 Giussago (PV) SP2 / 6 www.comune.certosa.pv.it	ganzjährig 30 Stellplätze Entsorgung beleuchtet	Stellplatz an der großen Klosteranlage Certosa di Pavia, 9 km von Pavia entfernt. (Montags ist das Kloster geschlossen)	0€
PI 06	Parkplatz Castello* 45.137311 , 8.447487 15033 Casale Monferrato (AL) Piazza Castello www.monferrato.org/ita/territorio/aree-camper	ganzjährig beleuchtet 	Großer Parkplatz im Zentrum am Kastell.	0€
PI 07	Stellplatz Zentrum* XL 45.135141 , 8.444492 15033 Casale Monferrato (AL) Via Giovanni Sisto Eccettuato 7	ganzjährig beleuchtet	Großer Parkplatz in der Nähe des Zentrums.	0€
PI 08	Stellplatz Palazzo dello Sport Paolo Ferraris* XXL 45.12556 , 8.46194 15033 Casale Monferrato (AL) Via Visconti www.monferrato.org/ita/territorio/aree-camper	ganzjährig beleuchtet	Großer Parkplatz beim Sportzentrum 1,5 km vom Zentrum entfernt. Einsame Lage.	0€
PI 09	Stellplatz Valenza* XL 45.004114 , 8.639082 15048 Valenza (AL) Via Carlo Marx 6	ganzjährig 8 Stellplätze beleuchtet	Großer Parkplatz ohne Schatten, ca. 1 km vom Zentrum entfernt. Direkt an der Straße.	0€
PI 10	Stellplatz Sacre Monte di Crea*** XL 45.094303 , 8.269893 15020 Serralunga di Crea (AL) Strada Provinciale 19 www.monferrato.org/ita/territorio/aree-camper	ganzjährig 8 Stellplätze Picknicktisch 	Vom gepflegten Parkplatz am Sacro Monte, hat man einen Traumblick über die Weinberge. Nachts ist es hier absolut ruhig.	0€
PI 11	Parkplatz Moncalvo* XL 45.051461 , 8.257983 14036 Moncalvo (AT) Via Giovanni Goria 31	ganzjährig	Großer Parkplatz in der Nähe vom Freibad, 1 km vom Zentrum entfernt.	0€

Kürzel	Koordinaten	Ausstattung	Beschreibung	Preis
Pl 12	Parkplatz Moncalvo klein* bis 6,5 m 45.052355 , 8.266814 14036 Moncalvo (AT) Piazza Castello 7	ganzjährig 	Sehr enge Auffahrt zum Parkplatz im Zentrum. Deshalb Anfahrt über den Kreisverkehr, dann wenden und dann die Auffahrt nehmen.	0€
Pl 13	Agricampeggio Samarcanda** bis 8,5 m 45.055833 , 8.239167 14036 Moncalvo (AT) Strada Alfiano 15 Tel. +39 0141 917948	ganzjährig 3 Stellplätze WC / Dusche / beleuchtet 	Einfaches Landgut mit schönem Blick ins Land und Cucina Tipica Restaurant. Stehen auf Kiesgrund, 2,5 km ins Zentrum. Hunde angeleint erlaubt.	€€
Pl 14	Parkplatz Castell 'Alfero* bis 7 m 44.982167 , 8.209667 14033 Castell'Alfero (AT) SP88	ganzjährig 	Parkplatz unterhalb des Kastells.	0€
Pl 15	Parkplatz Gamba* 44.985503 , 8.224693 14033 Castell'Alfero (AT) Strada Statale 457, 110	ganzjährig beleuchtet	Parkplatz an der Küferei Gamba.	0€
Pl 16	Parkplatz Montemagno* XL 44.983778 , 8.323605 14030 Montemagno (AT) Strada Provinciale 29	ganzjährig 10 Stellplätze / beleuchtet 	Großer Parkplatz im Zentrum an der Mauer des Kastells.	0€
Pl 17	Stellplatz Nizza Monferrato* 44.77138 , 8.35344 14049 Nizza Monferrato (AT) Via Lanero 26 Tel. +39 3880 653893	ganzjährig 20 Stellplätze Ver- und Entsorgung (Bodenablass) / Strom beleuchtet Tor / eingezäunt	Eingezäunter Platz, von 9.00-20.00 Uhr zugänglich. Schlüssel wird ausgehändigt.	€
Pl 18	SP Vignale Monferrato* 9 m 45.01151 , 8.399002 15049 Vignale Monferrato (AT) Strada Provinciale 68, 41	ganzjährig beleuchtet 	3 Stellplätze bis 9 m im oberen Bereich des großen Parkplatzes. Bei großen Festivals kein Platz vorhanden.	0€

Kürzel	Koordinaten	Ausstattung	Beschreibung	Preis
PI 19	P Weingut Vignale Monferrato* 45.019568 , 8.366651 15049 Vignale Monferrato (AT) Cascina Cima 1 www.accornerovini.it	ganzjährig	Kleine Parkbucht vor dem Weingut Accornero. Enge Anfahrt.	0€
PI 20	Stellplatz Asti* 44.897292 , 8.210874 14100 Asti (AT) Corso Luigi Einaudi 118 www.comune.asti.it	ganzjährig / 20 Stellplätze Ver- und Entsorgung / Strom 	Stehen kann man auf dem großen städtischen Stellplatz, dem größten Platz in Asti, dem Piazza Campo del Palio. Über die Piazza Leonardo da Vinci einfahren (mittwochs & samstags findet hier Markt statt). Entsorgung am Eingang des Platzes.	€€
PI 21	Camping U. Cagni** C 44.921019 , 8.205606 14100 Asti (AT) Strada Valmanera 152 Tel. +39 0141 271238 www.campingcagniasti.it	ganzjährig 8 Stellplätze Entsorgung (Bodenablass) WC / Dusche beleuchtet, Tor / eingezäunt	2 km vom Zentrum liegt der kleine gepflegte Campingplatz im Grünen. Enge Anfahrt. Holzofen-Pizzeria am Platz.	€€
PI 22	Weingut Grancollina** 44.840618 , 8.04973 14015 San Damiano D'Asti (AT) Strada Provinciale 12d, 11 Tel. +39 0141 975457 www.agriturismograncollina.com	ganzjährig / 5 Stellplätze Wasser / Strom / WC beleuchtet 	Ruhiges Stehen auf Kiesgrund direkt am Weinberg. Kein Schatten. 1,5 km ins Zentrum.	€€
PI 23	Stellplatz Canelli* 44.720163 , 8.292934 14053 Canelli (AT) Viale Indipendenza 117	ganzjährig beleuchtet	Großer Parkplatz, 700 m vom historischen Zentrum entfernt.	0€
PI 24	Agricampeggio Ai Ciuvin** bis 7 m 44.733591 , 8.181257 12053 Castiglione Tinella (AT) Strada Manzotti Tel. +39 0141 855364 www.agriciuvin.it	ganzjährig / 12 Stellplätze Ver- und Entsorgung / Strom Dusche / WC WLAN / Restaurant beleuchtet	Auf dem Landgut steht man ruhig im Grünen auf Rasen im Weinberg.	€€
PI 25	Stellplatz Limonetto* 44.167953 , 7.554815 12015 Limone Piemonte (CN) Via Roca dell'Abisso 15	ganzjährig 20 Stellplätze	Stellplatz vor dem Sessellift. Ebener Schotterplatz, Aufenthalt max. 72 Stunden. Wenig Schatten. Max. Höhe 3,90 m.	0€
PI 26	Camping Alba Village*** XL/C 44.685273 , 8.010293 12051 Alba (CN) Corso Piave 219 / Quartiere San Cassiano Tel. +39 0173 280972 www.albavillagehotel.it	ganzjährig / 20 Stellplätze Ver- und Entsorgung / Strom Dusche / WC / Pool / WLAN Schranke, beleuchtet 	Der ruhige Platz im Grünen liegt ca. 2,5 km vom Zentrum entfernt. Ein Restaurant und Pool sind am Platz. Neue Sanitärgebäude (Geschlossen von Januar bis April) mit Waschraum. Supermarkt in der Nähe.	€€

Kürzel	Koordinaten	Ausstattung	Beschreibung	Preis
PI 27	Stellplatz vor Alba Village* 44.68552 , 8.010964 12051 Alba (CN) Corso Piave 217	ganzjährig 10 Stellplätze Ver- und Entsorgung / Strom Tor	Bei der Rezeption des Campingplatzes melden, nicht auf dem Parkplatz stehen, Stellplatzgelände ist separat.	€
PI 28	Parkplatz Alba Markt* XXL 44.704526 , 8.031724 12051 Alba (CN) Via Tanaro 18	ganzjährig >20 Stellplätze	Großer Parkplatz des Obst- und Gemüsemarktes, Sa. ist Markt, 1 km ins Zentrum	0€
PI 29	Parkplatz Il Vigneto* XL 44.662884 , 7.964149 12060 Roddi d'Alba (CN) Localita' Ravinali 19/20 Tel. +39 0173 615630 www.ilvignetodiroddi.com	ganzjährig 	Großer Parkplatz beim Weingut und Restaurant.	0€
PI 30	Agricampeggio La Trava*** XL bis 8,50 m 44.689024 , 8.146413 12056 Mango (CN) Via Trava 2 Tel. +39 0141 89591 www.latrava.it	ganzjährig / 7 Stellplätze Ver- und Entsorgung Strom / Grillstelle / beleuchtet 	Mit wunderbarem Ausblick über die Weinberge des Langhe-Gebietes steht man auf dem gepflegten Weingut im Piemont. Weinkauf obligatorisch.	€€€
PI 31	Parkplatz La Morra Zentrum* 44.638544 , 7.931265 12064 La Morra (CN) Piazza Vittorio Emanuele, 3B	2 Stellplätze	Längsparkplätze in der Nähe des Supermarktes.	0€
PI 32	Parkplatz Il Laghetto* XL 44.637502 , 7.928351 12064 La Morra (CN) Via del Laghetto 8	ganzjährig 3 Stellplätze	Großer Parkplatz am See bei La Morra. 2 Plätze für größere Mobile vor dem Platz. Enge Anfahrt.	0€
PI 33	Weingut Ballarin** C 44.630302 , 7.960087 12064 La Morra (CN) Frazione Annunziata 115 Tel. +39 0173 50365 www.cascinaballarin.com	ganzjährig / 5 Stellplätze Dusche / WC / WLAN beleuchtet / Tor / eingezäunt 	Stehen auf Wiesengrund beim Weingut unterhalb der Weinberge mit Blick auf La Morra. Sehr guter Wein und freundlicher Winzer, spricht englisch.	€€
PI 34	Agricampeggio Cascina Rocca*** XL 44.62907 , 7.956289 12064 La Morra (CN) Fraz. Annunziata, Strada provinciale Alba-Barolo Tel. +39 0173 50380 www.cascinarocca.com	ganzjährig / 2 Stellplätze Wasser / Strom / Dusche / WC beleuchtet / eingezäunt 	Schönes Weingut nahe Barolo und La Morra, unter deutschsprachiger Führung (Silvia Molino). Stehen auf Kiesgrund am Landhaus. Grillplatz und Liegestühle sind vorhanden. Weinprobe vom Wein Franco Molino möglich.	€€

Kürzel	Koordinaten	Ausstattung	Beschreibung	Preis
PI 35	CP Sole Langhe** C 44.61241 , 7.920932 12068 Narzole (CN) Piazza della Vite e del Vino Tel. +39 0173 560510 www.campingsolelanghe.it	ganzjährig / 10 Stellplätze Ver- und Entsorgung / Strom Kleiner Kiosk / beleuchtet, Schranke / eingezäunt 	Schöner kleiner Platz im Grünen direkt am Weinberg oberhalb von Barolo.	€€
PI 36	Parkplatz* Barolo* XL 44.61306 , 7.94238 12060 Barolo (CN) Via Lomondo	ganzjährig 5 Stellplätze	Großer Parkplatz im Zentrum Barolos.	0€
PI 37	Parkplatz Bra* 44.696147 , 7.859497 12042 Bra (CN) SP134	ganzjährig Stellplätze beleuchtet	Großer Parkplatz im Zentrum. Erlaubt von Di bis Sa von 8.00-12.00 und von 14.00-19.00 Uhr	€
PI 38	SP Sessellift Monvisio* XL 44.697747 , 7.159306 12030 Crissolo (CN) Via Provinciale 13A Tel. +39 0175 94902 www.comune.crissolo.cn.it	ganzjährig 8 Stellplätze WC beleuchtet	Großer Parkplatz auf Schottergrund an der Talstation Monvisio.	€
PI 39	Stellplatz Cherasco* XL 44.64946 , 7.85529 12062 Cherasco (CN) Viale della Sibila	ganzjährig 8 Stellplätze Ver- und Entsorgung / Strom beleuchtet	Der Platz liegt direkt hinter der Polizeiwache. Ebenes Stehen auf Asphalt. Kein Schatten. 500 m ins Zentrum.	0€
PI 40	Agricampeggio Ca D'Matia** bis 7 m 44.499201 , 7.978152 12060 Belvedere Langhe (CN) Casa Nuova 4 Tel. +39 0173 797080 www.agriturismocamatia.com	ganzjährig 9 Stellplätze Ver- und Entsorgung / Strom Dusche / WC Pool / Restaurant mit Produkten aus eigener Produktion / beleuchtet	Hofgut mit Restaurant und kleiner Schweinezucht. Produkte aus eigener Produktion wie Salami und Salsiccia können hier gekauft und verkostet werden. Wanderwege führen in die schöne Landschaft und zum Angelsee.	€€
PI 41	SP Castiglione Falletto ** 44.622781 , 7.973952 12060 Castiglione Falletto (CN) Strada della Pia www.comune.castiglionefalletto.cn.it	ganzjährig 6 Stellplätze Ver- und Entsorgung Picknicktische beleuchtet	Schöner Platz im kleinen Dorf mit Blick über die Weinberge, 5 km von Barolo entfernt. Ebenes Stehen auf Asphalt.	0€
PI 42	Campingplatz Bella Turino* XL/C 45.125443 , 7.5576 10044 Pianezza (TO) Via Grange 71 Tel. +39 0119 678119 www.campingbellatorino.com	ganzjährig / 50 Stellplätze Wasser / Grauwasserentsorgung / Strom / WC / Dusche Tor / 24 h beaufsichtigt eingezäunt / beleuchtet 	Großer Platz mit 80 qm-Parzellen auf Kies im Grünen mit Shuttleservice zur U-Bahn Station, die 20 min. ins Zentrum Turins benötigt. Größere Mobile sollten den Platz über die SP24 anfahren. WLAN / Spielplatz 6 km vom Platz entfernt, befindet sich die Venaria Reale, die als das Versailles des Hauses Savoyen gilt.	€€

Kürzel	Koordinaten	Ausstattung	Beschreibung	Preis
PI 43	Stellplatz Sassi* (XL nur Friedhofsparkplatz) 45.080254 , 7.730397 10132 Turin (TO) Via Paolo Solaroli di Briona 3	ganzjährig 10 Stellplätze beleuchtet	Der offizielle Stellplatz liegt nur wenige Meter von der Zahnradbahn Sassi-Superga. Falls dieser voll ist, gibt es auf dem nahen (400 m) Friedhofsparkplatz Sassi noch Platz, auch für große Mobile.	0€
PI 44	P Botanischer Garten* 45.058191 , 7.690203 10132 Turin / Viale Virgilio 17	ganzjährig 5 Stellplätze beleuchtet	Längsparkstreifen, tagsüber kostenpflichtig, nahe zum Zentrum und Po, bis 7,5 m.	€
PI 45	Stellplatz Maglione*** XL 45.34309 , 8.013331 10030 Maglione (TO) / SP78 www.macam.org	ganzjährig 20 Stellplätze	Großer Platz auf Rasen und Schotterfläche im kleinen Kunstdorf, das ein Freilichtmuseum ist.	0€
PI 46	Stellplatz Ristorante Il Sentiero dei Franchi** 45.099711 , 7.274826 10050 Sant'Antonino di Susa (TO) Via Cresto 103 Tel. +39 0119 631747 www.ilsentierodeifranchi.com	ganzjährig / 20 Stellplätze Strom / Schranke / eingezäunt 	Schöner Platz im Grünen mit Blick ins Tal unter Kastanienbäumen. Stehen auf Kies und Gras. Einkehr obligatorisch. Das Restaurant hat Dienstag Ruhetag.	€€
PI 47	Stellplatz Venasca* XL 44.566158 , 7.393468 12020 Venasca (CN) / AP8	ganzjährig 10 Stellplätze Entsorgung	Großer Parkplatz an der Straße und am Fluss. Untergrund Sand, Schatten durch Bäume. 750 m vom Zentrum entfernt.	0€
PI 48	Campingplatz Campeggio Bisalta* C 44.364485 , 7.514574 12100 Cuneo (CN) Via San Maurizio 33 Tel. +39 0171 491334 www.cuneocamp.it	ganzjährig Ver- und Entsorgung / Strom Großer Pool Dusche / WC beleuchtet eingezäunt	Kleiner Campingplatz, 3 km vom Zentrum entfernt.	€€
PI 49	Campingplatz Valle Gesso* XL bis 10 m/C 44.250811 , 7.390228 12010 Entracque (CN) Strada Provinciale 22 Tel. +39 0171 978247 www.campingvallegesso.com	ganzjährig 30 Stellplätze Ver- und Entsorgung / Strom Minibar / Schwimmbad Whirlpool beleuchtet eingezäunt	Großflächiger Campingplatz, der am Naturpark Alpi Marittime und an den Thermen Reali di Valdieri liegt.	€€
PI 50	Parkplatz Cuneo* bis 6 m 44.395556 , 7.548889 12100 Cuneo (CN) Discesa Bellavista 10	ganzjährig 20 Stellplätze beleuchtet	Großer Parkplatz, 2 km ins Zentrum.	0€
PI 51	Parkplatz Mondovì* bis 6 m 44.389636 , 7.819163 12084 Mondovì (CN) Via Fratelli G. e G. Durando	ganzjährig 20 Stellplätze beleuchtet	Großer Parkplatz 500 m vom historischen Zentrum. Kein Schatten. Samstags ist Markt und daher laut.	0€
PI 52	Stellplatz Acqui Therme* XXL 44.665254 , 8.470592 15011 Acqui Terme (AL) Viale Einaudi	ganzjährig / 35 Stellplätze Ver- und Entsorgung / Strom WC / beleuchtet 	Direkt beim großen Freibad steht man auf Rasengittersteinen unter schattigen Bäumen, 1,5 km vom Zentrum entfernt. Nachts ruhig, morgens etwas lauter, da der Platz direkt an der Straße liegt.	€

Kürzel	Koordinaten	Ausstattung	Beschreibung	Preis
PI 53	Agricampeggio Cascina Veja* 44.293015 , 7.672796 12013 Chiusa di Pesio (CN) SP42 Tel. +39 0171 734940 www.cascinaveja.com	ganzjährig 5 Stellplätze Ver- und Entsorgung / Strom WC / Restaurant im Haus	Landgut mit schönem Garten in der Nähe der Seealpen Marguareis.	€€

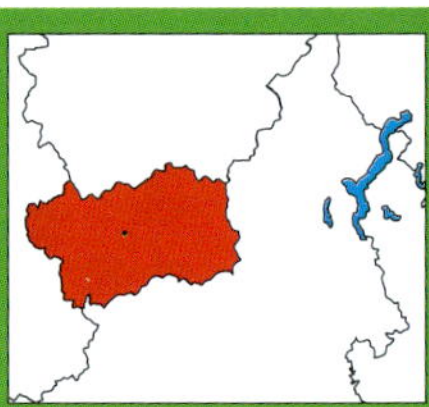

Aostatal

AO 1	Stellplatz St. Bernhard Schweizer Seite* bis 7 m 45.887357 , 7.187258 CH 1946 Bourg-Saint-Pierre Route Grand-Saint-Bernard	Juni bis September 5 Stellplätze 	Parkplatz am kleinen Stausee, stehen auf Schotter-Kies-grund. Nur für kleine Mobile bis 7 m.	0€
AO 2	Parkplatz St. Bernhard Schweizer Seite* XL 45.869237 , 7.167173 CH 1946 Bourg-Saint-Pierre Route Grand-Saint-Bernard	Juni bis September 4 Plätze / beleuchtet 	Parkplatz am See auf der Schweizer Seite für große Mobile, an der Zollstation (Hier Schwerlastabgabe >3,5t).	0€
AO 3	Parkplatz Bar du Lac* 45.867679 , 7.165359 11010 Saint-Rhemy-en-Bosses (AO) SS27	Juni bis September 4 Stellplätze / beleuchtet 	Parkplatz am Restaurant.	0€
AO 04	Stellplatz Italienische Seite 45.845625 , 7.175712 11010 Saint-Rhemy-en-Bosses (AO) SS27, 23	Juni bis September 20 Stellplätze 	Großer Parkplatz auf Rasen-gittersteinen, direkt an der Pass-Straße, nachts aber ruhig.	0€

Kürzel	Koordinaten	Ausstattung	Beschreibung	Preis
AO 5	Parkplatz Restaurant Croix Blanche* XL 45.82002 , 7.229408 11014 Etroubles (AO) Strada Nazionale Del Gran San Bernardo 10	ganzjährig 2 Stellplätze beleuchtet	Großer privater Parkplatz gegenüber des Restaurants. Einkehr obligatorisch.	0€
AO 6	Stellplatz Tunnel* 45.818971 , 7.228816 11014 Etroubles (AO) Str Chevrieres 4 Tel. +39 0165 78292 www.campingtunnel.it	ganzjährig / 9 Stellplätze Ver- und Entsorgung (Boden- ablass) / Strom beleuchtet / Schranke 	Kleine Stellplätze vor dem Campingplatz mit Blick auf Étroubles und die Berge.	€€
AO 7	Campingplatz Tunnel** XL/C 45.818526 , 7.229056 11014 Etroubles (AO) Str Chevrieres 4 Tel. +39 0165 78292 www.campingtunnel.it	ganzjährig 95 Stellplätze Dusche / WC / Grillplatz beleuchtet, Schranke	Sonnige Terrassenplätze im Zentrum von Étroubles mit Bar-Restaurant am Platz.	€€
AO 8	Stellplatz Bionaz**XL 45.762426 , 7.719013 11022 Bionaz / Rue Di Pian	ganzjährig / 10 Stellplätze Ver- und Entsorgung / Strom	An einem kleinen See und Freizeitpark gelegen.	€
AO 9	Stellplatz Aosta* XL 45.736051 , 7.330465 11100 Aosta (AO) Via Caduti del Lavoro 15	ganzjährig / 30 Stellplätze Ver- und Entsorgung / Strom WC /Schranke / beleuchtet eingezäunt 	Der Stellplatz mitten im Zentrum liegt ideal zur Besichtigung Aostas. Da direkt an der Hauptstraße nicht gut zum Übernachten geeignet.	€€
AO 10	Camping International Touring** C 45.722432 , 7.268641 11010 Sarre (AO) Fraz. Arensod, 10 Tel. +39 0165 257061 www.campingtouring.com	Juni bis September 50 Stellplätze Ver- und Entsorgung / Strom Dusche / WC / Restaurant WLAN Schranke / beleuchtet eingezäunt	Kleiner Campingplatz unter Bäumen direkt am Fluss, Bus nach Aosta jede halbe Stunde. Schwimmbad und Bar sind am Platz.	€€
AO 11	Campingplatz Monte Bianco La Sorgente*** bis 7 m/C 45.805339 , 6.924063 11013 Courmayeur (AO) Loc. Val Veny Peuterey Tel. +39 0165 869089 www.campinglasorgente.net	Juni bis Oktober 10 Stellplätze Ver- und Entsorgung (Boden- ablass mit Rangierraum) Strom 	Der gepflegte Platz liegt auf der Hochebene mit Blick auf den Monte Bianco. Allerdings ist die steile und serpentinenreiche Anfahrt nur geeignet für Mobile bis 7 m. Schwimmbad, Bar, Mini-Markt und WLAN.	€

Kürzel	Koordinaten	Ausstattung	Beschreibung	Preis
AO 12	SP Seilbahn Mont Blanco* XXL 45.814092 , 6.957455 11013 Courmayeur (AO) SS26 Dir	ganzjährig > 20 Stellplätze beleuchtet	Großparkplatz an der neuen Mont Blanc Seilbahn.	€
AO 13	Campingplatz Grand Jorasses* C 45.832447 , 6.991279 11013 Courmayeur (AO) Strada Val Ferret 53 Tel. +39 0165 869708 www.grandesjorasses.com	Juni bis September > 50 Stellplätze Ver- und Entsorgung / Strom Dusche / WC / beleuchtet 	Kleiner familiengeführter Campingplatz mitten in der Natur des Val Ferret. Restaurant, Kiosk und Barbecue am Platz.	€
AO 14	Stellplatz La Thuile** 45.708389 , 6.953543 11016 La Thuile Localita' Villaret, 43	ganzjährig / 78 Stellplätze Ver- und Entsorgung / Strom bewacht 24h / beleuchtet, Schranke / Gasflaschenservice	Im Wintersportort gelegen, 300 m zur Seilbahn.	€€
AO 15	SP Pré-Saint-Didier** XL 45.762101 , 6.986719 11010 Pré-Saint-Didier (AO) Avenue du Mont Blanc 11	ganzjährig / 10 Stellplätze teilweise beleuchtet 	Großer ebener Platz am Schwimmbad, liegt ruhig am Fluss, teilweise Schatten und nur 50 m von der Therme und dem kleinen Zentrum entfernt.	0€
AO 16	Campingplatz Art en Ciel* 45.76327 , 7.010122 11017 Morgex Aosta (AO) Strada Feysoulles n°20 Tel. +39 0165 809257 www.campingarcenciel.it	ganzjährig / 5 Stellplätze Ver- und Entsorgung / Strom Dusche / WC eingezäunt / beleuchtet 	Schöner Platz im Grünen am Fluss. Shuttle-Bus zur 2,2 km entfernten Therme in Pré-Saint-Didier. Pizzeria am Platz.	€€
AO 17	Stellplatz Chanavey** XL 45.579721 , 7.123802 11010 Rhemes-Notre-Dame (AO) SR24, 13	ganzjährig 30 Stellplätze Ver- und Entsorgung Strom	Großer ebener Platz ruhig am Fluss gelegen, kein Schatten. Idealer Ausgangspunkt für Wanderungen (Via Alta 2) & Mountainbiken.	€€
AO 18	Stellplatz Degioz * XL 45.593800 , 7.207150 11010 Introd Loc. Degioz (AO) SR 23	ganzjährig / 10 Stellplätze Ver- und Entsorgung / Strom beleuchtet 	Großer Parkplatz im Tal, ohne Schatten, mit Blick auf die Berge.	€

Kürzel	Koordinaten	Ausstattung	Beschreibung	Preis
AO 19	Campingplatz Gran Paradiso** C 45.550653 , 7.212312 11010 Valsavarenche (AO) SR 23 Tel.+39 0165 905801 www.campinggranparadiso.it	Nur im Sommer / >50 SP Ver- und Entsorgung / Strom Dusche / WC 	Familiengeführter Camping-platz unter großen Bäumen mit Wasserfall. In der kleinen gemütlichen Bar gibt es Snacks und Getränke.	€
AO 20	Camping Pont Breuil*** XL nur bis 2,8 m Breite/C 45.524022 , 7.200667 11010 Loc. Pont (AO) Località Pont 25 Tel. +39 0165 95458 campingpontbreuil.com	ganzjährig 150 Stellplätze Ver- und Entsorgung (Boden-ablass mit Rangierraum) Strom / Dusche / WC beleuchtet 	Camping inmitten des Natur-parks, gute Pizzeria und ein besonders gutes Restaurant in 5 min im Refugio Lyre. Fast jeder Platz hat eine Grill-stelle und Picknicktische. Gut sortierter Mini-Markt mit Wander-Equippment am Platz. Hunde sind am Platz erlaubt, aber im Nationalpark verboten.	€
AO 21	Parkplatz Pont * XL nur bis 2,8 m Breite 45.525089 , 7.200614 11010 Loc. Pont (AO) Località Pont, 26	ganzjährig 60 Stellplätze	Wanderparkplatz Valsavarenche vor dem Campingplatz - Übernachten nicht erlaubt.	0€
AO 22	Stellplatz Aymavilles* XL 45.701315 , 7.239561 11010 Aymavilles (AO) Frazione Chef Lieu 24	ganzjährig 20 Stellplätze Ver- und Entsorgung (Boden-ablass) 	Stellplatz der Gemeinde, bezahlen in der Eisdiele ge-genüber, schöne Weinbar in der Nähe. Nur bis 7,5 t.	€
AO 23	Stellplatz Cogne* XL 45.608746 , 7.357824 11012 Cogne (AO) Rue Mines de Cogne Tel. +39 328 9036422 www.comune.cogne.ao.it	ganzjährig 120 Stellplätze Ver- und Entsorgung (Boden-ablass mit Rangierraum) beleuchtet 	Riesiger Stellplatz direkt am Fluss gelegen, auf Aspalt, kein Schatten nur ein paar Meter hinauf ins schöne Dorf.	€-€€
AO 24	Stellplatz Lilaz** XL 45.596466 , 7.387967 11012 Lilaz Frazione Lilaz	ganzjährig 35 Stellplätze Ver- und Entsorgung / Strom beleuchtet	Am Picknickplatz vor dem Ort Lilaz, schöne Wandermöglich-keiten (Wasserfall).	€

Kürzel	Koordinaten	Ausstattung	Beschreibung	Preis
AO 25	Parkplatz Hotel Compte de Challant.* XL 45.738312 , 7.488802 11020 Fenis (AO) Fraz. Chez Sapin 95	ganzjährig 5 Stellplätze beleuchtet	Parkplatz vor dem Hotel. Hier parken auch die Besucherbusse.	0€
AO 26	Stellplatz Park Fenis** 45.738767 , 7.491691 11020 Fenis (AO) Località Chez Sapin, 99	ganzjährig / 2 Stellplätze Wasser vorhanden beleuchtet 	Parkplatz vor dem Gemeindepark, kleine Bar in der Nähe, durch die Ortsmitte anfahren. Auf dem Weg kommt man auch an einem weiteren kleinen Parkplatz vorbei.	0€
AO 27	Parkplatz Künstlergarten Carlo Tassi* 45.738088 , 7.461496 11020 Nus (AO) / SS26, 51	ganzjährig 2 Stellplätze	Auf der kleinen Seitenstrasse parken, der Künstlergarten befindet sich auf dem Zwickel zwischen den Landstraßen.	0€
AO 28	Parkplatz Castello Gamba* 45.746739 , 7.601943 11024 Châtillon (AO) Località Grange de Barme 24	ganzjährig 10 Stellplätze	Kleiner Parkplatz an der Schlossmauer, wenn besetzt: 200 m weiter an den Sportanlagen gibt es weitere Plätze	0€
AO 29	Stellplatz Antey-Saint-André** XL 45.811762 , 7.589034 11020 Antey-Saint-André (AO) Località Lillaz 1	ganzjährig / 5 Stellplätze Ver- und Entsorgung (Bodenablass) beleuchtet 	Stellplatz am Fluss, eben auf Asphalt. Über die Ortsmitte Campo Sportivo anfahren, sonst nur 3,5 t wg. Holzbrücke, zahlen in der Sportsbar.	€
AO 30	Campingplatz Dalai Lama Village*** C 45.787307 , 7.603681 11024 Chatillon Valle d'Aosta Frazione Promiod 1B Tel. +39 0166 548688 www.dalailamavillage.it	ganzjährig / 180 Stellplätze Ver- und Entsorgung / Strom Dusche / WC Restaurant / Kiosk / Barbecue WLAN / beleuchtet 	Einmalige Lage in 1500 m Höhe mit Blick über das gesamte Aostatal. Der Platz bietet ein sehr gutes Restaurant, eine kleine Bar mit Leseecke, Wellnessbereich mit Pool und Sonnendeck.	€€€ LY
AO 31	Stellplatz Torgnon** 45.80348 , 7.555028 11020 Torgnon	ganzjährig / 30 Stellplätze Ver- und Entsorgung / Strom 	Schöner Stellplatz mitten in der Natur.	€

Kürzel	Koordinaten	Ausstattung	Beschreibung	Preis
AO 32	Parkplatz Seilbahn Buisson* XL 45.833179 , 7.602021 11020 Buisson Frazzione Buission	ganzjährig 5 Stellplätze / beleuchtet 	Parkplatz an der Seilbahn.	0€
AO 33	SP Breuil-Cervinia** XXL 45.925849 , 7.620111 11021 Breuil-Cervinia Via Bob	ganzjährig / 60 Stellplätze Ver- und Entsorgung / Strom beleuchtet 	Sensationeller Ausblick auf das Matterhorn, nur 1 km ins Dorf / Skilifte, Shuttlebus in der Saison.	€
AO 34	Stellplatz Brusson** XL 45.763878 , 7.712264 11022 Brusson Rue des Pians	ganzjährig 50 Stellplätze Ver- und Entsorgung Münzstromsäule	Gemeindestellplatz, ruhig, 300 m zum See, Restaurant in der Nähe, Loipe führt vorbei.	€
AO 35	Stellplatz Hone*** 45.611557 , 7.733028 11020 Hone Via Fratello Alfano, 25A	ganzjährig 10 Stellplätze / Ver- und Entsorgung / Strom / beleuchtet 	Sehr schön und ruhig (bis auf den Gebirgsbach), die Festung Bart ist 1,5 km entfernt. Barbeque und Picknickplätze, über den Marktplatz anfahren. Gebühr bezahlen in den am Platz angegebenen Dorfläden.	€
AO 36	Parkplatz Bard Landstraße* 45.615805 , 7.742094 11020 Bard SS26, 5	ganzjährig / 30 Stellplätze 	Parkplatz an der Landstraße vor Bard, von hier gibt es einen Holzplankenweg ins Dorf.	0€
AO 37	Parkplatz Friedhof Pont-Saint-Martin* 45.597247 , 7.794531 11026 Pont-Saint-Martin Via Cimitero	ganzjährig 2 Stellplätze	In P-St-Martin gibt es keinen anderen geeigneten Stellplatz. Von hier sind es 500 m (nicht dem ersten Zentrumsschild folgen) über die Via Repubblica zur Ponte Romano.	0€
AO 38	Parkplatz Gaby* 45.704475 , 7.877384 11020 Gaby Frazione Tzendelabò 6	ganzjährig 5 Stellplätze	Kleiner Parkplatz am Fluß Lys, schöne Sportsbar nebenan.	0€

Kürzel	Koordinaten	Ausstattung	Beschreibung	Preis
AO 39	Parkplatz Castello Savoia* 45.766105 , 7.825473 11025 Gressoney-Saint-Jean Strada Castel Savoia, 41	ganzjährig 5 Stellplätze	Parkplatz vom Castel Savoia.	0€
AO 40	Stellplatz Weissmatten* XL 45.760671 , 7.835668 11025 Bieltshocke SR 44	ganzjährig 30 Stellplätze Ver- und Entsorgung / Strom	Parkplatz, nur kostenpflichtig von 15.12-30.03 und von 01.07 -30.08.	€€
AO 41	Stellplatz Tschaval* XL 45.856625 , 7.813634 11020 Gressoney La Triné SR di Staffal www.sostatschaval.altervista. org	ganzjährig 30 Stellplätze Ver- und Entsorgung / Strom WC / Küche / Waschmaschine 	Großer Stellplatz am Ende des Tals, Skilifte und Wanderwege direkt nebenan.	€€

Ligurische Küste & Cinque Terre

Kürzel	Koordinaten	Ausstattung	Beschreibung	Preis
LI 01	Camping Villlaggio dei Fiori*** XL bis 11 m/C 43.802418 , 7.74524 18038 Sanremo (IM) Via Tiro a Volo 3 Te. +39 0184 660635 www.villaggiodeifiori.it	ganzjährig / 900 Stellplätze Dusche / WC / Pool / Whirlpool / eigener Strand Restaurant und Pizzeria Kiosk / WLAN Tor ab 22.00 Uhr abgeschlossen, (Chipkarte) eingezäunt / beleuchtet 	Die Lage dieses Campingplatzes an der Riviera ist einzigartig. Direkt am Meer gelegen, mit Privatstrand und Meerwasserpool. Hier kann man hier das ganze Jahr entspannen. Sehr gutes Ristorante am Platz. 3 km vom Zentrum entfernt. Deutschsprachiger Service für Ausflüge in die Umgebung. Hunde nicht erlaubt.	€€€
LI 02	Stellplatz Pian di Poma** XXL 43.803012 , 7.746406 18038 Sanremo (IM) Corso Guglielmo Marconi	ganzjährig 100 Stellplätze Entsorgung (Bodenablass mit Rangierfläche) Wasseranschluß teilweise am Platz / Schranke beleuchtet 	Riesiger Stellplatz mit Blick aufs Meer, 3 km vom Zentrum entfernt. Ein Radweg führt direkt ins Zentrum, immer am Meer entlang. Ebener Kiesgrund, wenig Schatten, mit Kassenhäuschen und Schranke. Zum Supermarkt 50 m.	€

Kürzel	Koordinaten	Ausstattung	Beschreibung	Preis
LI 03	P Badalucco* bis 6,5 m 43.913574 , 7.845997 18010 Badalucco (IM) Regione Ortai 21	ganzjährig / beleuchtet 	Großer Parkplatz im Zentrum, neben dem Sportplatz.	0€
LI 04	Stellplatz Hotel Chamois d´Or* XL 44.097267 , 7.506901 6430 Tende (Frankreich) Nationalpark Mercantour	ganzjährig 50 Stellplätze Ver- und Entsorgung / Strom beleuchtet 	Großer Parkplatz für Mobile im Nationalpark Mercantour beim Hotel und gegenüber auf der anderen Seite des Flusses.	0€
LI 05	Parkplatz Lac des Mesches* 44.071953 , 7.521565 6430 Tende (Frankreich) Nationalpark Mercantour	ganzjährig beleuchtet	Kleiner Parkplatz am Stausee Lac des Mesches.	0€
LI 06	Stellplatz Dolceacqua* bis 7,5 m 43.846067 , 7.624222 18035 Dolceacqua (IM) Strada Provinciale 64	ganzjährig / 3 Stellplätze 	Großer Parkplatz 600 m vom Zentrum entfernt. Sehr enge Einfahrt, deshalb nur für Mobile bis 7,5 m geeignet. Ebene Fläche unterhalb der Hauptstraße.	0€
LI 07	Parkplatz Dolceaqua* XL 43.845635 , 7.624578 18035 Dolceacqua (IM) Via Roma, 56B	ganzjährig 4 Stellplätze beleuchtet	4 große Parkplätze bei der Kirche, 600 m vom Zentrum.	0€
LI 08	Parkplatz Bordighera Bahnhof* bis 7 m 43.779056 , 7.661904 18012 Bordighera (IM) Via Sant'Antonio 10	ganzjährig / beleuchtet 	Großer Parkplatz in Strand-nähe. In der Nebensaison können auch größere Mobile über 2 Parkplätze parken.	€
LI 09	Campingplatz Por la Mer* C 43.792916 , 7.564057 18039 Ventimiglia (IM) Corso Nizza 107 Tel. +39 0184 229626 www.campingporlamar.com	Mai bis Oktober 30 Stellplätze Dusche / WC / WLAN beleuchtet 	1,5 km vom Hanbury Garden liegt der einfache Camping-platz, nur 200 m vom Meer entfernt. Stehen auf Kies-grund unter schattigen Bäumen.	€

Kürzel	Koordinaten	Ausstattung	Beschreibung	Preis
LI 10	Parkplatz Hanbury Garden* 43.789062 , 7.558705 18039 Latte (IM) SS1, 178	ganzjährig 2 Stellplätze beleuchtet	Parkbucht, 500 m vom Eingang des Gartens	0€
LI 11	Parkplatz Ventimiglia* bis 7 m 43.793356 , 7.602273 18039 Ventimiglia (IM) Via G. Freccero 1	ganzjährig 10 Stellplätze / beleuchtet 	Gemischter Parkplatz im Zentrum.	€
LI 12	Stellplatz Santo Stefano al Mare** 43.836934 , 7.905429 18011 Santo Stefano Al Mare (IM) Via Gianni Cozzi 1	ganzjährig / 20 Stellplätze beleuchtet 	Schöner Stellplatz direkt an der Marina mit Meerblick. Loungiges Restaurant mit Privatstrand am Platz.	€
LI 13	Hafen Camper Village** XXL bis 11 m 43.84445 , 7.908435 18011 Santo Stefano Al Mare (IM) Strada Porsani Tel. +39 0327 3247447 www.campervillage.it	ganzjährig 60 Stellplätze Dusche / WC / Pool / Kiosk Bocciabahn / abgeschlossenes Tor / beleuchtet / eingezäunt 	Schöner Platz im Hinterland, 1,5 km von Santo Stefano entfernt. Enge Anfahrtsstraße. Ebenes Stehen auf Kiesgrund, teilweise unter schattigen Bäumen. XL nur einige auf dem oberen Platz.	€€
LI 14	Stellplatz Il Pozzo* 43.854984 , 7.960597 18017 San Lorenzo Al Mare (IM) Via Vignasse 47 Tel. +39 0339 3326961	ganzjährig / 45 Stellplätze Ver- und Entsorgung (Bodenablass mit Rangierraum vor dem Gelände) / Strom WC / Dusche / WLAN beleuchtet	Stehen auf Kiesgrund, kein Schatten. Mini-Pool am Platz.	€€€
LI 15	Stellplatz Imperia Porto Maurizio* 43.869190 , 7.999872 s18100 Imperia (IM) Via dei Giardini 24	ganzjährig / 15 Stellplätze beleuchtet 	Ebenes Stehen auf Ashalt ohne Schatten im Wohngebiet bei der Hauptstraße, 100 m zum Strand.	€€
LI 16	Parkplatz Cerco* bis 7 m 43.927925 , 8.115505 18010 Cervo (IM) Via San Bernardo 1	ganzjährig / 3 Plätze beleuchtet 	Öffentlicher Parkplatz überhalb des Kastells.	0€

Kürzel	Koordinaten	Ausstattung	Beschreibung	Preis
LI 17	Parkplatz Sportplatz* XL 43.925223 , 8.104675 18010 Cervo (IM) Via Alessandro Manzoni 35	ganzjährig 4 Stellplätze	Parkplatz etwas versteckt hinter dem Sportplatz, neben dem alten geschl. Stellplatz. Stehen auf Schottergrund.	0€
LI 18	Stellplatz Camper Cervo* XL 43.929718 , 8.105525 18010 Cervo (IM) Via Steria 51 Tel. +39 0331 5082281 www.camper-cervo.com	ganzjährig / 108 Stellplätze Ver- und Entsorgung (Bodenablass) Strom Dusche / WC / WiFi beleuchtet / Schranke 24 h bewacht 	Der große Platz auf Kiesgrund ohne Schatten liegt ca. 1 km vom Zentrum entfernt direkt an der Straße - gegenüber ist ein Umspannwerk.	€€
LI 19	CP Camping del Mare** C 43.921838 , 8.107951 18010 Cervo (IM) Via alla foce 29 Tel. +39 0183 400130 www.campingdelmare-cervo.it	April bis Mitte Oktober 70 Stellplätze Ver- und Entsorgung (großer Bodenablass mit Rangierraum) Strom / Dusche / WC / Bar Restaurant / Kl. Supermarkt Tor, eingezäunt, beleuchtet 	Schöner gepflegter Platz direkt am Strand. Schattige Plätze für Mobile bis 2,70 m Höhe.	€€
LI 20	CP Miramare* C 43.923795 , 8.111206 18010 Cervo (IM) Via Nazario Sauro 12 Tel. +39 0183 400285 www.campingmiramare.im.it	April bis Ende September 50 Stellplätze Ver- und Entsorgung / Strom Dusche / WC Bar / Restaurant Tor / eingezäunt /beleuchtet 	Der familiengeführte Platz liegt direkt am Strand. Enge, schattige Plätze mit hohen Bäumen. Kleiner Supermarkt am Platz.	€€€
LI 21	Stellplatz Oasi Park* XXL/C 43.907043 , 8.071475 18013 Diano Marina (IM) Via Sori 5 Tel. +39 0183 497062 www.oasipark.it	ganzjährig / 200 Stellplätze Ver- und Entsorgung (Bodenablass mit Rangierfläche) Dusche / WC / Kiosk beleuchtet 	Riesiger Stellplatz mit verschiedenen Parzellen ca. 1 km vom Zentrum. Teilweise leicht schräger Untergrund auf Kies. Sehr günstige Monatspauschale zum Überwintern.	€

Kürzel	Koordinaten	Ausstattung	Beschreibung	Preis
LI 22	Campingplatz Marino*** XL/C 43.906338 , 8.076761 18013 Diano Marina (IM) Via Angiolo Silvio Novaro 17 www.campingmarino.it	ganzjährig / 57 Stellplätze Ver- und Entsorgung (Bodenablass mit Rangierfläche) Strom / Dusche / WC abgeschlossenes Tor Schranke / beleuchtet eingezäunt 	Der gepflegte Platz mit Pool, 500 m vom Zentrum, hat für große Mobile eine separate Einfahrt. Ebenes Stehen auf Kiesboden, teilweise Schatten.	€€
LI 23	Stellplatz Bowling* 43.915974 , 8.079176 18013 Diano Marina (IM) Via Diano San Pietro 71 Tel. +39 0183 494131 www.bowlingdiano.com	ganzjährig / >20 Stellplätze Ver- und Entsorgung (Bodenablass) / Strom / WC abgeschlossenes Tor / Schranke / beleuchtet eingezäunt	Einfacher Platz nur 500 m zum Meer und Zentrum.	€€
LI 24	Stellplatz Al Roseto** C 43.920254 , 8.078372 18013 Diano Castello (IM) Via San Siro Tel. +39 0183 429540 www.alroseto.it	ganzjährig / >70 Stellplätze Ver- und Entsorgung (Bodenablass) / Strom / WC / Dusche Schranke 	Voranmeldung per Tel. oder E-mail (vivaio@patrucco.net) notwendig, Stehen inmitten der Rosenzucht.	€
LI 25	Agriturismo Solo Blu* 43.919112 , 8.083834 18013 Diano Marina (IM) Via Gombi San Siro 5 Tel. +39 0393 9567973 http://agritursoloblu.com	ganzjährig / 24 Stellplätze Ver- und Entsorgung (Bodenablass) / Strom WC / Dusche / kleiner Pool Schranke	Nur nach Voranmeldung, 500 m zum Strand, Freitags eigener Gemüsemarkt.	€€
LI 26	Stellplatz Camper Flipper* 43.957646 , 8.145938 17051 Marina di Andora (SV) Via San Lazzaro 69	ganzjährig / 30 Stellplätze Ver- und Entsorgung / Strom Schranke / beleuchtet 	Ebenes Stehen auf Asphalt ohne Schatten mitten im Wohngebiet. Ca. 1 km zum Strand und ins Zentrum der Marina.	€€
LI 27	Camping Parco Vacanze Monti e Mare*** bis 7,5 m/ C 44.032153 , 8.203235 17021 Alassio (SV) Via Giancard 47 Tel. +39 339 6105766 www.alassioholiday.it	ganzjährig 10 Stellplätze Ver- und Entsorgung / Strom Dusche / WC Restaurant / Bar / WLAN Kiosk beleuchtet	Schöne Anlage mit Stellplätzen am Hang. Enge und steile Auffahrt, nur geeignet für Mobile bis 7,5 m. Überwiegend Zeltplätze. Der loungige Beach Club Baba ist nur 100 m entfernt, der öffentliche Strand ist gleich nebenan. 2,5 km nach Albenga.	€€

Kürzel	Koordinaten	Ausstattung	Beschreibung	Preis
LI 28	Agricampeggio Ca de Miché*** XL 44.052274 , 8.221745 17031 Albenga (SV) Viale 8 Marzano 45 Tel. +39 0182 541128 www.agricampeggiocademi- che.it	ganzjährig / 40 Stellplätze Ver- und Entsorgung / Strom Dusche / WC / Picknicktisch unter Bäumen / WLAN abgeschlossenes Tor mit Schlüssel / beleuchtet eingezäunt 	In der Gärtnerei steht man ruhig und sicher im Grünen, ca. 750 m vom historischen Ortskern entfernt. Platz für große Mobile ist vorhanden. Enge Einfahrt. Bäume können beschnitten werden, wenn es zu eng wird. Waschmaschine vorhanden.	€€€ LY
LI 29	Campingplatz Capo Lena* 44.03842 , 8.213763 17031 Albenga (SV) Via Michelangelo 7 Tel. +39 0182 540737 www.capolena.it	ganzjährig 30 Stellplätze Wasser / Strom / Ver- und Entsorgung (nur mit Rollkanister) Dusche / WC abgeschlossenes Tor eingezäunt	Direkt am öffentlichen Strand und 500 m zur Innenstadt entfernt, liegt der kleine Campingplatz.	€€
LI 30	Campingplatz Residence Sole** C 44.036803 , 8.211058 17031 Albenga (SV) Via Michelangelo 17 Tel. +39 0182 51957 www.residencesole.it	ganzjährig 10 Stellplätze Wasser / Strom / Entsorgung nur mit Kassette Dusche / WC abgeschlossenes Tor eingezäunt	Direkt auf dem Strand steht man hier am Meer, mit dem Blick auf die Insel Gallinara.	€€€
LI 31	Parkplatz Grotte di Toirano* XL 44.136009 , 8.199875 17055 Toirano (SV) Via alle Grotte Tel. +39 0182 98062 www.toiranogrotte.it"	ganzjährig / 10 Stellplätze beleuchtet 	Großer Parkplatz vor der Grotte - auch für Busse. Enge Anfahrtsstraße kurz vor dem Parkplatz.	0€
LI 32	Parkplatz Zuccarello* XL 44.112734 , 8.116841 17039 Zuccarello (SV) Via Armando Tornatore	ganzjährig 5 Stellplätze	Öffentlicher Parkplatz am Ortsausgang.	0€
LI 33	Stellplatz Borghetto Santo Spirito** XL 44.115252 , 8.237798 17052 Borghetto Santo Spirito (SV) Via Po Tel. +39 0334 2413239 www.areacamperborghetto.it	ganzjährig / 100 Stellplätze Ver- und Entsorgung (Bodenablass) / Strom Dusche / WC / eingezäunt Schranke / beleuchtet 	Stellplatz am Ufer des Torrente Varatella, 500 m ins Zentrum. Ebenes Stehen auf Schotter.	€€

Kürzel	Koordinaten	Ausstattung	Beschreibung	Preis
LI 34	Stellplatz La Sosta* 44.131285 , 8.241162 17054 Loano (SV) Via Silvio Amico angolo Via delle Fornaci www.lasosta.biz	ganzjährig / >20 Stellplätze Ver- und Entsorgung (Bodenablass mit Rangierraum) WC / Dusche / Waschmaschine eingezäunt / Schranke beleuchtet 	Umzäuntes Gelände in der Nähe des Stadions.	€€
LI 35	Stellplatz Pietra Ligure* 44.154538 , 8.284055 17027 Pietra Ligure (SV) Via Francesco Crispi 43 Tel. + 39 0340 2301594 www.areacamperpietra.it	ganzjährig / 50 Stellplätze Ver- und Entsorgung (Bodenablass) WC / Dusche Schranke / beleuchtet 	Ebener, sehr einfacher, enger Platz mit Kiesuntergrund, kein Schatten. 850 m ins Zentrum und zum Strand. Kleiner Kiosk am Platz.	€€€
LI 36	Stellplatz Finale Ligure Caprazoppa* XL 44.166041 , 8.337662 17024 Finale Ligure (SV) via Aurelia Tel. +39 0196 816023	ganzjährig / 100 Stellplätze Ver- und Entsorgung (Bodenablass) Dusche Schranke / beleuchtet 	Großer Stellplatz auf Schotterfläche ohne Schatten, ca. 700 m vom Zentrum. Enge Einfahrt. Stehen dicht an dicht, Heck zum Meer, Fabrik angrenzend.	€€€
LI 37	Stellplatz Pamparino** 44.171385 , 8.332743 17024 Finale Ligure (SV) Via Caprazoppa 26 Tel. +39 0333 8181012 www.agricolapamparino.com	ganzjährig 60 Stellplätze Ver- und Entsorgung (Bodenablass) Strom Schranke beleuchtet	Stellplatz an Landstraße und Fluss, 500 m nach Finalborgo und Finale Ligure, Stehen eng an eng.	€€€
LI 38	Campingplatz Eurocamping Calvisio*** C 44.183789 , 8.353342 17024 Finale Ligure (SV) Via Calvisio 37 Tel. +39 0196 01240 www.eurocampingcalvisio.it	ganzjährig 100 Stellplätze Ver- und Entsorgung / Strom WC / Dusche / Waschmaschine Schwimmbad Schranke/ beleuchtet	Schön gelegener CP, mit Schwimmbad, Stehen unter Pinien, Shuttle zum Strand und Stadt (1.500 m), Restaurant am Platz. XL anfragen.	€€€
LI 39	Stellplatz Parcheggio Camper Spotorno** 44.22302 , 8.41321 17028 Spotorno (SV) Strada Provinciale 8 Tel. +39 0349 7242540	April bis Okt. / 60 Stellplätze Ver- und Entsorgung / Strom WC / abgeschlossenes Tor bewacht / eingezäunt 	Einfacher, ruhiger Platz auf Rasenuntergrund nur 150 m zum Strand. Markise und Stühle nicht erlaubt. Kleine Bar am Platz. Am Wochenende sollte man frühzeitig reservieren, da der Platz voll wird.	€€

Kürzel	Koordinaten	Ausstattung	Beschreibung	Preis
LI 40	Stellplatz Parcheggio Autocaravan* XL 44.237182 , 8.435546 17028 Spotorno (SV) Strada Provinciale 8	ganzjährig / 120 Stellplätze Ver- und Entsorgung (Bodenablass) Strom 	Großer Stellplatz ohne Schatten auf ebenem Kiesgrund an der Strandstraße. In der Saison: Stehen eng an eng.	€€-€€€
LI 41	Stellplatz Aera Camper Le Traversine* 44.277570 , 8.441488 17047 Vado Ligure (SV) SS1,18	ganzjährig / 70 Stellplätze Ver- und Entsorgung (Bodenablass) / Strom abgeschlossenes Tor / bewacht eingezäunt / beleuchtet	Großer Stellplatz ohne Schatten auf Gittersteinen an der Strandstraße. Nahe Bahnline und Industriegebiet. In der Saison: Stehen eng an eng.	€€
LI 42	Campingplatz Vittoria* C 44.284185 , 8.447941 17100 Savona (SV) Via Nizza 111-113 Tel. +39 0198 81439 www.campingvittoria.com	ganzjährig 45 Stellplätze Ver- und Entsorgung / Strom WLAN beleuchtet	Kleiner Campingplatz direkt am Strand gelegen.	€€
LI 43	Stellplatz Piana Crixia Area Att. Comunale* 44.489434 , 8.302392 17058 Pontevecchio (SV) Strada Provinciale 29	März- Okt 5 Stellplätze Ver- und Entsorgung (Bodenablass) / Strom beleuchtet	Kleiner Parkplatz an der Landstraße.	0€
LI 44	Parkplatz Celle Ligure* XL 44.349066 , 8.556444 17015 Celle Ligure (SV) Via Natta 26	ganzjährig 10 Stellplätze Ver- und Entsorgung (Bodenablass)	Parkplatz für Mobile ausgewiesen, Nähe Autobahn, einige große Längsparkplätze.	0€
LI 45	Campeggio Villa Doria** C 44.43162 , 8.813407 6158 Genua (GE) Via al Campeggio Villa Doria 15 n Tel. +39 0106 969600 camping.it/liguria/villadoria	ganzjährig 20 Stellplätze Ver- und Entsorgung (Bodenablass) Strom / WLAN abgeschlossenes Tor bewacht / eingezäunt beleuchtet	Kleiner gepflegter CP in einem Park gelegen, max 3 m Höhe, Anfang 2015 Managmentwechsel, deshalb unbedingt auf www.facebook.com Campeggio Villa Doria schauen! Nur 6 km zur Innenstadt.	€
LI 46	Caravan Park La Vesima* C 44.414287 , 8.70454 16158 Genua (GE) Via Rubens 50R Tel.+39 0106 199672 www.caravanparklavesima.it	ganzjährig / 40 Stellplätze Ver- und Entsorgung / Strom WLAN / Abgeschlossenes Tor (Gast bekommt Microchip) eingezäunt / videoüberwacht beleuchtet 	17 km von Genua entfernt liegt der sehr gut gesicherte Platz zwischen Straße, Bahn und Strand. Mobile ab 6 m benötigen einen Extra-Stellplatz. Nach Genua geht es erst mit dem Bus nach Voltri, dann mit dem Bus Nr. 1 nach Genua/ Aquarium. Hunde sind nicht erlaubt.	€€€
LI 47	Stellplatz Marina Park* XXL 44.403622 , 8.930447 16128 Genua (GE) Via della Marina Tel. +39 0102 510378 www.visitgenoa.it	ganzjährig / 8 Stellplätze Ver- und Entsorgung / Strom beleuchtet / videoüberwacht 	500 m zum alten Hafen und zum Aquarium. Zahlungen an der Bar, geöffnet von 7.00 bis 21.00 Uhr, So geschlossen. Reservierung ist ratsam. Kinderspielplatz vor Ort.	€€€

Kürzel	Koordinaten	Ausstattung	Beschreibung	Preis
LI 48	Parkplatz Azzurra* bis 7 m 44.397802 , 8.942761 16128 Genua (GE) Via Mura delle Cappuccine 35	ganzjährig / beleuchtet 	Parkflächen im Wohngebiet mit schönem Ausblick über die Stadt. Zur Bootsmesse Anfang Oktober allerdings verboten. Sonntags frei.	€€
LI 49	Stellplatz Torriglia* XL 44.51667 , 9.16000 16029 Torriglia (GE) Piazza al Posteggio 11	ganzjährig 10 Stellplätze	Stehen auf Rasensteinen im Ortskern beim Sportplatz. Kein Schatten. 9 km zum Lago di Brugneto.	0€
LI 50	Campingplatz Smeraldo** C bis 7 m 44.237797 , 9.477606 16030 Moneglia (GE) Località Preata Tel. +39 0185 490484 www.villaggiosmeraldo.it	Nov. und Dez. geschlossen 30 Stellplätze / Ver- und Entsorgung / Strom / Dusche WC / beleuchtet / eingezäunt 	Schmale Terrassenplätze auf den Felsklippen am Meer. Im Sommer überdacht. Freier Ausblick. Kiesstrand und großer Pool am Platz, Pizzeria & Bar. Im Juli und August sind Hunde nicht erlaubt.	€€€
LI 51	Parkplatz Parco Di Portofino* bis 7 m / 44.332716 , 9.165429 16032 Camogli (GE) Viale Franco Molfin, 79	ganzjährig 10 Stellplätze	Parkplatz im Naturschutzgebiet Parco di Portofino.	€
LI 52	Camping Miraflores* C 44.357748 , 9.209578 16035 Rapallo (GE) Via S. Lazzaro Tel. +39 0185 263000 www.campingmiraflores.it	April bis September 30 Stellplätze WC / Dusche / Pool / WLAN Bar / Mini Markt & Restaurant Tor / eingezäunt beleuchtet	Der Platz liegt direkt bei der Autobahnauffahrt und ist deshalb nicht ruhig. Im vorderen Bereich des Platzes sind schattige Stellplätze. Ebenes Stehen. Bushaltestelle ist 150 m vom Platz entfernt.	€€
LI 53	Camping Rapallo** C 44.356916 , 9.199091 16035 Rapallo (GE) Via S. Lazzaro 4D Tel. +39 0185 262018 www.campingrapallo.it	April bis September / 25 Stellplätze Ver- und Entsorgung Strom / WC / Dusche / Pool Internet Point kostenlos / Bar Nachts abgeschlossenes Tor / eingezäunt / beleuchtet 	Gepflegter Platz, ruhig, ebenes Stehen auf Kiesuntergrund, durch Hecken abgetrennte Plätze mit Schatten. 200 m bis zur Bushaltestelle. Kleiner Pool. Gutes Restaurant in Laufweite.	€€
LI 54	Campeggio Mare e Monti** bis 7 m/ C 44.263269 , 9.442362 16039 Sestri Levante (GE) Via Aurelia 259 Tel. +39 3478 901199 www.campingmaremonti.com	März bis Oktober 50 Stellplätze / Ver- und Entsorgung / Strom / WLAN Pool Tor / eingezäunt / beleuchtet 	Schöner Campinplatz im Grünen mit Kinder-Pool. Enge Plätze, teilweise mit Blick unter schattigen Bäumen. Shuttleservice. Nur für Mobile bis 7 m geeignet.	€€€

Kürzel	Koordinaten	Ausstattung	Beschreibung	Preis
LI 55	Campingplatz Acquadolce*** bis 7,5 m/C 44.166899 , 9.613454 19015 Levanto (SP) Via Guido Semenza 5 Tel. +39 0187 808465 www.campingacquadolce.com	ganzjährig / 80 Stellplätze Ver- und Entsorgung / Strom Neue Sanitäranlagen Tor, eingezäunt / beleuchtet 	Der gepflegte Campingplatz mit modernen Sanitäranlagen liegt ideal für Bootsausflüge und Wanderungen in die Cinque Terre. Stehen unter Olivenbäumen. Gutes Restaurant am Platz. WLAN kostenlos.	€€€ Ly

Stehen wie im Yachthafen:
Stellplatz Marina Degli Aregai
in Santo Stefano al Mare

Kürzel	Koordinaten	Ausstattung	Beschreibung	Preis
LI 56	Stellplatz Levanto Bahnhof* 44.174342 , 9.618323 19015 Levanto (SP) SS566dir	ganzjährig 20 Stellplätze Ver- und Entsorgung / Strom beleuchtet 	Der Stellplatz befindet sich an der Hauptstraße direkt am Bahnhof. Die Plätze sind nur für kleine Mobile bis 7 m geeignet.	€€€
LI 57	Stellplatz Deiva Marina* XXL 44.225418 , 9.532755 19013 Deiva Marina (SP) Via Aranella 14	ganzjährig 20 Stellplätze 	Großer Stellplatz an der Straße am Wohngebiet. Ebener Grund auf Kiesfläche.	0€
LI 58	Campingplatz Fornaci al Mare* XL bis 9 m/C 44.214779 , 9.518757 19013 Deiva Marina (SP) Loc. Arenella Tel. +39 0187 825259 www.campingfornacialmare.it	Januar bis Ende Oktober >50 Stellplätze Ver- und Entsorgung / Strom WLAN / Bar / Mini-Markt / Shuttle-Bus zum Bahnhof beleuchtet 	Einfacher, aber schöner Campingplatz direkt am Strand.	€€€
LI 59	Campingplatz La Sfinge** XL bis 10 m/C 44.226447 , 9.550149 19013 Deiva Marina (SP) Loc. Gea 5 Tel. +39 0187 825464 www.campinglasfinge.com	Mitte März bis November 10 Stellplätze Ver- und Entsorgung / Strom Internet Point / Tor / bis Hüfthöhe eingezäunt beleuchtet 	Gepflegter Campingplatz unter deutscher Führung. 3 Plätze mit Schatten für XL im Gelände und großes Gelände für 6-8 XL hinter der Einfahrt. Geeignet auch für Clubtreffen. Ebenes Gelände auf Kiesgrund ohne Schatten. Shuttle Bus zum Strand und zum Bootshafen - ideal geeignet für größere Mobile als Startpunkt für Ausflüge in die Cinque Terre.	€€€
LI 60	Stellplatz Monterosso Poggio** 44.155013 , 9.659334 19015 Levanto (SP) SP 38 Tel. +39 3664 246163 arreasostacamper.oneminute-site.it	ganzjährig 14 Stellplätze Ver- und Entsorgung / Strom umzäunt, beleuchtet, Schranke	Stellplatz an der Landstraße, auf Schotter, ohne Schatten, bis 8,5 m.	€€€

Kürzel	Koordinaten	Ausstattung	Beschreibung	Preis
LI 61	Stellplatz Monterosso Mare* 44.14447 , 9.646827 19016 Monterosso Al Mare (SP) SP38	ganzjährig / 10 Stellplätze beleuchtet 	Parkplatz am Meer mit Betonschutzwand. Bei schlechtem Wetter nicht anfahren.	€
LI 62	Stellplatz Parcheggio Il Golfo* 44.059551 , 9.84871 19025 Portovenere (SP) Località Cavo Via Olivo 512-552	ganzjährig / 30 Stellplätze Ver- und Entsorgung 	Stundenweise zu bezahlen. 1,85€/h.	€€€
LI 63	Campingplatz Alessandra Ameglia** bis 7 m/C 44.062239 , 9.9758272 19031 Ameglia (SP) Via Margubbio 1 Tel. +39 0340 8549378 www.agriturismoalessandra.it	ganzjährig 2 Stellplätze Wasser / Strom Bio-Garten / Waschmaschine / Kinder-Pool / WLAN beleuchtet	Kleines Landgut, nur für Mobile kleiner 7 m geeignet.	€€€
LI 64	Agricampeggio Cascina dei Peri** 44.103741 , 10.007378 19033 Castelnuovo Magra (SP) Via Montefrancio 75 Tel. +39 0187 674085 www.cascinadeiperi.it	ganzjährig 3 Stellplätze Wasser / Strom / WC / Pool beleuchtet / eingezäunt	Auf dem Weingut steht man im Grünen mit Panoramablick unter Olivenbäumen. Wein und Ölivenöl kann gekauft werden.	€

Anreise

FR 35	Reisemobilhafen Bad Dürrheim*** XXL 48.01186 , 8.53439 78073 Bad Dürrheim Huberstraße 34 Tel. +49 (0)771 12739 www.womo-badduerrheim.de	ganzjährig / 400 Stellplätze Ver- und Entsorgung / Strom Dusche / WC / beleuchtet 	Schöner, gepflegter Stellplatz am Wellness- und Gesundheitszentrum Solemar, teilweise Schatten durch Bäume, ebenes Stehen.	€
FR 79	Hafen Waldshut-Tiengen** XXL 47.611187 , 8.225202 79761 Waldshut-Tiengen Jahnweg 22 Tel. +49 (0)775 13152 www.wohnmobil-park-waldshut.de	ganzjährig / 40 Stellplätze Ver- und Entsorgung / Strom Dusche / WC / beleuchtet 	Gegenüber des Rhein-Campings gelegen, großzügig angelegt, direkt an der Schweizer Grenze.	€€

Kürzel	Koordinaten	Ausstattung	Beschreibung	Preis
GAP 37	Camping Resort Zugspitze*** XXL/C 47.478735 , 11.051677 82491 Grainau Griesenerstr. 9 Tel.+49 (0)882 19439115 www.perfect-camping.de	ganzjährig / 120 Stellplätze Ver- und Entsorgung / Strom Dusche / WC / eigene Bade-häuser / Sauna / Wellness beleuchtet / umzäunt 	5 Sterne Camping in Grainau mit Komfort und Service. Wellnessbereich mit Blick auf die Zugspitze und ein gutes Restaurant gleich nebenan.	€€€
CH 01	Fischers Fritz*** XXL/C 47.33574 , 8.540592 CH 8038 Zürich Seestrasse 559 Tel. +41 (0)44 482 1612 www.fischers-fritz.ch	ganzjährig / 50 Stellplätze Ver- und Entsorgung / Strom Dusche / WC beleuchtet / umzäunt 	Außergewöhnlich schöner Campingplatz direkt am See, Laden, frischer Fisch, gutes Restaurant im Sommer, angesagte Sundownerbar, nur 3 km in die Innenstadt.	€€€
CH 02	Bellinzona* 46.200072, 9.018249 CH 6500 Bellinzona Via Brunari 2 www.bellinzonaturismo.ch	ganzjährig 10 Stellplätze Ver- und Entsorgung (Boden-ablass) beleuchtet	Neben der Straßenbrücke über den Ticino. Eben auf Asphalt, parzelliert und video-überwacht. Zentum in 800 m. Maximal 2 Tage.	€€€
CH 03	Locarno** XL 46.16038 , 8.800794 CH 6600 Locarno Via alla Lanca degli Stornazzi www.ascona-locarno.com	ganzjährig 50 Stellplätze	Parken in der Nähe zum See, ruhig gelegen, Schwimmbad, Yachthafen und Zentrum, Münzautomat nimmt auch €.	€€€
CH 04	Camper Area Tamaro** XL 46.138889 , 8.906944 6802 Monteceneri Via Monte Ceneri 19 www.montetamaro.ch	ganzjährig / 80 Stellplätze Ver- und Entsorgung / Strom WLAN eingezäunt / beleuchtet videoüberwacht	Große Bäume, Bar und Restaurant, max. 72 h Aufenthalt.	€€€
LO 02	Camping Milano** XL/C 45.474442 , 9.082152 20153 Mailand Via Gaetano Airaghi, 61 Tel. +39 02 48207017 www.campingmilano.it	ganzjährig >100 Stellplätze Ver- und Entsorgung / Strom Dusche / WC beleuchtet /abgeschlossen	Grüner Campingplatz nahe der Autobahn A 50 und unweit der Stadt.	€€€
LO 01	Parkplatz Tortona** XXL 44.867884 , 8.826826 15057 Tortona Strada Statale 211 Tel. +39 0131 860930 www.ristoranteilcarrettino.it	ganzjährig / 5 Stellplätze WC / beleuchtet 	Mitten im Piemont IL CARRETTINO in Tortona nähe der Autobahn, unweit von Mailand. Hier steht man auf dem großen Parkplatz hinter dem Landgut mit seinem erstklassigen Restaurant. Einkehr obligatorisch.	0€

CAMPING
RESORT
ZUGSPITZE
★★★★★

www.perfect-camping.de

Spüren. Staunen. Leben.

Camping Resort Zugspitze GmbH *****

GPS: 47 ° 28' 745 N, 011 ° 03' 133 O
Der komfortabel und elegant ausgestattete Fünf-Sterne-Campingplatz liegt malerisch am Fuße der Zugspitze.

Griesener Str. 9 | 82491 Grainau
www.perfect-camping.de | www.facebook.com/CampingResortZugspitze

Tel. +49 (0)8821 943 91 15 | Fax +49 (0)8821 943 91 16

Camping Resort Zugspitze: Camping-Komfort mit fünf Sternen in grandioser Alpenkulisse

Perfekten Campingurlaub auf hohem Niveau bietet das exklusive und stilvolle Camping Resort Zugspitze in Grainau bei Garmisch-Partenkirchen. Gäste erleben in der erst 2014 eröffneten Fünf-Sterne-Anlage ein typisch alpenländisches und doch modernes Ambiente.

Wer das Camping Resort Zugspitze besucht, hat die Wahl zwischen top ausgestatteten Stellplätzen (auf Wunsch mit Privatbad und eigenem Gasanschluss), gemütlich-bayerischen Berghütten und trendigen Schlaffässern. Wellness vom Feinsten bietet die hochmoderne Saunalandschaft sowie das professionell von Therapeuten geführte AlmSpa. Kulinarische Erlebnisse kredenzt das Restaurant Schmölzer Wirt mit eleganter Vinothek und herrlichem Biergarten direkt an der rauschenden Loisach.

Das Camping Resort Zugspitze liegt in einer der schönsten und beliebtesten Urlaubsregionen Deutschlands. Von allen Stellplätzen aus genießen Camper die grandiose Alpenkulisse des Wettersteingebirges. Dank seiner exponierten Lage in einer der touristisch beliebtesten und attraktivsten Urlaubsziele Deutschlands ist das Unterhaltungs- und Freizeitangebot rund ums Jahr schier unendlich. Im Sommer laden die umliegenden Gipfel zu erlebnisreichen Wanderungen oder Radtouren ein, im Winter genießen Sportler das fantastische Angebot an Pisten, Loipen und Wanderwegen.

Für Topkomfort am Platz sorgen weitere Annehmlichkeiten wie WLAN, eine Bushaltestelle am Platz, Supermärkte und Werkstatt in unmittelbarer Nähe u.v.m. Die Grainau GästeCard bietet darüber hinaus zahlreiche Vorteile und Vergünstigungen.

Der Fünf-Sterne-Platz Camping Resort Zugspitze ist bereits mehrfach ausgezeichnet, u.a. mit dem Wohlfühlplatz-Award des EMHC sowie mit fünf Zelten vom Campingführer ECC und ist Mitglied bei den PremiumCamps.

Luxus pur mitten in der Natur bietet das Camping Resort Zugspitze.

Kulinarische Erlebnisse kredenzt das Restaurant Schmölzer Wirt mit eleganter Vinothek und herrlichem Biergarten direkt an der rauschenden Loisach.

Zu Erholung und Entspannung lädt die hochelegante und moderne Wellnesslandschaft ein.

Stellplatz-Atlas & Freizeitkarten

Die große Anzahl von Stellplatz-Empfehlungen in der Region sorgt für den optimalen Übernachtungsplatz, ganz nach Ihren individuellen Wünschen.

Übersichtskarte: So finden Sie den idealen Platz

Suchen Sie einfach in dem Stellplatz-Atlas nach Ihrem Reiseziel und einem Stellplatz (pinkes Reisemobil-Symbol) in der Nähe. Merken Sie sich das Platzkürzel und schauen Sie dann im großen Stellplatz-Finder nach den Einzelheiten.
Der alphabetische Stellplatz-Ortsindex am Ende dieses Kapitels hilft bei der Suche und enthält die Seitenzahl im Stellplatz-Finder (Gelbe Seiten). Geordnet nach dem Platzkürzel finden Sie im Stellplatz-Finder den Platz samt Adresse, GPS und allen relevanten Informationen.

Tour-Vorschläge in den Regionen

Acht regionale Tourvorschläge führen Sie zu den schönsten Destinationen der Region Italien Alpen-Riviera.

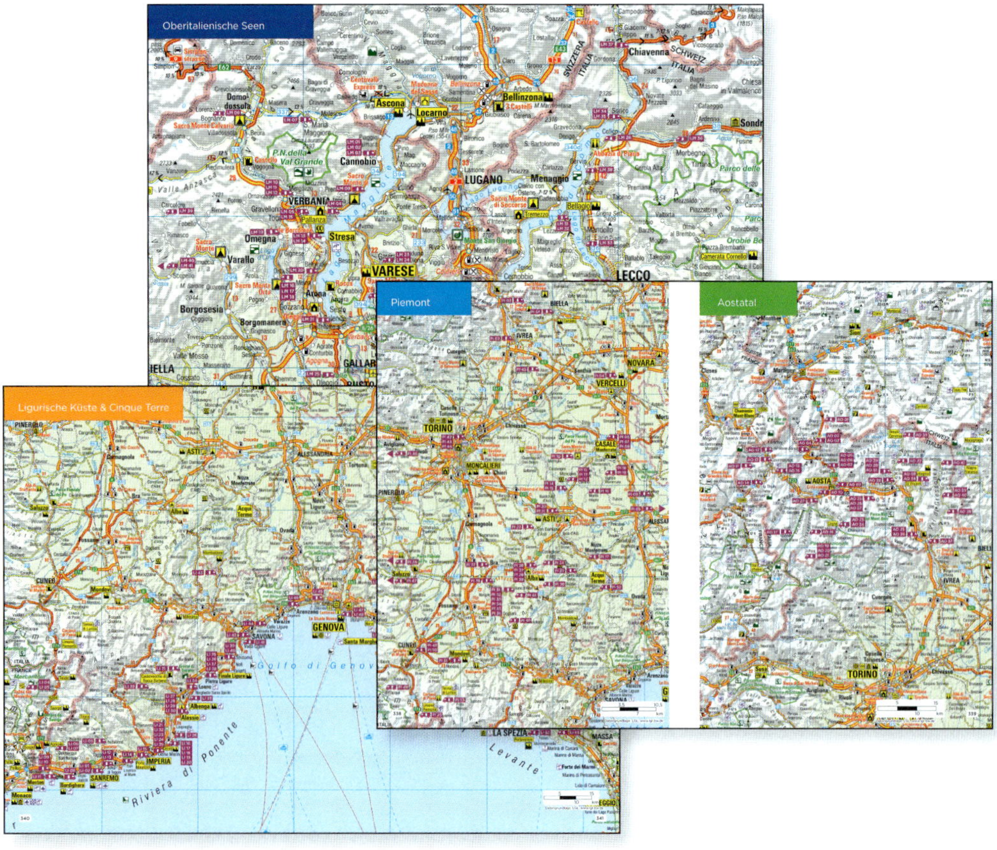

Kartenlegende

- Autobahn (im Bau)
- Gebührenpflichtige Autobahn
- 4-oder mehrspurige Autobahn (im Bau)
- Fernstraße (im Bau)
- Wichtige Hauptstraße (im Bau)
- Hauptstraße
- Nebenstraße
- Eisenbahn
- Sperrgebiet
- National- und Naturpark
- 4 2 A22 Autobahnnummer
- E54 Europastraßennummer
- 34 28 N22 322 Andere Straßennummern
- 22 Autobahnanschlussnummer
- Anschlussstelle
- Für Wohnwagen nicht geeignet
- Für Wohnwagen gesperrt
- Autobahntankstelle
- Autobahnrasthaus
- Autobahnrasthaus mit Motel
- Wichtiger Flughafen
- Flughafen
- Flugplatz
- Autofähre
- Grenzübergang
- Windmühle
- Leuchtturm

- Autoroute
- Bahnstrecke
- Schiffsroute

- UNESCO-Weltnaturerbe
- Gebirgslandschaft
- Felslandschaft
- Schlucht
- Höhle
- Gletscher
- Flusslandschaft
- Wasserfall/ Stromschnelle
- Seenlandschaft
- Nationalpark (Landschaft)
- Nationalpark (Flora)
- Nationalpark (Fauna)
- Nationalpark (Natur)
- Naturpark
- Fossilienstätte
- Botanischer Garten
- Küstenlandschaft
- Strand
- Insel

- UNESCO-Weltkulturerbe
- Sehenswerter Ort
- Historisches Stadtbild

- Vor- und Frühgeschichte
- Prähistorische Felsbilder / Naturvölker
- Phönikische Kultur
- Etruskische Kultur
- Griechische Antike
- Römische Antike
- Christliche Kulturstätte
- Romanische Kirche
- Gotische Kirche
- Renaissance-Kirche
- Barocke Kirche
- Byzantinisch/ orthodoxe Kirche
- Christliches Kloster
- Kulturlandschaft
- Burg/Festung Wehranlage
- Burgruine
- Sehenswerter Turm
- Palast/Schloss
- Technisches/ industrielles Monument
- Staumauer
- Sehenswerter Leuchtturm
- Herausragende Brücke
- Grabmal
- Denkmal
- Weltraumteleskop
- Markt
- Feste und Festivals

- Museum
- Theater
- Freilichtmuseum
- Weltausstellung
- Olympische Spiele

- Arena/Stadion
- Rennstrecke
- Pferdesport
- Skigebiet
- Golf
- Segeln
- Tauchen
- Windsurfen
- Kanu/Rafting
- Seehafen
- Badeort
- Freizeitbad
- Mineralbad/Therme
- Freizeitpark
- Spielcasino
- Hill Resort
- Berghütte/Alm
- Wandern/ Wandergebiet
- Bergbahn
- Aussichtspunkt

LM19 Stellplatz mit Kennung

Regionale Tour-Empfehlungen

Acht Tour-Empfehlungen verbinden die Highlights der Region

Tour 1: Der Lago Maggiore

- **Cannobio** · Altstadt, Wandern
- **Verbania** · Gärten, Kunst
- **Mergozzo** · Ort, Natur
- **Stresa**· Boromäische Inseln, Villen

Gesamtlänge Tour 1: 50 km, 4 Tage
→ Anschluss Tour 2

Tour 2: Kleine Seen und Pracht am Comer See

- **Orta San Giulio** · Heiliger Berg, Insel
- **Lago di Varese** · See, Restaurant
- **Como** · Villa, Altstadt
- **Bellagio** · Altstadt, Gärten, Seefahrt

Gesamtlänge Tour 2: 156 km, 4 Tage
→ Anschluss Tour 3

Tour 3: Basso Monferato und Asti

- **Casale Monferrato**· Altstadt, Wein
- **Serralunga di Crea** · Kloster, Wein
- **Moncalvo** · Restaurants, Trüffel
- **Vignale Monferrato** · Dorf, Restaurant
- **Montemagno** · Burg, Restaurant
- **Castell'alfero** · Aussicht, Restaurant
- **Asti** · Altstadt, Kulinarik

Gesamtlänge Tour 3: 75 km, 6 Tage
→ Anschluss Tour 4

Tour 4: Barocke Perle und das Herz der Langhe

- **Turin** · Kunst, Kultur, Kulinarik
- **Alba** · Kulinarik, Kultur
- **La Morra** · Aussicht, Kulinarik
- **Barolo** · Schloss, Wein
- **Acqui Terme** · Altstadt, Therme

Gesamtlänge Tour 4: 153 km, 6 Tage
→ Anschluss an Tour 6 reverse via Pont St. Martin

Die Touren sind meist 100 bis 200 km lang und die benötigte Zeit hängt ganz davon ab, wie ausführlich die Highlights an den einzelnen Plätzen besucht werden oder wie ausgedehnt die sportlichen Aktivitäten sind. Turin benötigt nun mal mehr Aufmerksamkeit als ein kleines Dorf und eine Bergwanderung ihre Zeit.

Die Tage sind empfohlene minimal Tage. Denn manche Ziele sind schon selbst eine Reise wert.

Tour 5: Aostatal - Mont Blanc Zum höchsten Berg Europas

- **Gr. Sankt Bernhard** · Pass, Hospitz
- **Étroubles** · Kunst, Restaurant
- **Aosta** · Altstadt, Kultur
- **Courmayeur** · Altstadt, Kultur
- **Pré-Saint-Didier** · Therme, Natur

Gesamtlänge Tour 5: 80 km,
5 Tage
→ Anschluss an Tour 6

Tour 6: Die großen Aostatäler

- **Valsavarenche** · Natur, Sport
- **Val di Cogne**· Natur, Restaurants
- **Fénis** · Kunst, Burg
- **Valtournenche** · Natur, Sport
- **Bard** · Altstadt, Festung
- **Pont-St.-Martin** · Brücke, Natur
- **Gressoney-Tal** · Walser, Sport

Gesamtlänge Tour 6: 240 km,
7 Tage
→ Anschluss an Tour 3

Tour 7: Die Blumenriviera

- **Sanremo** · Altstadt, Kultur
- **Lac des Mesches** · Natur, Restaurant
- **Dolceacqua** · Altstadt, Restaurant
- **Bordighera** · Architektur & Strand
- **Santo Stefano Al Mare** · Yachthafen
- **Imperia** · Altstadt, Kunst & Kultur
- **Cervo** · Altstadt, Restaurant
- **Albenga** · Altstadt, Kulinarik
- **Toirano** · Grotte
- **Finale Ligure** · Strand, Kultur
- **Noli** · Fischerdorf
- **Spotorno** · Strand, Kulinarik

Gesamtlänge Tour 7: 264 km,
14 Tage → Anschluss an Tour 8

Tour 8: Genua und die Cinque Terre

- **Genua** · Altstadt, Kunst & Kultur
- **Rapallo** · Altstadt, Ausflüge
- **Portofino** · Yachtset, Wanderungen
- **Camogli** · Dorf, Restaurants
- **Levanto** · Altstadt, Start Cinque Terre
- **Deiva Marina** · Start Cinque Terre
- **Cinque Terre** · Natur, Wandern
- **Portovenere** · Altstadt, Restaurant

Gesamtlänge Tour 8: 216 km,
10 Tage

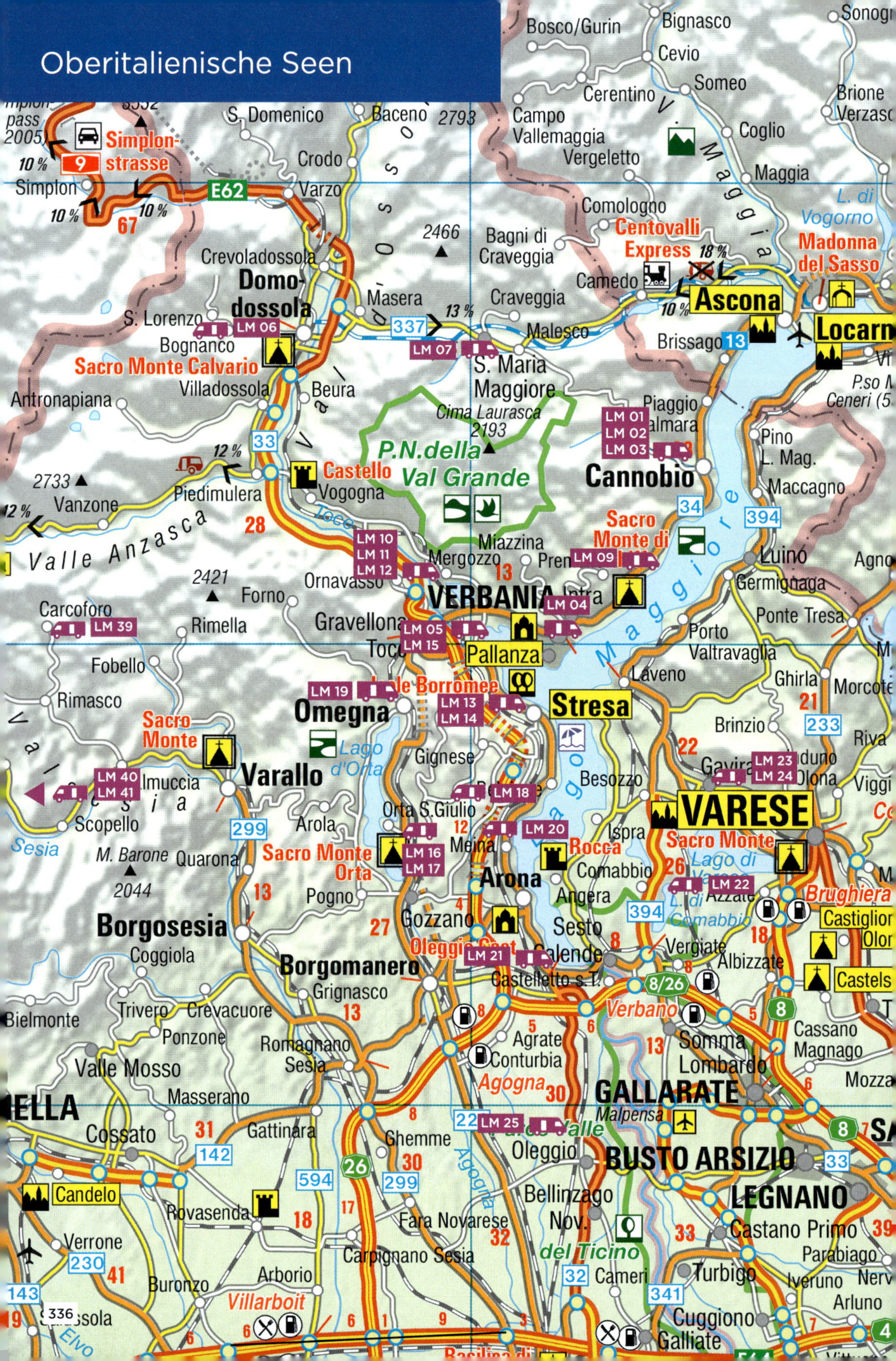
Bosco/Gurin
Bignasco
Cevio
Someo
Cerentino
Campo Vallemaggia
Vergeletto
Coglio
Maggia
Brione Verzasca
Simplon-strasse
S. Domenico
Baceno
Crodo
Simplon
E62
Varzo
Comologno
Centovalli Express
L. di Vogorno
Madonna del Sasso
Crevoladossola
Domodossola
2466
Bagni di Craveggia
Camedo
Ascona
Locarno
Masera
Craveggia
S. Lorenzo
LM 06
Bognanco
337
Malesco
Brissago
Sacro Monte Calvario
LM 07
S. Maria Maggiore
Villadossola
Beura
Antronapiana
Piaggio
Cima Laurasca
2193
LM 01
LM 02
LM 03
Pino
L. Mag.
P.N.della Val Grande
Castello
Vogogna
Cannobio
Maccagno
2733
Vanzone
Piedimulera
Valle Anzasca
Sacro Monte di
Miazzina
Mergozzo
LM 10
LM 11
LM 12
LM 09
Luino
Germignaga
2421
Forno
Ornavasso
VERBANIA
LM 04
Intra
Lago Maggiore
Carcoforo
LM 39
Rimella
Gravellona
Toce
LM 05
LM 15
Pallanza
Porto Valtravaglia
Ponte Tresa
Fobello
Laveno
Ghirla
Morcote
Rimasco
LM 19
Isole Borromee
Stresa
Omegna
LM 13
LM 14
Brinzio
Sacro Monte
Varallo
Lago d'Orta
Gignese
Besozzo
Gavirate
LM 23
LM 24
LM 40
LM 41
Imuccia
Valsesia
LM 18
VARESE
Scopello
Orta S.Giulio
Arola
Ispra
Sesia
LM 20
M. Barone
2044
Quarona
Sacro Monte Orta
LM 16
LM 17
Meina
Rocca
Comabbio
Sacro Monte
Lago di Varese
Pogno
Arona
Angera
LM 22
Brughiera
L. di Comabbio
Borgosesia
Gozzano
Sesto Calende
Castiglione Olona
Coggiola
Oleggio Cast.
LM 21
Vergiate
Albizzate
Borgomanero
Castelletto s.T.
Castelseprio
Bielmonte
Trivero
Crevacuore
Grignasco
Verbano
Ponzone
Agrate Conturbia
Cassano Magnago
Romagnano Sesia
Somma Lombardo
Valle Mosso
Agogna
GALLARATE
Mozzate
Masserano
Malpensa
BIELLA
LM 25
Valle del Ticino
Cossato
Gattinara
Ghemme
Oleggio
BUSTO ARSIZIO
Candelo
Rovasenda
Bellinzago Nov.
LEGNANO
Fara Novarese
Castano Primo
Verrone
Parabiago
Carpignano Sesia
Cameri
Turbigo
Arborio
Iveruno
Buronzo
Villarboit
Cuggiono
Arluno
Galliate
Elvo

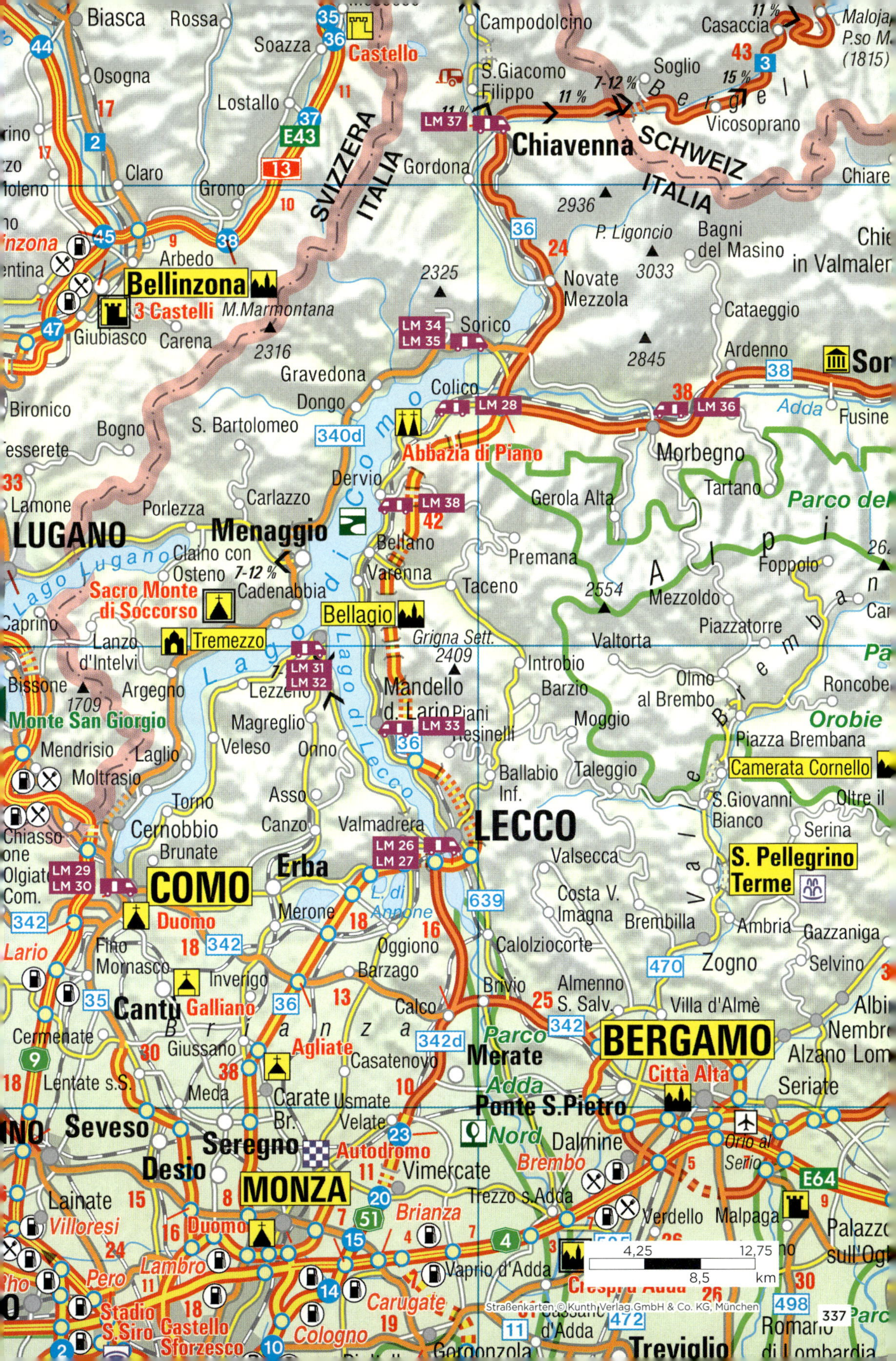

Biasca
Rossa
Castello
Campodolcino
Casaccia
Maloja
P.so M.
(1815)
Osogna
Soazza
S.Giacomo Filippo
Soglio
Lostallo
LM 37
Chiavenna
Bergell
Vicosoprano
SCHWEIZ
ITALIA
SVIZZERA
ITALIA
Gordona
Claro
Grono
Chiare
2936
P. Ligoncio
Bagni del Masino
Arbedo
Novate Mezzola
3033
in Valmalenco
Bellinzona
3 Castelli
M.Marmontana
2325
Cataeggio
Giubiasco
Carena
LM 34
LM 35
Sorico
2316
2845
Ardenno
Gravedona
Colico
LM 28
LM 36
Bironico
Dongo
Adda
Fusine
Bogno
S. Bartolomeo
Abbazia di Piano
Morbegno
Tesserete
Dervio
Tartano
Lamone
Porlezza
Carlazzo
LM 38
Gerola Alta
Parco delle Orobie
LUGANO
Menaggio
Bellano
Premana
Alpi
Lago di Lugano
Claino con Osteno
Varenna
Foppolo
Sacro Monte di Soccorso
Cadenabbia
Taceno
2554
Mezzoldo
Caprino
Bellagio
Piazzatorre
Lanzo d'Intelvi
Tremezzo
Grigna Sett.
2409
Valtorta
Introbio
Bissone
LM 31
LM 32
Lago di Como
Lago di Lecco
Olmo al Brembo
Argegno
Lezzeno
Mandello d. Lario
Barzio
Roncobello
1709
Piani Resinelli
Moggio
Valle Brembana
Monte San Giorgio
Magreglio
LM 33
Orobie
Mendrisio
Laglio
Veleso
Onno
Piazza Brembana
Moltrasio
Ballabio Inf.
Taleggio
Camerata Cornello
Torno
Asso
S.Giovanni Bianco
Oltre il Colle
Chiasso
Cernobbio
Canzo
Valmadrera
LECCO
Serina
Brunate
Valsecca
Olgiate Com.
LM 29
LM 30
COMO
Erba
LM 26
LM 27
S. Pellegrino Terme
L. di Annone
Costa V. Imagna
Duomo
Merone
Brembilla
Ambria
Gazzaniga
Lario
Fino Mornasco
Oggiono
Calolziocorte
Zogno
Selvino
Inverigo
Barzago
Brivio
Almenno S. Salv.
Villa d'Almè
Cantù
Galliano
Calco
Albino
Cermenate
Brianza
Merate
Parco Adda
BERGAMO
Nembro
Giussano
Agliate
Casatenovo
Alzano Lombardo
Lentate s.S.
Città Alta
Meda
Carate Br.
Usmate Velate
Ponte S.Pietro
Seriate
Seveso
Seregno
Autodromo
Nord
Dalmine
Orio al Serio
Desio
Vimercate
Brembo
Lainate
MONZA
Trezzo s.Adda
Verdello
Malpaga
Villoresi
Duomo
Brianza
Palazzolo sull'Oglio
Lambro
Vaprio d'Adda
Rho
Pero
Stadio S.Siro
Castello Sforzesco
Carugate
Crespi d'Adda
Cassano d'Adda
Romano di Lombardia
Cologno
Treviglio
4,25
12,75
8,5
km
Straßenkarten © Kunth Verlag GmbH & Co. KG, München

Straßenkarten © Kunth Verlag GmbH & Co. KG, München

Col des Mosses (1445)
Gsteig
Iffigenalp
Alpen
Lötschberg-tunnel
Blatten
Leukerbad
Kippel
Goppenstein
Wildhorn 3248
Bella Lui 2548
Diablerets
les Diablerets
Villars
Solalex
3210
Berner
Crans
Montana
Leuk
Sierre
Gampel
Brig
Monthey
Visp
Morgins
Trois-torrents
St-Maurice
les Plans
Derborence
Sion
Conthey
Susten
Vercorin
Chandolin
Unterbäch
Visperterminen
Stockalper schloss
Simplon-pass (2005)
Champéry
Dents du Midi
Ovronnaz
Ardon
Vex
Vissoie
Törbel
Stalden
Avoriaz
les Gets
Col des Gets (1163)
SUISSE
FRANCE
Dorénaz
Rhône
Riddes
Haute-Nendaz
Thyon 2000
Grimentz
Ayer
Meiden
Saxon
Grächen
St. Niklaus
Glacier Express
Cluses
Samoëns
Martigny
Grand-St-Bernard
Fondation P.Gianadda
Verbier
Mâche
Evolène
Zinal
Weisshorn 4505
Arâches
Sixt
Barrage d'Emosson
Mont Fort 3329
Sembrancher
Lac des Dix
le Dixence
Grande Dixence
Ferpècle
Saas Grund
Saas Fee
Saas Almagell
Col de la Forclaz (1527 m)
Champex
Fionnay
Arolla
Täsch
Flaine
Plateau-d'Assy
Argentière
Valais
du
Zermatt
Chamonix-Mont-Blanc
Mer de Glace
Mauvoisin
Barrage
Alps
Matterhorn 4478
Gornergrat
Antro
St.Gervais-les-Bains
Aiguille du Midi 3842
Bourg-St-Pierre
Ferret
AO 01
Grand Combin
Breuil-Cervinia
Cervino
SCHWEIZ
ITALIA
Dufourspitze 4634
Macugnaga
Megève
péage
Tunnel du Mont Blanc
Mont Blanc
Col du Grd. St-Bernard
AO 02
AO 03
L.di Pl. Moulin
La Lechere
AO 33
L.di Cignana
Monte Rosa
P.Nat. Alta Valsesia
Les Contamines-Montjoie
Lavachey
AO 04
MAUT
Gr. St. Bernard
Bionaz
Valpelline
Valtournenche
AO 13
Monte Bianco
Oyace
3504
Ollomont
AO 05
AO 06
AO 07
AO 29
AO 30
AO 31
AO 32
AO 41
St.-Jacques
Champoluc
Gressoney-La-Trinité
Alagna Valsesia
Courmayeur
AO 12
AO 11
Etroubles
Le Planay
Pré-St.-Didier
AO 15
AO 16
Morgex
Gignod
Antey-St.-André
AO 08
AO 34
Antagnod
Route des Grandes Alpes
les Chapieux
AO 14
La Thuile
AOSTA
Città romana
2856
AO 28
Chatillon
St.Vincent
Gressoney-St-Jean
Mollia
Lancebranlette 2928
Col du Petite St.Bernard (2188 m)
AO 09
AO 39
AO 40
Brusson
Barrage de Roselend
AO 10
AO 22
Valle d'Aosta
AO 25
AO 26
AO 27
Pila
Monte Avic 3006
Punta Tre Verscovi 2501
Sesia
Bourg-St-Maurice
Seez
La Rosière 1850
Val di Grisenche
3300
Rhêmes-St.-Georges
Introd
Val di Cogne
2529
Parco Nat. del Mont Avic
Verrès
Val di Gressoney
3076
Gaby
AO 38
Issime
Ste-Foy-Tarentaise
les Arcs
Vieyes
AO 23
AO 24
Cogne
Champorcher
Issogne
Val di Rhêmes
Valsavarenche
Valsavara
AO 18
la Grivola
Champlong
Valnontey
AO 35
AO 36
Bard
Pont-St.-Martin
AO 37
Sacro Monte di Oropa
Oropa
Biella
Peisey-Nancroix
Aiguille Rouge 3227
AO 17
Rhêmes-Notre-Dame
3607
FRANCE
ITALIA
la Plagne
Parco Nazionale
Gran Paradiso
AO 19
AO 20
AO 21
Pont
Campiglia Soana
Piamprato
Valle d'Aosta
Piemonte
Sant.di Graglia
Pollone
Graglia
Settimo Vittone
Tignes
Lac de Tignes
le Bois
3416
Dôme de Pramecou 3020
Val d'Isère
Col de l'Iseran (2764)
Noasca
S.Giacomo
Forzo
Valprato Soana
Ronco Canavese
Traversella
Borgofranco d'Ivrea
Lessolo
Ribordone
2344
IVREA
Magnano
Parc National de la Vanoise
Dôme de l'Arpont 3599
Bonneval
Route des Grandes Alpes
Ceresole Reale
2939
Valle di Locana
Locana
Pont Canavese
Cuorgnè
Castellamonte
Groscavallo
Chialamberto
Forno Alpi Graie
Cantoira
2168
Sacro Monte di Belmonte
Valperga
Scarmagno
Agliè
Viverone
Strambino
Lanslebourg-Mont-Cenis
Bessans
Uja di Ciamarella 3676
Termignon
Lanslevillard
Col de Mont Cenis (2083)
Lac du Mont Cenis
Balme
Ala di Stura
2135
Ceres
Mecca
Corio
Busano
Rivarolo Canavese
Borgomasino
Alice Castello
Caluso
Cigliano
Feletto
3108
Usseglio
Lanzo Torinese
Germagnano
Front
Barrage du Mont Cenis
le Planay
Margone
Lemie
Viù
Mathi
Ciriè
Lombardore
Montanaro
Rondissone
Livorno Ferraris
Novalesa
Val di Viù
Fiano
1658
Caselle
Volpiano
Saluggia
Maffiotto 2772
Caselle Torinese
la Cassa
Val di Susa
Bussoleno
Condove
Val della Torre
Settimo Torinese
Chivasso
Crescentino
3350
Gran Bosco
Salbertrand
Exilles
Susa
Autoporto
Almese
TORINO
Stura
Gassino Torinese
Brusasco
Parco Nat. d.Gran Bosco di Salbertrand
Sacra di San Michele
Parco Regionale Orsiera-Rocciavrè
Rivoli
Stadio d.Alpi
Mole Antonelliana
Sauze d'Oulx
Oulx
Avigliana
Giaveno
Rivoli
Brozolo
Valle del Chisone
Mentoulles
Forno
Trana
Palazzo Madama
Pragelato
3043
M.Albergian
Alpe Colombino
Bruino
Orbassano
Cesana Torinese
Sestrière
Perosa Argentina
Palazzina di Caccia di Stupinigi
MONCALIERI
Chieri
Montiglio
Gallareto
Bric Ghinivert 3037
Perrero
Cumiana
Piossasco
Nichelino
Cattedrale
Parco Nat.
Clavière
6,6
19,8
13,2
km

PINEROLO
Musei
Torre Pellice
Buriasco
Airasca
None
Carignano
Villastellone
Santena
Villanova d'Asti
Poirino
Villanova d'Asti
Montiglio
Colcavagno
Moncalvo
Ottiglio
Ozzano Monferrato
Monferrato
Calliano
Vignale Monferrato
Parco F. del
Baldichieri d'Asti
Montemagno
Fubine
Crocetta
Bricherasio
Bibiana
Vigone
Casalgrasso
Rio Cocchi
Pralormo
ASTI
Il Palio
Cattedrale e San Pietro
Felizzano
Cavour
Villafranca Piemonte
Carmagnola
San Damiano d'Asti
Montà
Isola d'Asti
Oviglio
Racconigi
Sommariva del Bosco
Canale
Agliano Terme
Nizza Monferrato
Castellazzo Bormida
Barge
Moretta
Canove
Costigliole d'Asti
Abb.di Staffarda
Staffarda
Parco Fluviale del Po
Rio Colorè
Corneliano d'Alba
Mombaruzzo
Paesana
Revello
Cavallermaggiore
Bra
Santa Vittoria d'Alba
Canelli
Cassine
Castello
Saluzzo
Cattedrale
Alba
Santo Stefano Belbo
Acqui Terme
Bubbio
Bistagno
Verzuolo
Savigliano
Cherasco
Diano d'Alba
Melle
Venasca
Costigliole Saluzzo
Genola
Narzole
Castino
Visone
Ovada
Villafalletto
Fossano
Rio Ghidone
Augusta Bagiennorum
Monforte d'Alba
Roccaverano
Molare
Busca
Trinità
Bene Vagienna
Dogliani
Langhe
Cortemilia
Ponzone
Stura
Dronero
Centallo
Bossolasco
Mombaldone
Spigno Monferrato
Rossiglione
Caraglio
Carrù
Murazzano
Monesiglio
Piana Crixia
Piemonte
Liguria
CUNEO
Morozzo
Mondovì
Colle d. Giovo (515)
Palo
Sassello
Castello di Manta
Dego
Mondovì
Ceva
P.Nat.Reg. del Beigua
Gaiola
Borgo S. Dalmazzo
Villanova Mondovì
Vicoforte
Montezemolo
Cengio
Pontinvrea
Cairo Montenotte
Boves
Peveragno
Santuario
Priero
Cairo Montenotte
Carcare
Piani d'Invrea
Valdieri
Robilante
Chiusa di Pesio
Frabosa Soprana
Bagnasco
Millesimo
S. Cristoforo
Cogoleto
Anna Valdieri
Roaschia
Terme di Lurisia
Varazze
Entracque
Certosa di Pesio
Viola
Celle Ligure
Albisola Marina
Artesina
S.Giacomo
Pamparato
Osiglia
Bormida
SAVONA
Cima d'Argentera 3297
Trinità
Limone Piemonte
Prato Nevoso
Bossea
Vado Ligure
Marittime
Pta. Marguareis 2651
Garessio
Calizzano
C. di Tenda (1908)
Alpi
Liguri
Spotorno
ITALIA
FRANCE
Tunnel de Tende
Ormea
Bardineto
Borsana
Noli
Golfo
Mercantour
Tende
Viozene
Upega
Ponte di Nava
Colle San Bernardo (957)
Grotte di Toirano
Varigotti
Finale Ligure
Vallée des Merveilles
Castelvecchio di Rocca Barbena
Pietra Ligure
Colle di Nava (934)
Toirano
Loano
Monesi
Pornassio
Borghetto d'Arroscia
Ceriale
Borghetto Santo Spirito
Fontan
Verdeggia
Pieve di Teco
Villanova d'Albenga
Albenga
Saorge
Rezzo
Gorges de Saorge
Triora
Alassio
M. Pietravecchia
Rinovo
Breil-sur-Roya
Pigna
M. Ceppo
Chiusavecchia
Laigueglia
Villatalla
Ponente
Baiardo
Badalucco
Apricale
Ceriana
Convento
Cervo
Sospel
Dolceacqua
Taggia
Diano Marina
San Romolo
Castellaro
IMPERIA
Bordighera
Arma di Taggia
San Lorenzo al Mare
Porto Maurizio
Mortola
Ospedaletti
Riviera di Ponente
Beausoleil
Menton
Bordighera
SANREMO
Monaco
Riviera

Cremona
Codogno
Stradella
Voghera
Piacenza
Tortona
Fiorenzuola d'Arda
Novi Ligure
Bobbio
Salsomaggiore Terme
Genova
Rapallo
Chiavari
Santa Margherita Ligure
Portofino
Sestri Levante
Pontremoli
Sarzana
Carrara
La Spezia
Portovenere
Monterosso al Mare
Corniglia
Manarola
Riomaggiore
P.N.delle Cinque Terre
Forte dei Marmi
Marina di Carrara
Marina di Massa
Marina di Pietrasanta
Lido di Camaiore
Fivizzano
Aulla
Bedonia
Borgo Val di Taro
Bardi
Varese Ligure
Golfo di Genova
Riviera di Levante
Lombardia
Emilia-Romagna
Liguria
Toscana
6,6
13,2
19,8
km
Straßenkarten © Kunth Verlag GmbH & Co. KG, München

Stellplatz-Ortsindex-ABC

Ort Bewertung Größe	Kürzel	PLZ	Region	Seite
Castiglione Tinella ** < 7 m	PI 24	12053	Piemont	308
Celle Ligure * XL	LI 44	17015	Ligurien & Cinque Terre	325
Cervo * C	LI 19	18010	Ligurien & Cinque Terre	320
Cervo * C	LI 20	18010	Ligurien & Cinque Terre	321
Cervo * XL	LI 17	18010	Ligurien & Cinque Terre	321
Cervo * XL	LI 18	18010	Ligurien & Cinque Terre	321
Cervo *bis 7 m	LI 16	18010	Ligurien & Cinque Terre	321
Châtillon *	AO 28	11024	Aostatal	316
Chatillon Valle d'Aosta, Italia *** C	AO 30	11024	Aostatal	316
Cherasco * XL	PI 39	12062	Piemont	310
Chiavenna * XXL	LM 37	23022	Oberitalienische Seen	305
Chiusa di Pesio *	PI 53	12013	Piemont	312
Cogne *	AO 23	11012	Aostatal	315
Colico ** XL	LM 28	23823	Oberitalienische Seen	304
Como *	LM 29	22100	Oberitalienische Seen	304
Como * bis 6,5 m	LM 30	22100	Oberitalienische Seen	304
Courmayeur *	AO 13	11013	Aostatal	313
Courmayeur * XXL	AO 12	11013	Aostatal	314
Courmayeur ***	AO 11	11013	Aostatal	314
Crissolo * XL	PI 38	12030	Piemont	310
Cuneo * bis 6 m	PI 50	12100	Piemont	311
Cuneo * C	PI 48	12100	Piemont	311
Deiva Marina * XL bis 9 m / C	LI 58	19013	Ligurien & Cinque Terre	328
Deiva Marina * XXL	LI 57	19013	Ligurien & Cinque Terre	328
Deiva Marina ** XL bis 10 m / C	LI 59	19013	Ligurien & Cinque Terre	328
Dervio ** XL	LM 38	23824	Oberitalienische Seen	305
Diano Castello ** C	LI 24	18013	Ligurien & Cinque Terre	322
Diano Marina *	LI 25	18013	Ligurien & Cinque Terre	322
Diano Marina (IM) * XXL / C	LI 21	18013	Ligurien & Cinque Terre	322
Diano Marina *	LI 23	18013	Ligurien & Cinque Terre	322
Diano Marina *** XL / C	LI 22	18013	Ligurien & Cinque Terre	321
Dolceacqua * XL	LI 07	18035	Ligurien & Cinque Terre	319
Dolceacqua Dolceaqua*	LI 06	18035	Ligurien & Cinque Terre	319
Dormelletto ** C	LM 21	28040	Oberitalienische Seen	303
Entracque * C / XL bis 10 m	PI 49	12010	Piemont	311
Etroubles *	AO 6	11014	Aostatal	313
Etroubles * XL	AO 5	11014	Aostatal	313
Etroubles ** XL / C	AO 7	11014	Aostatal	313
Fenis * XL	AO 25	11020	Aostatal	316
Fenis **	AO 26	11020	Aostatal	316
Finale Ligure * XL	LI 36	17024	Ligurien & Cinque Terre	324
Finale Ligure **	LI 37	17024	Ligurien & Cinque Terre	324
Finale Ligure *** C	LI 38	17024	Ligurien & Cinque Terre	324
Fondotoce di Verbania ** C	LM 11	28924	Oberitalienische Seen	301
Fondotoce di Verbania *** XL / C	LM 05	28924	Oberitalienische Seen	302
Fondotoce Verbania ** C	LM 12	28924	Oberitalienische Seen	302
Gaby *	AO 38	11020	Aostatal	317
Gavirate **	LM 24	21026	Oberitalienische Seen	303
Genua * bis 7 m	LI 48	16128	Ligurien & Cinque Terre	325
Genua * C	LI 46	16158	Ligurien & Cinque Terre	325
Genua * XXL	LI 47	16128	Ligurien & Cinque Terre	325

Ort Bewertung Größe	Kürzel	PLZ	Region	Seite
Genua ** C	LI 45	16158	Ligurien & Cinque Terre	326
Giussago ** XL	PI 05	27012	Piemont	306
Grainau *** XXL	GAP 37	82491	Anreise	330
Gressoney La Triné * XL	AO 41	11020	Aostatal	318
Gressoney-Saint-Jean *	AO 39	11025	Aostatal	318
Hone ***	AO 35	11020	Aostatal	317
Imperia *	LI 15	18100	Ligurien & Cinque Terre	320
Introd Loc. Degioz * XL	AO 18	11010	Aostatal	314
Ivrea *	PI 03	10015	Piemont	306
La Morra *	PI 31	12064	Piemont	309
La Morra * XL	PI 32	12064	Piemont	309
La Morra *** XL	PI 34	12064	Piemont	309
La Morra ** C	PI 33	12064	Piemont	309
La Thuile **	AO 14	11016	Aostatal	314
Latte *	LI 10	18039	Ligurien & Cinque Terre	320
Lecco * XXL	LM 26	23900	Oberitalienische Seen	303
Lesa ** C	LM 20	28040	Oberitalienische Seen	303
Levanto *	LI 56	19015	Ligurien & Cinque Terre	328
Levanto **	LI 60	19015	Ligurien & Cinque Terre	328
Levanto *** bis 7,5 m / C	LI 55	19015	Ligurien & Cinque Terre	328
Lilaz ** XL	AO 24	11012	Aostatal	315
Limone Piemonte *	PI 25	12015	Piemont	308
Loano *	LI 34	17054	Ligurien & Cinque Terre	324
Loc. Pont * XL nur bis 2,8 m Breite	AO 21	11010	Aostatal	315
Loc. Pont *** C XL nur bis 2,8 m	AO 20	11010	Aostatal	315
Locarno **XL	CH 03	CH 6600	Anreise	330
Maglione *** XL	PI 45	10030	Piemont	311
Mailand **XL	LO 02	20153	Anreise	330
Malgrate * XL	LM 27	23864	Oberitalienische Seen	303
Mandello del Lario * XL	LM 33	23826	Oberitalienische Seen	304
Mango *** XL bis 8,50 m	PI 30	12056	Piemont	309
Marina di Andora *	LI 26	17051	Ligurien & Cinque Terre	322
Mergozzo Verbano-Cusio-Ossola	LM 10	28802	Oberitalienische Seen	301
Moncalvo * XXL	PI 11	14036	Piemont	307
Moncalvo **	PI 13	14036	Piemont	306
Moncalvo * bis 6,5m	PI 12	14036	Piemont	307
Mondovì * bis 6 m	PI 51	12084	Piemont	311
Moneglia ** C / bis 7 m	LI 50	16030	Ligurien & Cinque Terre	326
Monteceneri ** XL	CH 04	CH 6802	Anreise	330
Montemagno *	PI 16	14030	Piemont	307
Monterosso Al Mare *	LI 61	19016	Ligurien & Cinque Terre	329
Morbegno **	LM 36	23017	Oberitalienische Seen	305
Morgex Aosta *	AO 16	11017	Aostatal	314
Narzole ** C	PI 35	12068	Piemont	310
Nizza Monferrato *	PI 17	14049	Piemont	307
Nus *	AO 27	11020	Aostatal	316
Oggebio ** XL	LM 09	28824	Oberitalienische Seen	301
Omegna ** bis 9 m	LM 19	28887	Oberitalienische Seen	303
Orta San Giulio *	LM 16	28016	Oberitalienische Seen	302
Orta San Giulio * bis 7 m	LM 17	28016	Oberitalienische Seen	302
Pianezza * C/XL	PI 42	10044	Piemont	310
Pietra Ligure *	LI 35	17027	Ligurien & Cinque Terre	324
Pombia *	LM 25	28050	Oberitalienische Seen	303
Pont-Saint-Martin *	AO 37	11026	Aostatal	317

Ort Bewertung Größe	Kürzel	PLZ	Region	Seite
Pontevecchio *	LI 43	17058	Ligurien & Cinque Terre	325
Portovenere *	LI 62	19025	Ligurien & Cinque Terre	329
Pré-Saint-Didier ** XL	AO 15	11010	Aostatal	314
Premia **	LM 08	28866	Oberitalienische Seen	301
Rapallo * C	LI 52	16035	Ligurien & Cinque Terre	326
Rapallo ** C	LI 53	16035	Ligurien & Cinque Terre	326
Rhemes-Notre-Dame ** XL	AO 17	11010	Aostatal	314
Riva Valdobbia * C	LM 41	13021	Oberitalienische Seen	305
Riva Valdobbia ** XXL	LM 40	13020	Oberitalienische Seen	305
Roddi d'Alba * XL	PI 29	12060	Piemont	309
Saint-rhemy-en-bosses *	AO 3	11010	Aostatal	312
Saint-Rhemy-en-Bosses **	AO 4	11010	Aostatal	312
San Damiano D'Asti **	PI 22	14015	Piemont	308
San Lorenzo Al Mare *	LI 14	18017	Ligurien & Cinque Terre	320
Sanremo ** XXL	LI 02	18038	Ligurien & Cinque Terre	318
Sanremo *** XL	LI 01	18038	Ligurien & Cinque Terre	318
Sant'Antonino di Susa **	PI 46	10050	Piemont	311
Santa Maria Maggiore ***	LM 07	28857	Oberitalienische Seen	301
Santo Stefano Al Mare ** XXL bis	LI 13	18011	Ligurien & Cinque Terre	320
Santo Stefano Al Mare (IM) ***	LI 12	18011	Ligurien & Cinque Terre	320
Santuario di Graglia *	PI 02	13895	Piemont	305
Sarre ** C	AO 10	11010	Aostatal	313
Savona * C	LI 42	17100	Ligurien & Cinque Terre	325
Serralunga di Crea ***XL	PI 10	15020	Piemont	306
Sestri Levante ** C / Mobile bis 7 m	LI 54	16039	Ligurien & Cinque Terre	326
Sorico * C	LM 34	22010	Oberitalienische Seen	304
Sorico ** C	LM 35	22011	Oberitalienische Seen	305
Spotorno * XL	LI 40	17028	Ligurien & Cinque Terre	324
Spotorno **	LI 39	17028	Ligurien & Cinque Terre	325
Tende (Frankreich) *	LI 05	6430	Ligurien & Cinque Terre	319
Tende (Frankreich) * XL	LI 04	6430	Ligurien & Cinque Terre	319
Ternate **	LM 22	21020	Oberitalienische Seen	303
Toirano * XL	LI 31	17055	Ligurien & Cinque Terre	323
Torgnon **	AO 31	11020	Aostatal	316
Torriglia * XL	LI 49	16029	Ligurien & Cinque Terre	326
Tortona ***XXL	LO 01	15057	Anreise	330
Turin *	PI 43	10132	Piemont	311
Turin *	PI 44	10132	Piemont	311
Vado Ligure *	LI 41	17047	Ligurien & Cinque Terre	325
Valenza * XL	PI 09	15048	Piemont	306
Valsavarenche ** C	AO 19	11010	Aostatal	315
Varese *	LM 23	21100	Oberitalienische Seen	303
Venasca * XL	PI 47	12020	Piemont	311
Ventimiglia * < 7 m	LI 11	18039	Ligurien & Cinque Terre	319
Ventimiglia * C	LI 09	18039	Ligurien & Cinque Terre	320
Verbania/ OT Pallanza *	LM 04	28922	Oberitalienische Seen	300
Vercelli * XL	PI 04	13100	Piemont	306
Vignale Monferrato *	PI 19	15049	Piemont	307
Vignale Monferrato **	PI 18	15049	Piemont	308
Waldshut-Tiengen ** XXL	FR 79	79761	Anreise	329
Zuccarello * XL	LI 32	17039	Ligurien & Cinque Terre	323
Zürich *** XXL	CH 01	CH 8038	Anreise	330

Index

Impressum

Alle Angaben in diesem Band sind gründlich recherchiert, sorgfältig aufbereitet und mit größter Sorgfalt geprüft. Dennoch können inhaltliche Fehler nicht ausgeschlossen werden und wir müssen im Sinne der Produkthaftung darauf hinweisen. Daher erfolgen alle Angaben ohne Garantie des Verlages oder der Autoren und Beide übernehmen keine Verantwortung oder Haftung für eventuelle Folgen.
Alle Nennungen von Firmen oder ihren Produkten und ihre Reihenfolge sind nicht als Wertung zu verstehen. Klassifizierungen von Stellplätzen, Restaurants oder weiteren Empfehlungen geben ausschließlich die subjektive Sicht der Autoren wieder.
Das Fehlen einer Kennzeichnung von Marken oder Warenzeichen berührt nicht deren Schutzrechte.

Layout, Bilder und Texte von Gertrud Eisele & Jorg Kase
1. Auflage
Gedruckt und hergestellt in Deutschland, bei Stürtz GmbH, Würzburg

ISBN 978-3-943887-03-7

Bildnachweis:

Alle Abbildungen © Viate Verlag außer:
Titelfoto: Klaus Hüttermann · S.58/59: Wikimedia Commons · S.61: Wikimedia Commons: Discanto, Codrinb
S.62: Palazzo Madama by courtesy of the Fondazione Torino Musei, Palazzo Madama, Museo Civico d'Arte Antica, Fotograf: Torino, Gabinetto rotondo · S.62/63: Wikimedia Commons · S.64: Pinacoteca Giovanni e Marella Agnelli, Foto: Massimo Listri · S.65: Wikimedia Commons; Annaelle 19; Hayabusa future · S.68: Wikimedia Commons; Mattes · Palazzina di Caccia di Stupinigi · S.75: Osteria del Boccondivino · S.76: Reishersteller Principato di Lucedio · S.77: Ristorante Sotto la Mole, Turin · S.79: Soc. Agr. Tenuta La Tenaglia S.r.l., Comune di Moncalvo · S.84: Cave Du Vin Blanc De Morgex Et De La Salle · S.103: Villa Taranto, Photograph courtesy of Ente Giardini Botanici Villa Taranto – Verbania-Pallanza – Lake Maggiore – ITALY; Risto Bar Villa Giulia · S.105: Ristorante La Quartina · S.108: Wikimedia Commons: Mattig 744 · S.109: Wikimedia Commons: Paolobon140; Locanda Orta · S.110/111: Villa Panza, Fotograf: Giorgio Majno, FAI Fondo Ambiente Italiano
S.110: Wikimedia Commons: Alessio Facchin · S.112: Wikimedia Commons: Christophe.Finot; Stefano 1111; Marcus90 · S.145: Weingut Accornero · S.151: Weingut Il Vigneto · S.158: Pinacoteca Giovanni e Marella Agnelli, Foto: Enrico Cano; Wikimedia Commons: Hpnx9420 · S.159: Palazzo Madama by courtesy of the Fondazione Torino Musei, Palazzo Madama, Museo Civico d'Arte Antica, Foto: I&W · S.160: Café Al Bicerin; Wikimedia Commons: FlickreviewR; Dianelos · S.161: Palazzina di Caccia di Stupinigi, Foto: G. Zanetti; S.162: Wikimedia Commons: Filnik; Nevertime · S.163: Ristorante Sotto la Mola; L'Acino Restaurant · S.178: Terme di Pré Saint Didier · S.180: Wikimedia Commons: Bluedolphin · S.183: Jan Arkesteijn · S.187: Wikimedia Commons: Patafisik · S.188: Mont Blanc, Studio Cillara Rossi · S.204: Twice25 · S.205: Rifugio Alpenzu Grande; Wikimedia Commons: Franco56 · S.206: Carolus; Erika Laino; Patafisik; Foto Ski: Aosta Valley / Foto: Marco Spataro · S.207: Aosta Valley / Map · S.226: Wikimedia Commons: Samuele · S. 227: Wikimedia Commons: Kaganer; Sir Gawain · S.230: Silvia Morano · S.232: Silvia Morano; Wikiart · S.236: Wikimedia Commons: Xtonx · S.239: Klaus Hüttermann · S.243: Grotte di Toirano · S.244: Wikimedia Commons: Dapa19 · S.251: Wikimedia Commons: Mattis · S.252: Villa del Principe, Amministrazione Doria Pamphilj s.r.l. con Socio Unico Piazza del Principe 4; Wikimedia Commons: TM · S.262: Wikimedia Commons: Dapa19 · S.265: Thérèse Gaigé · S.267: Ristorante Dau Cila · S.269: Wikimedia Commons: Dcoetzee
Alle Satellitenkarten: WorldWind

LandYachting Bücher bekommen Sie in jeder Buchhandlung oder direkt über unseren Shop im Internet. Alle Details zu unseren Titeln, Hintergrundinformationen, Tipps & Empfehlungen, Aktualisierungen und vieles mehr finden Sie unter:

www.landyachting.de

Der Viate Verlag

Spezialisiert auf besondere Reisemobil-Literatur

Werden Sie Autor:

Ständig ergeben sich Veränderungen, Plätze werden verlegt, Restaurants wechseln den Besitzer oder Sehenswürdigkeiten sind wegen Renovierung länger geschlossen.

Haben Sie ihren Lieblingsplatz gefunden, ein besonders empfehlenswertes Restaurant oder einen schönen Wanderweg? Bitte lassen Sie es uns wissen! Wir freuen uns sehr, wenn Sie uns Hinweise zu Korrekturen, Ergänzungen und Verbesserungen geben.

Bitte schreiben Sie an die Verlagsadresse oder per E-mail an: redaktion@viate.eu sowie über unsere Internet-Seite: www.landyachting.de

Veröffentlichte Verbesserungen erhalten ein kleines Dankeschön, weitere Informationen hierzu finden Sie auf unserer Homepage. Ihre Rückmeldung ist uns sehr wertvoll und hilft, die LandYachting Philosophie weiter zu entwickeln.

Vielen Dank!

Herausgeber:

Viate Verlag
Gertrud Eisele
Alemannenstr. 20
D - 78628 Rottweil
verlag@viate.eu
www.viate.eu